AF577960

Detlef Hinz

Segeln im Watt

Als Wattstrieker des 21. Jahrhunderts

Ein Leitfaden für das Kreuzen im Ostfriesischen Wattenmeer

Bildnachweis: wo bei der Wiedergabe nicht anders erwähnt, sind Abbildungen, Fotos und Grafiken vom Autor.

Detlef Hinz

Segeln im Watt

Als Wattstrieker des 21. Jahrhunderts

Ein Leitfaden für das Kreuzen im
Ostfriesischen Wattenmeer

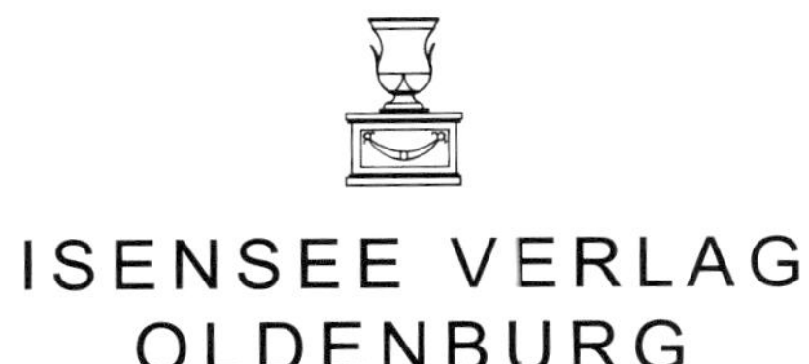

ISENSEE VERLAG
OLDENBURG

Bibliografische Information der Deutschen Bibliothek
Die Deutsche Bibliothek verzeichnet diese Publikation in der Deutschen Nationalbibliografie; detaillierte bibliografische Daten sind im Internet über <http://dnb.ddb.de> abrufbar.

ISBN 978-3-7308-1775-9

© 2021 Isensee Verlag, Haarenstraße 20, 26122 Oldenburg - Alle Rechte vorbehalten
Gedruckt bei Isensee in Oldenburg

Inhaltsverzeichnis

Vorwort

Wir spüren, wenn es soweit ist! Zunächst ist es nur ein zartes Berühren des Meeresbodens. Die Bewegungen sind mehr und mehr vom Wellenrhythmus losgelöst, sie werden zusehends kleiner und hören einfach auf. Jetzt stehen wir mitten im Wattenmeer, fest mit dem Meeresgrund verankert, und von Minute zu Minute sehen wir wie das Wasser weiter abläuft.

Mit dem Trockenfallen des Schiffes gelangen wir in eine andere Welt. Wo noch eben eine riesige Wasserfläche zu besegeln war, taucht nun hier und da, erst vereinzelt, dann immer häufiger, der Meeresboden auf bis eine schier unendlich große Wattfläche zu unseren Füßen liegt. Für eine kurze Zeit sind wir Gäste, setzen unsere Füße auf den Meeresboden, und man wird das Gefühl nicht los, dass hier noch nie ein Mensch gewesen ist. Beflügelt durch die wundersame, oft friedliche Stimmung weit ab des Festlandes und der Inseln, begeben wir uns auf Entdeckungsreise. Bei Windstille erzählt das Watt von seinem Leben.

Ein Knistern hängt in der Luft, ausgelöst von Abertausenden von Schlickkrebsen. Hier und da rufen Brachvögel, Austernfischer singen melodisch über unseren Köpfen. Schon bevor das Wasser ganz abgelaufen ist, suchen und fressen die verschiedensten Watvögel und Möwen. Der Boden ein Schlaraffenland. Unzählige Krebse, Würmer und Muscheln sind dicht unter dem Meeresgrund zu finden, die Nahrungsgrundlage für Millionen von Vögeln. Später, wenn das Wasser zurück kommt, wechseln die Räuber: Fische, Krebse, Seesterne sowie Eiderenten und Kormorane, Seehunde, Kegelrobben und Schweinswale suchen am Grund des Wattenmeeres nach Beute. Auch wir spüren wie das auflaufende Wasser das Schiff langsam vom Boden löst. Das Plätschern am Rumpf wird immer lauter bis es plötzlich verstummt, und das Schiff sich frei vom Boden am Anker in den Strom dreht.

Nachdem die Segel gesetzt sind und der Anker geborgen ist, geht es in der Kreuz über die Wattflächen, die wir vor kurzem noch zu Fuß begehen konnten. Pricken zeigen uns nun den Weg des tiefsten Wassers. Es kommt immer wieder kurz nach Niedrigwasser zu vereinzelten Berührungen mit dem Meeresboden, aber bald ist genug Wasser vorhanden, und wir verlassen die Fahrwasser und ziehen quer über das Watt, segeln in einer amphibischen Landschaft unserem nächsten Ziel entgegen.

Dieser Ratgeber möchte Ihnen das wunderbare Leben im Ostfriesischen Wattenmeer aufzeigen und Seglern, die das Watt befahren wollen, mit Tipps und Erfahrungen ausdrücklich dazu motivieren. Seit Jahrhunderten segeln Wattsegler, die Wattstrieker, mit ihren Plattbodenschiffen im Wattenmeer. Heute kreuzen sie immer noch hier, aber auch modernere Segelfahrzeuge fahren über die flachen Watten wie es einst unsere Vorfahren.

Das Leben im Watt, wie es gemeistert werden kann und welche Herausforderungen es stellt, soll im Fokus dieser Veröffentlichung stehen. Im Laufe der Jahrzehnte oder gar Jahrhunderte hat es sich kaum geändert; wer hier lebt und arbeitet muss sich an die Umgebung und ihre Bedingungen anpassen können!

Zweiundzwanzig Jahre lang und auf einer Strecke von mehr als 14.000 sm habe ich als begeisterter Wattsegler, als Wattstrieker, allein oder mit Gästen, davon fast ein Jahrzehnt mit meiner treuen Bordhündin Ayla, das Ostfriesische Watt befahren. Von den wunderbaren Erfahrungen, aber auch den erhaltenen und erduldeten Lehren beim Wiedererlangen des Wissen der Wattstrieker aus vergangenen Zeiten, möchte ich Ihnen berichten.

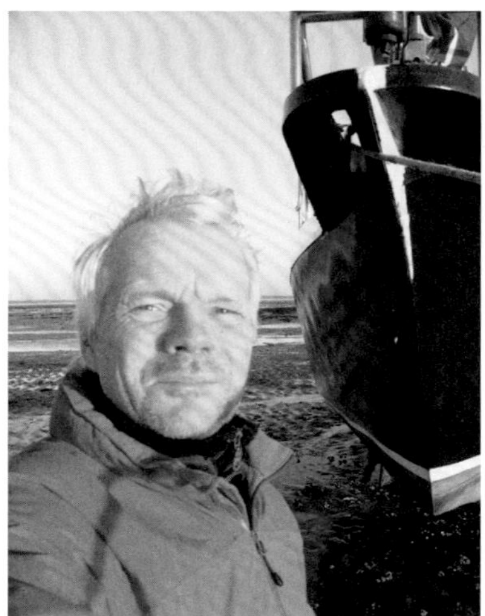

Diplom Biologe, Diplom Nautiker Detlef Hinz

Detlef Hinz, an Bord der PiDo 22. Januar 2021.

1. In eigener Sache

Das Segeln im Niedersächsischen Wattenmeer ist für mich etwas unbeschreiblich Schönes und Spannendes. Es gibt Augenblicke und Erlebnisse, die lassen sich einfach nicht in Worte fassen. Ich wünsche allen, diese Entdeckung zu machen.

Dabei sollten wir stets bedenken, dass das Wattenmeer ein natürlicher Lebensraum ist, der maßgeblich von der Natur beherrscht und geprägt wird. Jeder noch so gut gemeinte Ratschlag von mir ist hinfällig, wenn die Launen der Natur einen Strich durch die Planung ziehen. Wer das Wattenmeer befahren möchte, muss berücksichtigen, dass alles beständig in Bewegung bleibt, sei es eine Veränderung der Sedimentfracht durch meteorologische Einflüsse oder auch rechtliche Modifikationen, z.B. von Schutzgebietsflächen oder Befahrensregelungen.

Sicher können meine Erfahrungen und Empfehlungen nicht immer und absolut gelten. Jeder, der das Wattenmeer mit all seinen Facetten erleben möchte, muss sich der Dynamik dieses Lebensraumes bewusst sein und eine Portion Skepsis walten lassen.

Zur Handhabung des Ratgebers: Am Beginn stehen Informationen zum Lebensraum Wattenmeer (Kapitel *3. Allgemeiner Teil zum Wattenmeer*) und zur Ausrüstung eines wattgehenden Schiffes (Kapitel *4. Grundsätzliches für das Befahren des Wattenmeeres*). Sie können sich hier tiefgreifender informieren. Weiterführende wichtige Hinweise sind in den Kapiteln in Steckbriefen hervorgehoben. Im Folgenden sind diese am rechten Seitenrand so Steckbrief dargestellt:

Im Anschluss werden die rechtlichen Reglungen im Niedersächsischen Wattenmeer betrachtet und interpretiert. Die wichtigsten Gesetzestexte zum Wattenmeer sind in Kapitel *9. Auszüge aus Gesetzestexten (ohne Gewähr)* aufgezeigt.

Im Fokus dieser Veröffentlichung steht das Befahren der Watthochs des Ostfriesischen Wattenmeeres und ihre individuellen Besonderheiten. Sie sind im Kapitel *7. Wasserstände, Tidekurven und Pegelstände an den Watthochs* zu finden.

2. Einleitung

2.1. Was ist eigentlich das Watt?

Der Begriff „Wattenmeer“ leitet sich ab von der Tatsache, dass man es zu bestimmten Zeiten nur „durchwaten“ kann. Während der Niedrigwasserzeiten ist es möglich, auf dem Meeresboden „trockenen“ Fußes zu gehen. Natürlich nur im begrenzten Rahmen, da es durchaus auch sehr tiefe, mit Wasser gefüllte Priele, gibt. Im Wesentlichen kann man jedoch weite Flächen zu Fuß durchwaten. Praktisch allerdings werden dem Wattwanderer zeitlich und räumlich Grenzen gesetzt, nämlich dann, wenn die nächste Flut kommt und uns das Wasser im eigentlichen Wortsinn bis zum Halse stehen kann.

Nach Seibling, dem Autor des Buches „Die Nordsee“, wird das Watt als ein „amphibisches Land der Gezeitenküste, das mit den Gezeiten täglich zweimal überflutet wird und zweimal wieder trocken fällt“, definiert.

2.2. Der Wattstrieker

Wattstrieker sind ein besonderer Schlag von Menschen an der Wattenmeerküste. Zu ihnen zählen im weitesten Sinne Menschen, die im Watt leben und arbeiten. Sie müssen sich an die Bedingungen des Wattenmeeres anpassen können. Wattstrieker überdauern die Ebbe und die Flut auf dem Deck eines Schiffes. Sobald die Flut das Schiff aufschwimmen lässt, werden auf einem Segler die Segel gesetzt und dann quer über das Watt gekreuzt. Wir weichen Flachwasserbereichen im engeren Sinne aus oder lassen uns vom Wind gleiten, bis die folgende Ebbe uns zwingt, vor Anker zu gehen, trocken zu fallen oder rechtzeitig den nächsten Hafen anzusteuern. Und hier lernt man wieder etwas, was es in unserer heutigen hektischen Zeit selten gibt: Ruhe und Abwarten.

2.3. In der Ruhe liegt die Kraft

Dies ist die Maxime der Wattsegler, denn selbst die stärkste Maschine kann das Schiff nicht weiter über den Wattrücken voranbringen. Auch wenn das Schiff noch ein paar zusätzliche Meter durch den Meeresboden gepflügt wird, geht es erst ein paar Stunden später weiter. Dann ist zu hoffen, dass die Motorkühlung sich nicht mit aufgewirbelten Sedimenten verstopft hat.

Also besser erst gar nicht versuchen, sich „hindurch zu quälen". Dies schont das Schiff, den Motor, die Nerven der Crew und letztendlich auch die Lebewesen im Meeresgrund.

In den ersten Jahren als Wattfahrer, als Wattstrieker des 21 Jahrhunderts, habe auch ich diese Erfahrung allzu oft machen müssen. Wie viele Male habe ich mit der PiDo kurz vor einem Watthoch festgesessen und versucht, mein Schiff *den einen Meter* über die höchste Stelle „hindurch zu zwingen". Es gelang nicht, und der eine Meter erwies sich später als sieben, neun oder fünfzig Meter, erst zu realisieren, nachdem das Wasser abgelaufen war.

Warum sich also nicht gleich damit abfinden und diesen Lebensraum stattdessen genießen wie er sich uns anbietet? Er belohnt uns sogleich dafür: nach und nach graben sich die Kiele in den Boden. Möwen, Austernfischer oder Brachvögel scheinen auf dem Wasser zu stehen, das nur noch wenige Zentimeter tief ist, und allmählich erscheint der Wattboden, mal hier, mal da eine bleigraue Erhöhung. Anfänglich nur an vereinzelten Stellen, dann immer großräumiger vereint sich der Meeresboden zu einer wunderschönen und in sich immer wieder verändert erscheinender Bodenoberfläche. Wasser glänzt jetzt nur noch in den Rippelmarken und Prielen. Ansonsten sind diese gewaltigen Wassermassen, die noch vor kurzem das Watt bedeckt haben, verschwunden. Mit dem Kommen und Gehen des Wassers ändert sich auch die gerade herrschende Situation; hatte beispielsweise ein starker Nordwestwind zuvor noch das Wasser aufgewühlt und unruhig aufleben lassen, so bewirkt das Ablaufen des Wassers eine immer ruhiger werdende Atmosphäre. Die Sände nehmen den anrollenden Wellen die Kraft und lassen uns erst einmal verschnaufen. Wer mit seinem Schiff auf der Leeseite dieser Sände Schutz vor den Wellen sucht, wird spätestens dann merken, wie sicher man hier ankert, denn das Wasser verspielt auf der Luvseite des Watthochs seine Kraft.

3. Allgemeiner Teil zum Wattenmeer

3.1 Die Entstehung des Wattenmeeres

Das Wattenmeer ist vor etwa 10.000 Jahren entstanden[2]. Nach der letzten Eiszeit lagerten sich in der gesamten Nordsee Sedimente ab, im Bereich der Deutschen Bucht kam es zu Sedimentablagerungen von bis zu 30 Metern Höhe. Schwere Stürme haben das damalige Flachland in Küstennähe immer wieder überspült, mittransportierte Sande und Tone konnten sich dort ablagern. Zu den überspülten Landflächen zählten großräumige Moorflächen, die durch die

2 Jedicke 1991

Sandfracht beschwert wurden und somit weiter absinken mussten. An vereinzelten Stellen findet man noch heute Moorflächen oder Torfreste im Watt. So z. B. nahe der versunkenen Ortschaft Otzum. Im Laufe der Zeit haben sich vor der Ostfriesischen Küste durch weitere Stürme zunächst kleine Sandbänke gebildet.

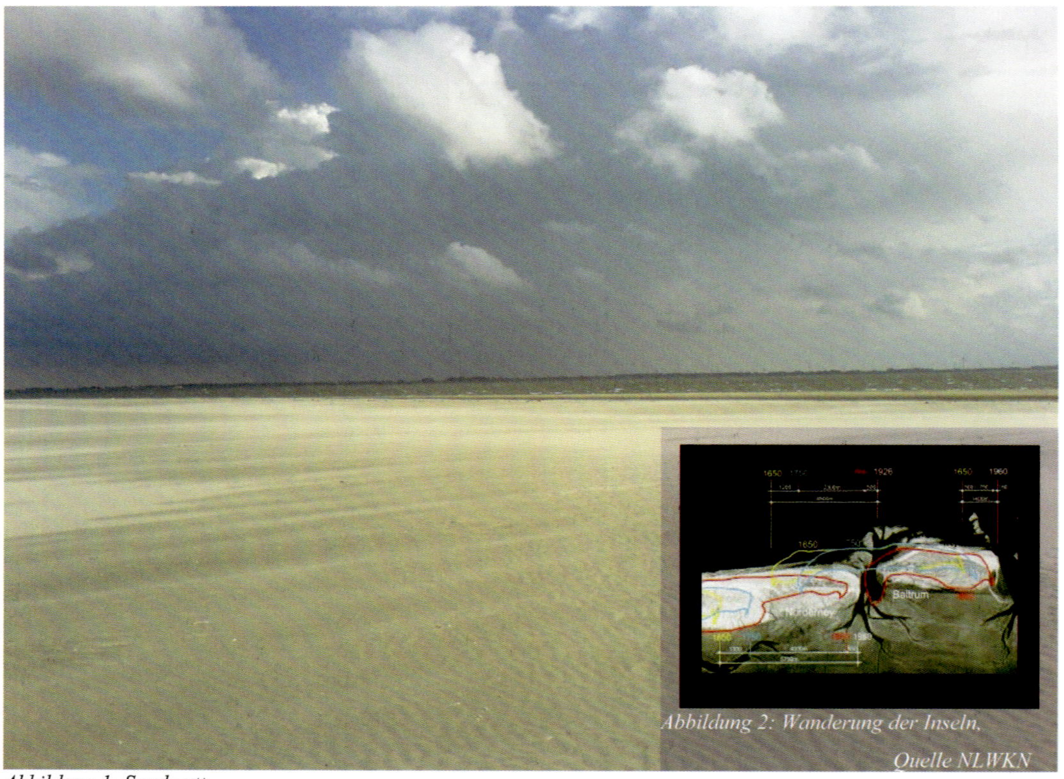

Abbildung 2: Wanderung der Inseln, Quelle NLWKN

Abbildung 1: Sandwatt

Es handelt sich dabei um eine Art Barrieresystem, das etwa 500 km lang ist und das Festland vor der Nordsee schützt. Im Flachwasserbereich von bis zu 20 Metern Wassertiefe werden abgelagerte Sandkörner von Verwirbelungen erfasst und mit dem Gezeitenstrom ständig umgeschichtet. Vor allem in Küstennähe sammelten sich riesige Sandbänke an. Diese Sandbänke können bei Ebbe trockenfallen und es finden durch Wind und Sonne Sandverlagerungen statt, die diese Platen über den Meeresspiegel ansteigen ließen. Daraus entwickelten sich später unter anderem die typischen Sandinseln an der Ostfriesischen Küste. Ein Beispiel für die Dynamik der Sände zeigt die östliche „Wanderung" der Ostfriesischen Inseln Norderney und Baltrum in Abbildung 2. Wo heute die Ostspitze von Norderney liegt, war vor etwa 160 Jahren Baltrum. Und um 1650 lagen Norderney und Baltrum noch weiter westlich als heute. Diese „Ostwanderung" hat sich an allen Ostfriesischen

Inseln vollzogen. Seit Jahrhunderten werden die Inseln von Menschen an ihrer „Ostwanderung" gehindert, indem gewaltige Wasserbauwerke die Strömung verändern und Brechern die Kraft genommen wird[3].

Die Barrierebildung war die Voraussetzung für die Entwicklung des Wattenmeeres. Denn nun gab es eine riesige Fläche zwischen den Inseln und dem Festland, wo sich die Wassermassen nicht mehr wie zuvor entfalten konnten. Dies hatte zur Folge, dass sich Sedimente, die vom Wasser getragen wurden, nun am Meeresboden absetzten. In den strömungsreicheren Zonen setzte sich der schwerere Sand ab (Sandwatt). In den stark beruhigten Bereichen, nahe der Küste und auf den Watthochs, konnten sich die sehr leichten Sedimente Ton und Schluff ablagern. Je nach Sedimentzusammensetzung bildete sich daraus das Sand-, Misch- oder Schlickwatt.

Die Gesamtfläche des Wattenmeeres der Nordsee beträgt etwa 9.300 km² und erstreckt sich von den Küstenflächen der Niederlande, über die der Bundesrepublik Deutschland, bis zu den Küstenflächen Dänemarks. Das Niedersächsische Wattenmeer nimmt in Bezug zur Gesamtfläche etwa ein Viertel der Fläche ein. Das entspricht einer Fläche von 2.254 km². Zieht man davon die Inseln ab, so ergibt es eine Fläche von 2.099 km².[4]

3.2 Der Lebensraum Wattenmeer

3.2.1 Aufbau und Struktur des Wattenmeeres

Grundsätzlich wird das Wattenmeer in drei unterschiedliche ökologische Zonen unterteilt. Diese sind schematisch in Abbildung 6 dargestellt.

- Das Sublitoral:

  Dies sind Flächen, die immer, auch bei Niedrigwasser, mit Wasser bedeckt sind. Hierzu gehören auch die ständig wasserführenden Priele, tiefe Rinnen, die Seegatten, die Wasserflächen zwischen den Inseln und die Flachwasserbereiche seeseitig vor den Inseln. Es handelt sich hauptsächlich um Sandflächen. Diese nehmen etwa ein Drittel des Wattenmeeres ein.

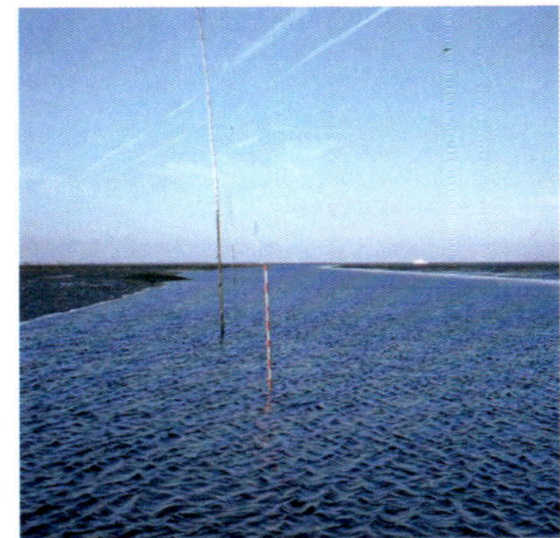

Abbildung 3: Ständig bedeckte Wasserfläche

---

3 Janke 1988
4 Lenz 1994

- Das Eulitoral:

  Das etwa zweimal pro Tag im Wechsel der Gezeiten überflutete und wieder trockenfallende Schwemmland. Zwei Drittel des Wattemeeres zählen zum Eulitoral und sind für uns Wattfahrer die bedeutsamsten Flächen. Etwa alle 12,5 Stunden findet der Wechsel von Hochwasser zu neuem Hochwasser statt.

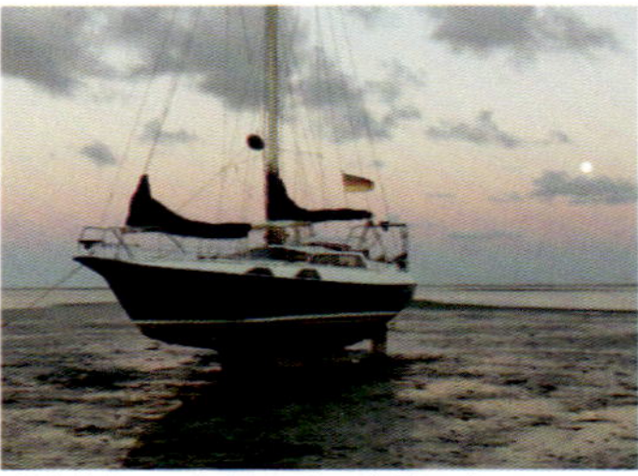

Abbildung 4: Trockenfallende Wattflächen im Eulitoral

- Das Supralitoral:

  Hierzu gehören Wattflächen, die infolge von Sedimentablagerungen über der mittleren Hochwasserlinie (HWL) liegen. Dazu zählen auch die Ostfriesischen Inseln. Ihre Fläche macht etwa 5 % der Fläche des Wattemeeres aus[5]. Da diese Wattflächen nicht befahrbar sind, werden sie hier nicht weiter erwähnt.

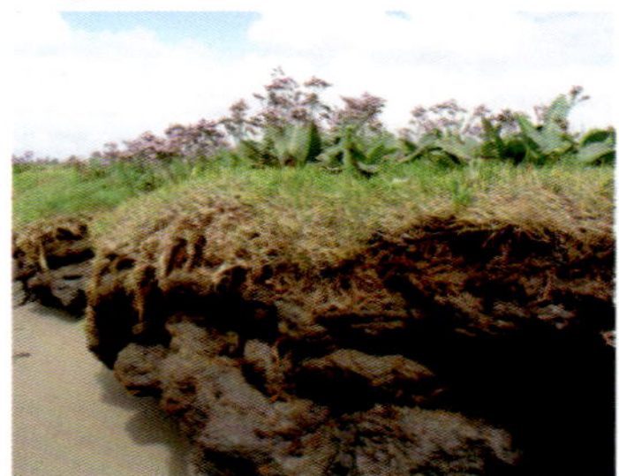

Abbildung 5: Übergang vom Watt zur Insel

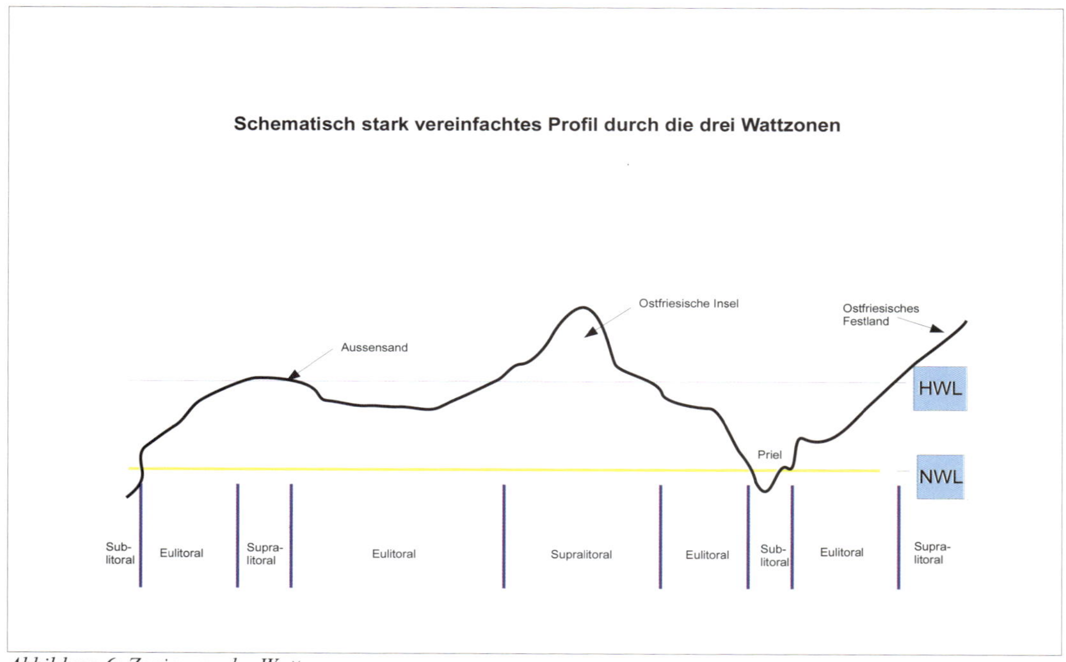

Abbildung 6: Zonierung des Wattenmeeres

5 Engelhardt 1981

3.2.2. Sand-, Misch- und Schlickwatt

Grundsätzlich unterscheiden wir Sand-, Misch- und Schlickwatt. Sand besteht aus größeren Körnern als Schlick, der aus Ton- und Schluffteilchen besteht (siehe Tabelle 1). Eine einfache Methode, die Sedimente zu unterscheiden, ist die sogenannte Fingerprobe. Sand, Schluff und Ton haben unterschiedliche Eigenschaften. Wie schon erwähnt, werden diese Sedimente vom Meerwasser unterschiedlich weit getragen und kennzeichnen so die speziellen Wattflächen mit all ihren typischen Lebensgemeinschaften

3.2.2.1 Das Sandwatt

Sandkörner sind schwer und besitzen, bezogen auf ihr Gewicht, die relativ geringste Oberfläche. Wenn das durch Strömung tragende Wasser sich beruhigt, sinken die Sandanteile zuerst zu Boden, sie sedimentieren. Sandwatt besteht zu 90% aus Sandkörnern[6]. Das Sublitoral besteht im wesentlichen aus Sand, denn das Wasser mit seiner Energie läuft an der Flachsee auf und wird dabei gebremst, schwere Sandanteile sinken zu Boden. Ton und Schluff werden zunächst weiterbefördert.

Sand lässt sich mit den Händen nicht Kügelchen formen. Sandanteile sind bei Reibung zwischen den Fingerspitzen als einzelne Körner deutlich zu spüren.

3.2.2.2 Das Mischwatt

Das Mischwatt besteht zu 50 bis 90 % aus Sandanteilen. Der Rest setzt sich aus Schluff- und Tonteilchen zusammen. Wie in Tabelle 1 zu erkennen, sind Schluffteilchen wesentlich kleiner und folglich leichter als Sandkörner. In den meisten Fällen schließt sich das Mischwatt oberhalb der mittleren Niedrigwasserlinie (NWL) dem Sandwatt an, zählen also sowohl zum Sublitoral, als auch zum Eulitoral.

Mit der Fingermethode sind noch eindeutige Sandanteile zu spüren, durch die Schluffteile aber klebt das Material an den Fingern.

3.2.2.3 Das Schlickwatt

Schlick besteht im Wesentlichen aus Schluff- und Tonteilchen. In Tabelle 1 ist zu erkennen, dass diese Anteile, relativ gesehen, sehr fein und leicht sind. Ihre Oberfläche ist im Vergleich zu Sand groß. Demzufolge findet man das Schlickwatt zumeist an den Watthochs. Hier in Bereichen mit

6 Jedicke 1991

geringer Strömung an Watthochs oder nahe der Verlandungszonen von Insel und Küste haben die Wassermassen kaum noch Bewegung, und die Schluff- und Tonteilchen können zu Boden sinken. Sie wurden mit dem Wasser weiter getragen, als Sandteilchen und bilden das Schlickwatt. Am leichtesten sind die Tonteilchen. Sie können nur dort sedimentieren, wo das Wasser kaum noch Bewegung hat.

Mit der Fingermethode erkennt man deutlich, dass Schluff an den Fingern klebt. Es ist nicht formbar. Der im Schlickwatt hohe Tonanteil dagegen, haftet, klebt und schmiert stark. Es lässt sich gut formen oder auf der Handfläche gut ausrollen.

Je nach Strömungsverhältnissen gibt es jedoch an vielen Watthochs des Ostfriesischen Wattenmeeres größere Mischwattflächen.

Sedimente	**Durchmesser**	
	von:	**bis:**
Sand	2 mm	0,063 mm
Schluff	0,063 mm	0,002 mm
Ton	< 0,002 mm	

Tabelle 1: Korngrößen

3.2.3 Sedimentfracht im Wattenmeer

Woher stammen eigentlich die Sedimente aus denen das Wattenmeer nach der letzten Eiszeit entstanden ist? Im Wesentlichen spielen zwei Faktoren eine Rolle. Zum einen sind es die Flüsse, wie Rhein, Ems, Weser und Elbe, welche neben den Nährstoffen auch große Anteile der Schluff- und Tonteilchen in die Nordsee transportieren.

Weiteren bedeutenden Einfluss haben die ständigen Prozesse der Erosion im Watt. Durch die Strömung des Wassers werden an einer Seite Sedimente abgetragen und an anderer Stelle wieder abgelagert. In diesem dynamischen Zusammenhang muss man auch die Priele sehen. Das Wasser sucht sich immer den Weg des geringsten Widerstandes, und der ist nicht unbedingt der direkte Weg, wie man an den Prielverläufen leicht erkennen kann. Sie sind hochgradig beweglich, sind ständigen Veränderungen unterworfen. Wer sich die Zeit nimmt, sich bei Niedrigwasser an einen mit Wasser gefüllten Priel zu setzen, wird erleben, dass dieser seine Abbruchkanten und Gleithänge innerhalb kürzester Zeit verwandelt. Dieser Prozess der Sedimentation findet übrigens auch an den Ostfriesischen Inseln statt.

Wären die Inseln auf der West- bzw. Nordwestseite nicht durch künstliche Bauwerke, die Buhnen, geschützt, würden die ein- und ausströmenden Wassermassen dort die Sedimente abtragen und zum Teil auf der Ostseite der Inseln wieder ablagern. Die Ostfriesischen Inseln werden also mit großem Aufwand daran gehindert, nach Osten zu wandern. Rinnsale im Watt verändern stetig ihre Struktur. Dieses Phänomen kann man gut auf ihre größeren Verwandten, die Priele, übertragen und sich ein Bild davon machen, wie letztere wandern können.

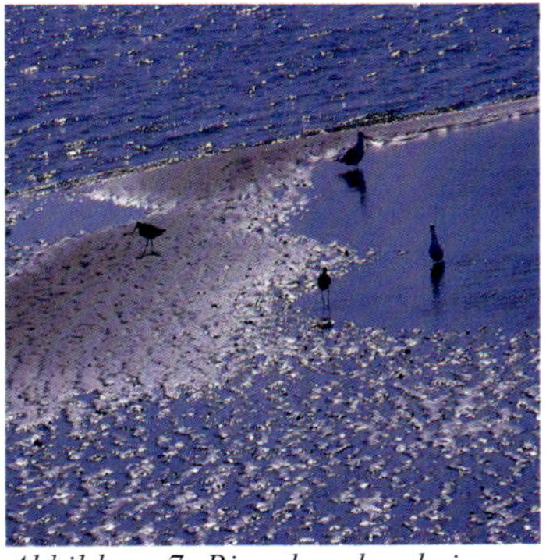

Abbildung 7: Rippelmarken bei Wangerooge Ost

Die Sedimente werden am Prallhang abgetragen und dort, wo sich das Wasser beruhigt, wieder abgelagert. Aus diesem Grund müssen übrigens die Pricken an den Prielen zu Beginn der Saison oft umgesetzt werden. Sehr deutlich ist der unmittelbare Strömungsverlauf des ablaufenden Wassers auf dem Meeresboden an der Struktur der Rippelmarken zu erkennen. Es sind die „Bodenwellen“, die überall auf dem Sand- und Mischwatt zu erkennen sind. Bei genauerer Betrachtung fällt auf, dass die Rippelmarken deutlich asymmetrisch aufgebaut sind und nicht unbedingt in die gleiche Richtung zeigen. Hinter den Inseln können sie etwa 2 bis 5 cm hoch werden. Vor den Inseln, also zur Seeseite hin, bilden sich gewaltige, bis zu 50 cm hohe Rippelmarken.

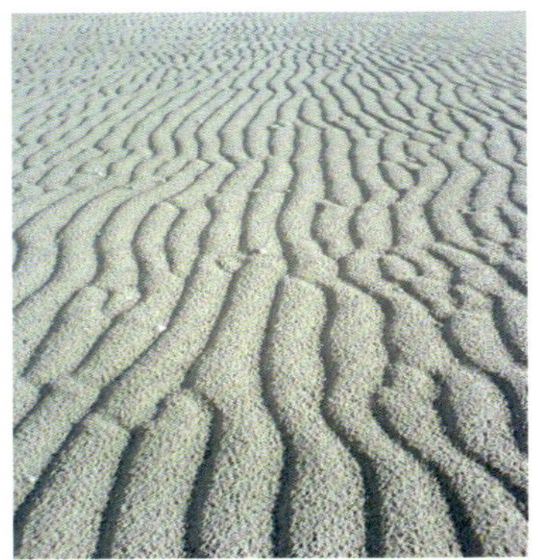

Abbildung 8: Rippelmarken nach einem Regenschauer vor Juist

Wer sich selbst davon ein Bild machen möchte, sollte nach Wangerooge an den Oststrand gehen. Dort findet man bei Niedrigwasser diese gewaltigen Rippelmarken und bekommt einen Eindruck davon, welche Kraft das Wasser entfalten kann (siehe Abbildung 7). Allen Rippelmarken ist gemein, dass sie von der Strömung des ablaufenden Wassers gebildet werden. Dadurch fällt die Rückseite, welche immer in Richtung des abfließenden Wassers zeigt, steil ab, schematisch dargestellt in Abbildung 9. Rippelmarken vor der Insel Juist unterscheiden sich kaum von denen anderer Inseln. Da der Strand hier in Ost-West-Richtung aber relativ lang ist, verlieren sich die Rippelmarken am Horizont. In Abbildung 8 ist die Fließrichtung von rechts nach links zu erkennen. Ein Regenschauer hat die Strukturoberfläche verändert.

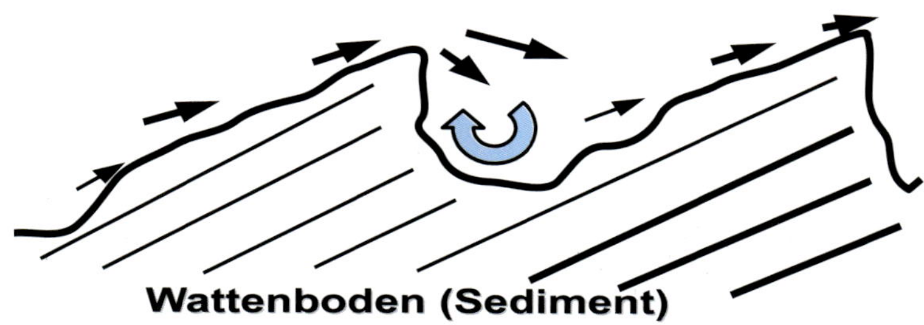

Abbildung 9: Rippelmarken im Misch- und Sandwatt

3.3 Das Ökosystem Wattenmeer

Das Wattenmeer ist ständigen Veränderungen unterworfen, die sowohl durch Wind-, als auch durch Wasserbewegungen verursacht werden können. Immer wieder kommt es zu Sedimentverfrachtungen. An diesen Lebensraum haben sich Tier- und Pflanzenwelt angepasst. Sie müssen tolerant gegenüber extremen Temperaturschwankungen sein (trockengefallenes Schlickwatt wird bei Sonneneinstrahlung bis zu +50 °C warm), Aussüßungsprozessen bei viel Regen und Austrocknungsprozessen bei permanenten Wind widerstehen und mit Schwankungen der Lichtintensität zurechtkommen.

Viele Wattbewohner haben sich im Laufe der Evolution an diesen Lebensraum angepasst, und wenige Arten der offenen Nordsee können diesen extremen Bedingungen widerstehen. Die Artenvielfalt ist erheblich, die Individuenzahl der im und am Boden lebenden Tiere gewaltig.

Wer das Wattenmeer befahren möchte, sollte sich mit den Lebensgemeinschaften des Wattenmeeres vertraut machen und das Bewusstsein dafür entwickeln, dass dieser Lebensraum einzigartig ist. Man wird ein Verständnis gewinnen für die Schutzbedürftigkeit dieses Lebensraumes, die Schutzzonen akzeptieren und diese vor allem respektieren. Trotz der Schutzzonen gibt es im Ostfriesischen Wattenmeer ausreichende Möglichkeiten im Watt zu kreuzen, zu ankern oder sich diesen

Lebensraum zu Fuß zu erschließen.

Zum grundsätzlichen Verständnis des Ökosystems werde ich im Folgenden typische Vertreter des Wattenmeeres, ihre Besonderheiten und ihre Einzigartigkeit aufzeigen. Dabei möchte ich auch auf die engen Zusammenhänge und die Empfindlichkeit dieses Ökosystems hinweisen.

3.3.1 Der Mikrokosmos des Watts

Basis jedes marinen Lebensraumes, wie auch des Wattenmeeres, sind winzige, mit dem bloßen Auge kaum sichtbare Pflanzen, das Phytoplankton und Tiere, das Zooplankton. Der Begriff Plankton beschreibt diese Lebewesen als „Treibgut" oder „Umhergetreibsel"[7]. Sie können sich nicht oder nur beschränkt in der Wassersäule bewegen und sind den Meeresströmungen ausgeliefert.

Als Wassersäule bezeichnet der Meeresbiologe den Teil des Meereswassers in einem definierten Volumen, welches vom Meeresgrund bis zur Meeresoberfläche auf die zu betrachtenden Organismen wirken. Man kann es sich vorstellen wie ein Zylinderglas, das auf dem Meeresboden und bis zur Wasseroberfläche senkrecht im Wasser, in der Wassersäule, steht. In diesem „Zylinder" ist eine definierte Wassermenge vorhanden. Die in diesem Wasser lebenden Organismen können vielleicht nicht aktiv gegen die horizontale Strömung anschwimmen, doch steigen sie in der Wassersäule auf und ab. Dadurch können beispielsweise pflanzliche Mikroorganismen aus tieferen Bereichen in sonnendurchlässige Wasserschichten gelangen.

In einer Nahrungspyramide steht das Phytoplankton an der breiten Basis und bildet die Nahrungsgrundlage aller Tiere, vom Zooplankton, Krebsen, Fischen, bis hin zum Seehund oder den Watvögeln. In Abbildung 10 ist diese Nahrungspyramide des Wattenmeeres vereinfacht dargestellt.

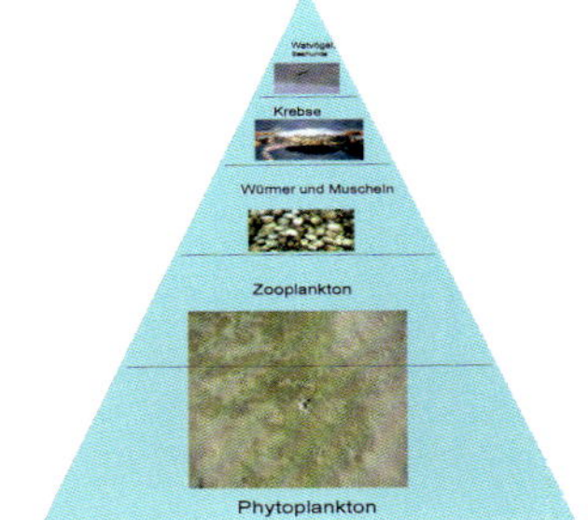

Abbildung 10: Nahrungspyrymide

3.3.2 Das Phytoplankton

Das Phytoplankton umfasst die Gesamtheit der ein- oder wenigzelligen Algen und ihrer Fortpflanzungsstadien. Im Wesentlichen wird die pflanzliche Produktion des Watts durch diese Mikroalgen bestimmt und weniger durch Großalgen. In Massen fallen sie dort auf, wo der Wattboden eine bräunliche, filigrane Oberfläche aufweist. Besonders interessant sind die

7 Reichholf 1990

Mikroalgen, da sie nur in den oberen Schichten des Wattbodens leben können, in die das Licht eindringt. Im etwa 10 mm tiefen Wattboden sind Phytoplanktondichten von etwa 1 – 3 Mio. Kieselalgen pro m^2 gezählt worden[8].

Eine Planktonart möchte ich hier besonders hervorheben. Am Boden oder in der Wassersäule findet man, besonders in den Sommermonaten, die Planktonart *Noctiluca scintilans*. Sie ist eine Mikroalge, die man an ihrem Erscheinungsbild bei Nacht auch ohne Hilfsmittel erkennen kann. *Noctiluca scintilans* sendet Licht aus, wenn mechanische Reize auf sie treffen. Wenn beispielsweise Fraßfeinde auf sie einwirken, erzeugt *Noctiluca scintilans* kurzfristig einen phosphoreszierenden Lichtblitz, der abschrecken oder verunsichern soll.

Wer bei Nacht das Wattenmeer befährt, wird mit dieser Erscheinung oft belohnt. Dort, wo *Noctiluca scintilans* in Massen vorkommt, wird der Bug und das Heckwasser des Wattseglers von einem grünen Licht umgeben sein, wie in Abbildung 12 zu erkennen ist.

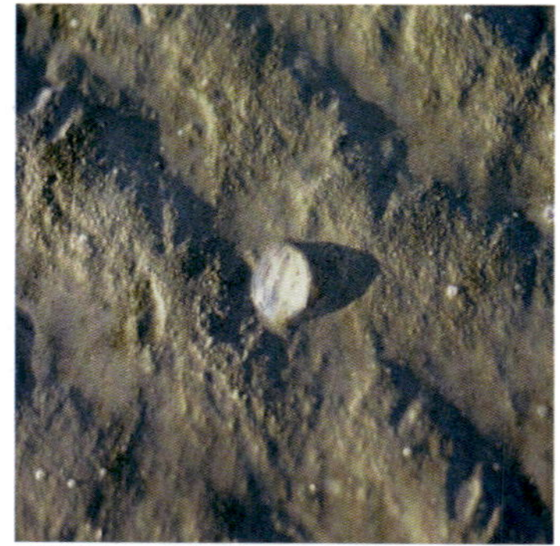

Abbildung 11: Seestachelbeere

Wenn im Heckwasser grün leuchtende, fast faustgroße Erscheinungen auftreten, die bis zu einer halben Minute lang leuchten, dann handelt es sich höchstwahrscheinlich um den Inhalt des Verdauungstraktes der Seestachelbeere (Abbildung 11).

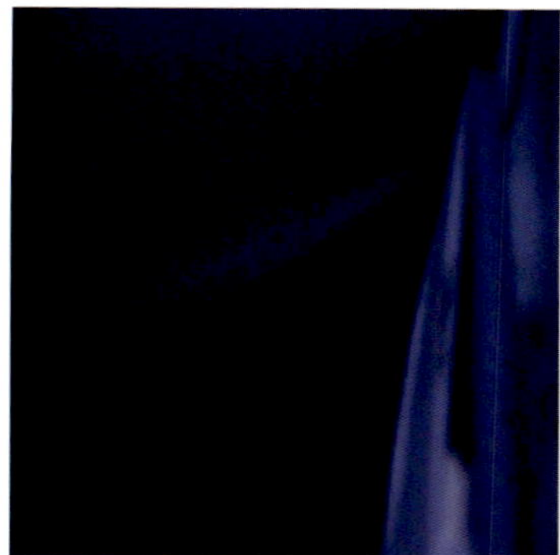

Abbildung 12: Noctiluca scintilans bei Nacht am Schiffsrumpf

Diese zählen zu den Rippenquallen und ernähren sich von Plankton, so auch von *Noctiluca scintilans*. Im Verdauungstrakt der Seestachelbeere konzentrieren sich die Leuchtalgen. Interessanterweise reagiert die Leuchtalge *Noctiluca scintilans* selbst im Verdauungstrakt noch auf mechanische Reize und bewirkt ein länger andauerndes grünliches Leuchten der Seestachelbeere, die selbst fast durchsichtig ist. Ein faszinierender Moment, den man nicht so schnell vergessen wird.

Noctiluca scintilans in großer Dichte finden wir häufig auf der Luvseite von Inseln und Watterhebungen. Dort, wo Wind und Strömung die Algen konzentrieren, kommt *Noctiluca*

8 Engelhardt 1981

scintilans in Massen vor, und ein langer Strandsaum wird immer wieder leuchten. Wer bei Nacht einen Spaziergang am Strand macht, wird erleben, dass jeder Schritt auf dem Boden oder im Wasser eine leuchtende Spur hinterlässt, erzeugt von diesen winzigen Planktonarten.

3.3.3 Das Zooplankton

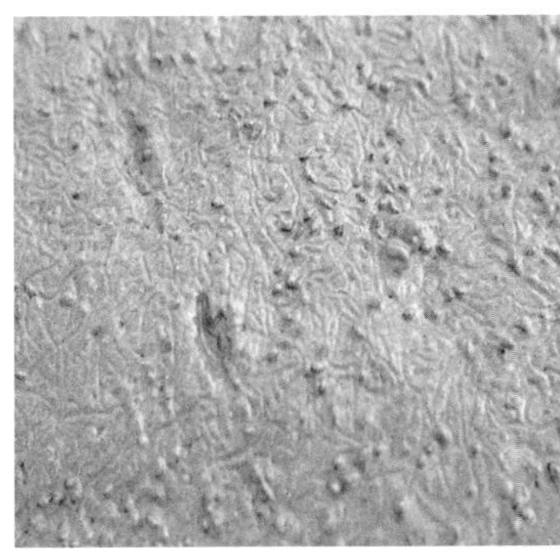

Abbildung 13: Schlickkrebse

Das Zooplankton besteht aus tierischen Einzellern, zahlreichen Kleinsttieren und Jugendstadien nahezu aller in der Nordsee lebenden Tiere. Im Winter ist der Phytoplanktonanteil sehr gering. Im Frühjahr steigt dieser rasant an und fällt im Sommer wieder ab. Ursache für den Rückgang des Phytoplanktons im Sommer ist der Anstieg des Zooplanktons. Der Fraßdruck des Zooplanktons ist so gewaltig, dass es trotz kontinuierlicher Produktion des Phytoplanktons im Sommer zu einer Verringerung des Phytoplanktons kommt. Erst durch den Massenverzehr des Zooplanktons durch alle anderen Watt- und Meeresbewohner kann sich das Phytoplankton erholen, es kommt wieder zu einem leichten Anstieg im Herbst. Nutzer des Zooplanktons als Nahrung ist u. a. die sogenannte wirbellose Markofauna, also Tiere ohne Wirbelsäule wie Würmer, Schnecken, Muscheln, Krebse und so weiter. Abbildung 13 zeigt Schlickkrebse, die vom Zooplankton leben.

Im Frühjahr und im Sommer steigt die Biomasse der Wirbellosen durch Vermehrung und Wachstum innerhalb von 4 bis 5 Monaten auf das 3 bis 3,5 fache an[9]. Das meiste davon findet man im unteren Eulitoral und speziell im Schlickwatt. Dieser im Vergleich zur Gesamtfläche des Wattenmeeres kleine Bodentyp hat folglich eine große Bedeutung für das Nahrungsangebot.

3.3.4 Die Fauna des Watts

Die Fauna des Watts ist unbeschreiblich groß. In diesem Buch können nur wenige Vertreter mit besonderen Merkmalen vorgestellt werden. Wer weitere Informationen zu den Tierarten im Watt sucht, dem sind Bestimmungsbücher zur Fauna des Wattenmeeres ans Herz gelegt, z. B. „Kosmos Naturführer – Düne, Strand und Wattenmeer", übersichtlich gestaltet und mit zahlreichen Abbildungen versehen, die die Suche und Bestimmung erleichtern.

9 Reise 1981

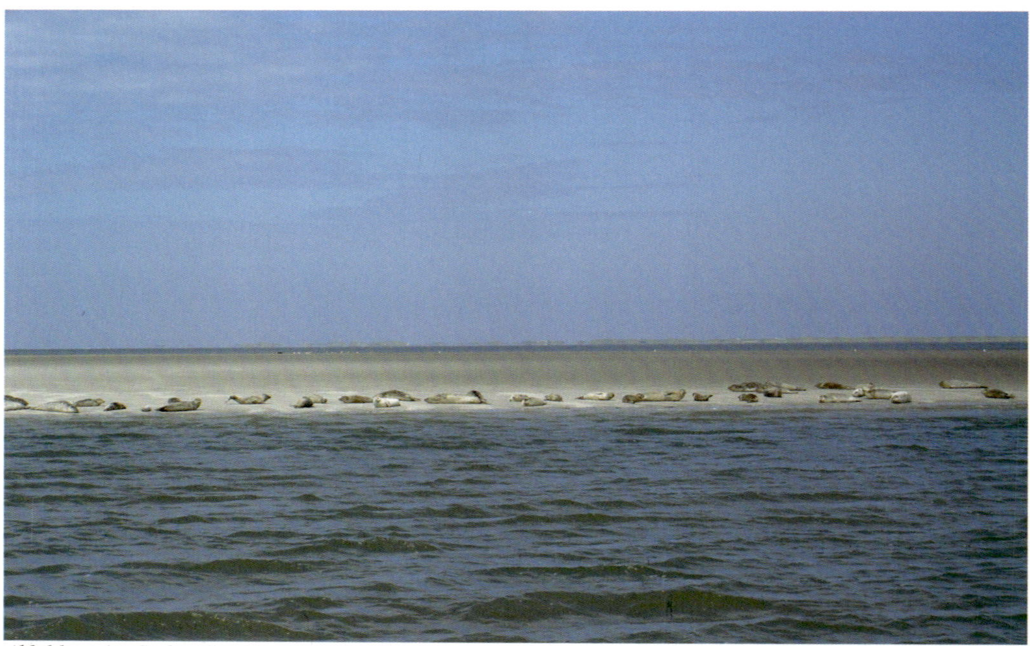

Abbildung 14: Seehundbank

Rund 250 Tierarten können ausschließlich im Wattenmeer existieren. Macht man sich mit der Tatsache vertraut, dass davon die meisten Tiere von der Bodenoberfläche an abwärts allein die ersten Zentimeter bewohnen, so kann man sich vorstellen, wie eng es teilweise im Boden ist. Auf einem Quadratmeter Wattboden können beispielsweise 50.000 Herzmuscheln gleichzeitig vorkommen und das ist nur eine Spezies auf besagtem Quadratmeter.

Auf dem Meeresboden selbst findet man Miesmuscheln und auch eine zugewanderte Austernart. Schaut man genau hin, sieht man auf dem Boden winzige Wattschnecken (Abbildung 13) und die größeren Strandschnecken. Den Schlickkrebs erblickt man nicht, allerdings kann man ihn bei ruhigem Wetter gut hören. Er erzeugt das sogenannte Wattknistern. Wer genau hinschaut, findet auch den Bäumchenröhrenwurm (Abbildung 15). Ein baumartiges Gebilde aus Sand und Muschelresten verklebt, etwa 5 cm hoch, steht auf dem Boden. Darin lebt der Bäumchenröhrenwurm und lauert darauf, dass sich bei Flut seine Beute in der Baumstruktur versteckt, die er dann sofort verschlingt.

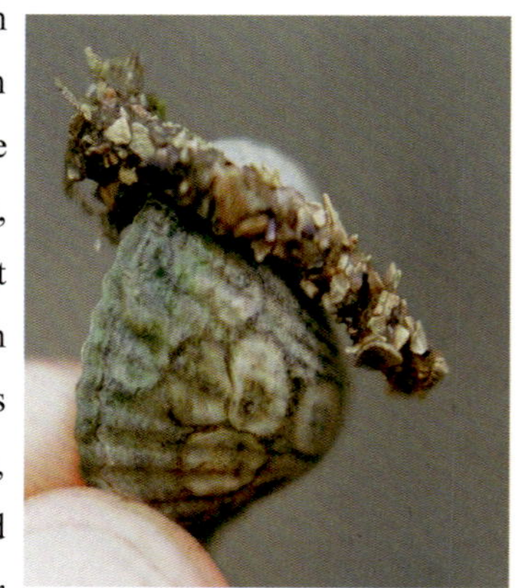

Abbildung 15: Bäumchenröhrenwurm

Zahlreiche weitere Tiere sind im Boden zu finden. Meist erkennt man auf der Bodenoberfläche Kothäufchen des Wattwurms oder Löcher im Boden, die davon zeugen, dass dort unten ein Bewohner ist, der durch dieses Loch mit der Außenwelt kommuniziert und dabei Atemwasser und Nährstoffe aufnimmt. Zu den tiefsten Bodenbewohnern, die niemals an die Oberfläche gelangen, zählen die Sandklaffmuscheln. Sie leben in fast einen halben Meter Bodentiefe und verfügen über ein entsprechend langes Siphon mit dem die Nahrung aufgenommen wird. Einmal aus dem Boden freigespült, wird die Sandklaffmuschel nicht überleben, denn sie kann sich nicht wieder eingraben, wie es die Herzmuscheln vermögen, und wird sterben.

Kehrt die Flut zurück, kommen die Räuber des Wassers ins Watt. Dazu zählen auch die Nordseegarnelen, die das Watt zu Abertausenden bevölkern. Die besondere Fähigkeit der Nordseegarnele, sich durch Pigmentveränderungen an die gegebene Bodenfarbe anzupassen, macht sie für Fraßfeinde im Wasser nahezu unsichtbar. Ein Fraßfeind der Garnele ist die Strandkrabbe. Sie ist weit verbreitet, und man erkennt sie daran, dass sie quer läuft. Strandkrabben haben daher den Spitznamen *Dwarslöper*, Querläufer. *Dwarslöper* selbst müssen auf der Hut sein, denn sie sind für viele Vogelarten im Watt eine beliebte Nahrung. Lachmöwen, Silbermöwen und die größten Vögel im Watt, die Mantelmöwen, ernähren sich gerne von ihnen. Die auffälligsten Watvögel sind die Austernfischer. Diese wunderschönen schwarz-weiß gefiederten Vögel mit dem langen roten Schnabel haben einen klaren, charakteristischen Ruf. Ihre Nahrung sind eher Würmer oder Muscheln. Je nach Nahrungsfavorit, hat ihre Schnabelspitze entweder einen feinfühligen „Taster“, womit die Würmer im Boden "erfühlt" werden, oder einen Hammerschnabel mit dem die Austernfischer die Muschelschalen zerschlagen oder nur den Schließmuskel der Muschel zertrennen. Erwähnt seien auch die großen Brachvögel, denn sie sind die größten Watvögel im Watt, und auch diese Tiere haben einen typischen, vertrauten Ruf. Eine der farbauffälligsten Vogelarten im Watt ist die Brandgans. Interessant ist ihr Brutverhalten, denn die Brandgans kann in Symbiose mit Füchsen leben. Füchse, die ihren Bau mit Brandgänsen teilen, haben einen aufmerksamen Wächter. Bei Gefahr warnt die Brandgans den Fuchs, wenn sich ein Feind nähert. Der Fuchs dagegen schützt die Gänse und ihre Küken vor anderen Räubern. Eine perfekte Symbiose an der Spitze der Nahrungspyramide.

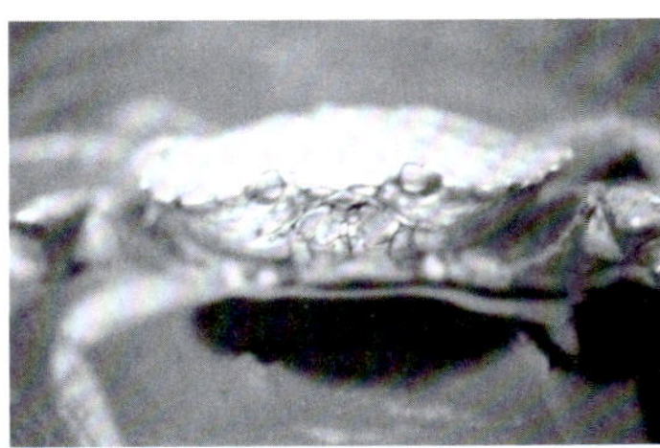
Abbildung 16:Neugieriger Dwarslöper

Im Wasser, finden wir an der Spitze der Nahrungspyramide verschiedene Säugetierarten. Seehunde sind im Ostfriesischen Watt am häufigsten. Gelegentlich findet man Kegelrobben und mit ganz viel

Glück Schweinswale, die ebenfalls im Wattenmeer auf Nahrungssuche gehen.

Der Reichtum an Tieren und Pflanzen am Boden zieht zeitweise bis zu 50 Millionen Wat- und Zugvögel an, zwecks Zwischenstopp zum Auffrischen ihrer Energiereserven. Man nennt das Wattenmeer auch *„Tankstelle der Zugvögel auf dem ostatlantischen Zugweg*“. Viele Vogelarten, die in Afrika überwintern, kommen im Frühjahr auf dem Weg zu ihren Brutplätzen in Grönland, Skandinavien und Kanada ins Wattenmeer, um Nahrung aufzunehmen und zu rasten. Genau so verhält es sich, wenn die Tiere im Herbst/Winter aus ihren Brutgebieten zurückkehren und ihren kräftezehrenden Weg in den Süden fortsetzen.

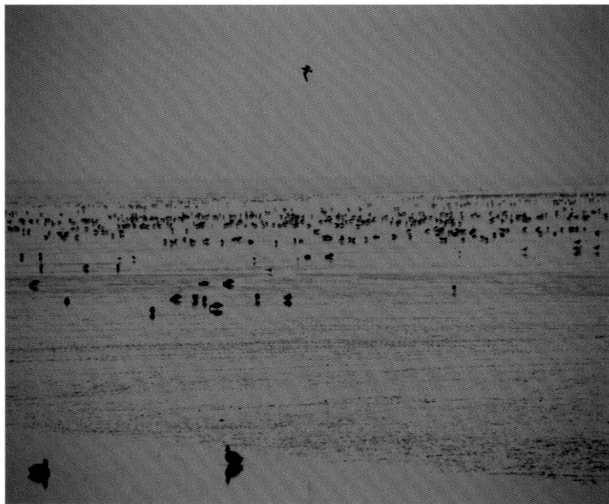

Abbildung 17: Raststette im Wattenmeer

3.4 Die Schutzzonen des Wattenmeeres 1 bis 3

Die Internationale Maritime Organisation (IMO) hat einen Teil des Wattenmeergebietes von Den Helder in den Niederlanden bis nördlich von Esbjerg in Dänemark als sogenanntes „Besonderes sensibles Meeresgebiet“ ausgewiesen. Das ausgewiesene Gebiet besteht im Wesentlichen aus den sogenannten maritimen Bereichen des Wattenmeeres, die bei Ebbe nicht trocken fallen und den Wattenmeer-Nationalparks in Deutschland, sowie den Wattenmeer-Schutzgebieten in Dänemark und in den Niederlanden.

Mit der Einrichtung der Schutzgebiete sind Verhaltensvorschriften, jedoch keine Änderungen von Verkehrs- oder Befahrensregeln verbunden[10].

Aus unterschiedlichen Gründen ist es verständlich, dass solch ein fantastischer Lebensraum wie das Wattenmeer vor menschlichen Eingriffen geschützt werden muss. Der gesamte Nationalpark Niedersächsisches Wattenmeer wird in drei unterschiedliche Schutzzonen unterteilt. Geregelt ist dies in der *Verordnung über das Befahren der Bundeswasserstraßen in Nationalparken im Bereich*

10 Nordsee-Handbuch

der Nordsee (NPNordSBefV). In Kapitel 9.3 Verordnung über das Befahren der Bundeswasserstraßen in Nationalparken im Bereich der Nordsee (NPNordSBefV) auf Seite 187 ist dies nachzulesen.

Nachfolgend sind die wichtigsten Abschnitte der Verordnung zusammengefasst:

3.4.1 Zone I

Zone I ist der am stärksten geschützter Bereich im Wattenmeer. Sie wird als **Ruhezone** gekennzeichnet und ist in den Seekarten hervorgehoben. Hier sollen sich Tiere und Pflanzen von menschlichen Einflüssen erholen können. Zu dieser am stärksten geschützten Zone zählen auch die Robbenschutzgebiete (**RSG**) und die Vogelschutzgebiete (**VSG**). Robbenschutzgebiete sind in der Seekarte durch eingezeichnete Robben definiert, Vogelschutzgebiete durch Vögel gekennzeichnet. Die Besonderheit der VSG`s und RSG`s liegt darin, dass wir Menschen dort nichts zu suchen haben. Auch das Befahren, gleich welcher Art, ist strengstens verboten. Die Zone I darf jedoch zeitlich limitiert befahren werden, und zwar in einem Zeitfenster von drei Stunden vor Hochwasser bis drei Stunden nach Hochwasser! Ansonsten ist diese Zone für uns Tabu (siehe auch „Die wichtigsten Verbote“ unten in diesem Kapitel). Wenn allerdings ein Fahrwasser ständig mit Wasser gefüllt ist und durch diese Schutzzone führt, darf es auch außerhalb dieses Zeitfensters befahren werden[11].

3.4.2 Zone II

Zone II ist die sogenannte **Zwischenzone**. Sie ist in den Seekarten gekennzeichnet und unterscheidet sich deutlich von Zone I. Die in Zone II befindlichen Flächen sind für uns jederzeit uneingeschränkt befahrbar, auch dürfen wir dort ankern und trockenfallen.

3.4.3 Zone III

Zone III ist die **Erholungszone**. Sie ist für uns Wattsegler nur dann von besonderer Bedeutung, wenn wir auf den Inseln oder dem Festland Wanderungen unternehmen wollen. Nur hier findet man diese Zone.

Folgende **Geschwindigkeitsbegrenzungen** gelten in den jeweiligen Zonen:

1. Maschinenfahrzeuge, die im Fahrwasser außerhalb der Zone I fahren, dürfen

11 Nordsee-Handbuch

maximal 16 Knoten laufen.

2. Maschinenfahrzeuge, die die Bundeswasserstraßen in Nationalparken befahren, maximal 12 Knoten.

3. Für alle Fahrzeuge, die innerhalb von Zone I fahren, gilt eine maximale Geschwindigkeit von 8 Knoten durch Wasser.

Die wichtigsten Verbote für die Wattfahrer im Nationalpark Niedersächsisches Wattenmeer sind im Folgenden kurz aufgeführt. Detaillierte Informationen findet man in der Verordnung über das *Befahren der Bundeswasserstraßen in Nationalparken im Bereich der Nordsee*. Siehe dazu auch NPNordSBefV auf Seite 187.

Verboten ist:

1. Das Ausüben von Handlungen, die zu einer Zerstörung, Beschädigung oder Veränderung des Schutzgebietes führen.
2. Die Zone I und die mit Verbotshinweisen bezeichneten Flächen der Zone II zu betreten.
3. In Zone I außerhalb der Fahrwasser in den Zeiten von drei Stunden nach bis drei Stunden vor Hochwasser zu fahren.
4. In den RSG`s und VSG`s während bestimmter, in den Seekarten erwähnten Schutzzeiten, zu fahren.

Ein abschließender Satz zu den Schutzgebieten ist selbstverständlich: Wer die Fahrwasser im Wattenmeer nutzt, sollte sich darüber im Klaren sein, dass er mit allen Mitteln eine Schädigung, Gefährdung und mehr als eine unvermeidbare Störung der Tierwelt unterlassen sollte [12][13].

3.5 Das Weltnaturerbe Wattenmeer

Die Bedeutung des Wattenmeers als Zugvogelrastgebiet war übrigens einer der ausschlaggebenden Gründe für die Ausweisung der Nationalparke Wattenmeer im Jahre 1980. Die spätere und folgerichtige Ausweisung des Wattenmeeres durch die UNESCO als Biosphärenreservat erfolgte 1992.

12 NPNordSBefV

13 Nordsee-Handbuch

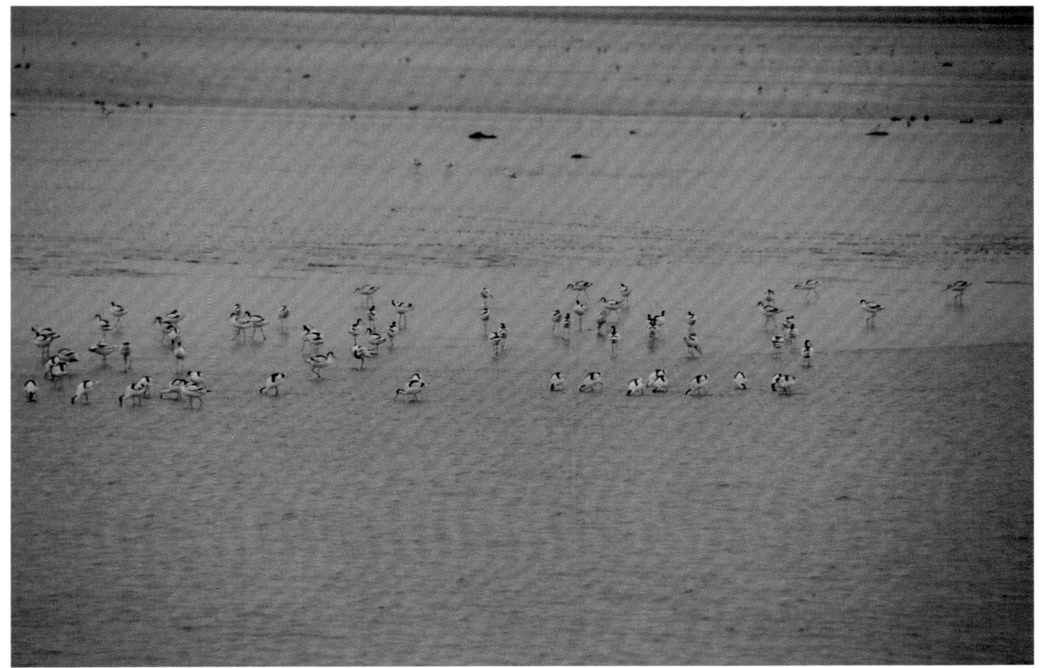

Abbildung 18: Säbelschnäbler

Am 26. Juni 2009 erklärte die UNESCO in Sevilla das Deutsch-Niederländische Wattenmeer zur Weltnaturerbestätte. Der Nationalpark „Niedersächsisches Wattenmeer" ist zentraler Teil dieser Welterbestätte und zeigt die Bedeutung und Wertigkeit dieses so fantastischen Lebensraumes.

Wie schon erwähnt, ist das Wattenmeer deshalb einzigartig auf der Welt, weil es eine riesige zusammenhängende Wattenmeerlandschaft bildet. Diese Fläche fällt größtenteils zwei Mal pro Tag trocken und ebenso oft wird sie vom Nordseewasser überspült. Dies macht den Lebensraum Wattenmeer so faszinierend und schützenswert.

4. Grundsätzliches für das Befahren des Wattenmeeres

4.1 Ausrüstung eines Segelfahrzeuges für das Wattenmeer

Grundsätzlich sollte ein Segelfahrzeug, das im Wattenmeer kreuzt, ausgerüstet sein wie seegehende Yachten. Denn das Wattenmeer ist Teil der Nordsee mit all ihren Tücken und Besonderheiten. Das Wetter kann sich im Watt ebenso schnell ändern, der Wind kann große Wassermassen und Wellen durch die Gatten ins Watt drücken und zudem haben wir es hier mit zahlreichen Untiefen zu tun.

Im Besonderen sollte eine wattgehende Yacht mindestens die aufgeführten Ausrüstungsgegenstände mit sich führen und nutzen. Die Nennung erfolgt in alphabetischer Reihenfolge.

4.1.1 Akkukapazität

In der heutigen Zeit ist eine sichere Energieversorgung auch in der Sportschifffahrt nicht mehr wegzudenken. Navigationsgeräte sind, bis auf wenige Ausnahmen, vom Strom abhängig, und für den Notfall sollte immer eine Ersatzbatterie vorhanden sein. Zur Berechnung der benötigten Strommenge, einer ausreichende Kapazität, könnte folgende Formel genutzt werden:

Energie Bilanz:

Verbraucher (Watt) : Bordspannung (12 V) = Strom (A)

Dabei sind sämtliche Verbraucher in ihrer Leistung zu ermitteln, auch jene, die eventuell mit der Zeit hinzukommen. Ein Beispiel der zu ermittelnden Batterie-Kapazität nach obiger Formel ist in Tabelle 2 dargestellt und muss individuell für jedes Schiff vervollständigt werden.

Kapazitätsermittlung am Beispiel für Stromkreis I									
Verbraucher	Leistung (W)	:	Spannung (12V)	=	Strom (A)	x	Zeit (h)	=	Kapazität (Ah)
Seitenlaternen	25		12		2,08		10		**20,80**
Toplicht	25		12		2,08		10		**20,80**
Hecklaterne	10		12		0,8		10		**8,00**
GPS	9		12		0,75		10		**7,50**
Kompass (mit Licht)	0,72		12		0,06		10		**0,60**
Echolot (mit Licht)	0,72		12		0,06		10		**0,60**
Logge (mit Licht)	1,44		12		0,12		10		**1,20**
Ankerlicht	0,48		12		0,04		10		**0,40**
							Kapazität:		**59,9**
			Entladungsfaktor (0,6)				: 0,6		

Tabelle 2: Beispiel einer Kapazitätsbedarfsermittlung

Tabelle 2 ist zu entnehmen, dass der Strom (A) mit den Verbrauchern (Watt) durch die Spannung von 12 Volt geteilt wird. Bei 24 Volt Bordspannungsnetzen muss dieses entsprechend berücksichtigt werden. Um die Kapazität (Ah) zu ermitteln, rechne ich mit einer Betriebszeit von 10 Stunden ohne neue Energiezufuhr, multipliziert mit dem Strom (A). Diese Zeit reicht in der Regel im Wattenmeer aus, bis die Batterien wieder neu aufgeladen werden können. Um auf der sicheren

Seite zu sein, sollte ein Entladungsfaktor für die Batterie berücksichtigt werden. In der Literatur finden sich dafür verschiedene Werte. Ich habe hier einen Entladungsfaktor von 0,6 gewählt, wie er im Buch *Bootsausbau* empfohlen wird.

Auch sollte für alle anderen getrennten Stromkreise eine solche Bilanz erstellt und zu den Unterlagen an Bord gelegt werden. Somit ist jederzeit die aktuelle Kapazität ermittelbar, für die die Batterien ausgelegt sind.

Wer das Wattenmeer entspannt durchfahren möchte, sollte dieses beherzigen, denn ungewollte Grundberührungen durch Ausfall des Echolots oder ungenaue Positionsangaben durch Ausfall des Kartenplotters können zu ernsthaften Problemen führen. Da auf den heutigen Yachten eine große Anzahl von Energieverbrauchern vorhanden ist, empfehle ich vier unterschiedliche voneinander getrennte Batteriekreisläufe.

<u>Kreislauf 1:</u> Die benötigte Energie für die Navigation sollte aus einem Akku kommen, der keine weiteren Verbraucher speist.

<u>Kreislauf 2:</u> Verbraucher wie Lampen, Pumpen, Radio, Scheinwerfer etc., hier später als Luxusverbraucher bezeichnet, sollten an einem anderen Akku mit ausreichender Kapazität angeschlossen sein. Damit ist gewährleistet, dass unbeabsichtigt betriebene Verbraucher, wie z.B. Lampen, nicht die Energie für die Navigationsgeräte aufzehren und Schiff und Crew nicht in Bedrängnis bringen.

<u>Kreislauf 3:</u> Das Funkgerät sollte auf jeden Fall einen eigenen Akku besitzen. Im Notfall wird der Strom für das Funkgerät benötigt, und der sollte bis zum letzten Augenblick ausreichen.

<u>Kreislauf 4:</u> Ist ausschließlich als Starterbatterie der Maschine gedacht.

In jedem Fall ist die Spannung der Batterien in regelmäßigen Abständen zu prüfen, um unerwartete Leistungseinbrüche an Bord während der Reise auszuschließen. Auch dafür gibt es ein einfaches und praktisches Kontrollmodell. Mit einem digitalen Spannungsmesser wird die Spannung jeder Batterie mindestens sechs Stunden nach dem letzten Laden geprüft. Dabei dürfen in der „Ruhezeit" keinerlei Verbraucher angeschlossen sein.

In Tabelle 3 sieht man auf einen Blick wie gut die einzelnen Batterien sind. Bei den hier dargestellten drei Stromkreisläufen ist die Leistung der jeweiligen Batterie gut,

Batterie Prüfung 6 h nach Ladezeitende:						
Batt. Spannung:	Ladezustand	Datum:	Batt. I (Volt)	Batt. II (Volt)	Batt. III (Volt)	Bemerkungen
12,8 V	100%	X				
12,6 V	75%	X				
12,4 V	50%	X				
12,0 V	0%	X				

Tabelle 3: Batterieprüfung

Steckbrief

wenn 6 Stunden nach dem letzten Laden eine Spannung von 12,8 Volt angezeigt wird. Sie ist mittelmäßig, wenn eine Spannung von 12,4 Volt angezeigt wird. Lautet die Spannung 6 Stunden nach dem letzten Laden 12,0 Volt, sollte die Batterie ausgetauscht werden. Es ist vorweg zu prüfen, ob eventuell ein Verbraucher während der „Ruhephase" eingeschaltet war, der den Wert verfälscht haben könnte.

Aus Erfahrung kann ich berichten, dass es von Zeit zu Zeit ratsam ist, die „Theorie" zu überprüfen. Sofern zeitlich einzurichten, können die Batterien nach einem bestimmten Muster einem Test unterzogen werden, indem die wichtigsten Verbraucher betrieben und die Dauer ermittelt werden, bis die Leistung der Verbraucher sichtlich nachlässt. Bei guten Batterien kann das schon mal sehr lange dauern. Dann ist es sinnvoll, den Test auf die bevorstehende Reisezeit plus selbstgesetztem Sicherheitsfaktor zu beschränken. In diesem Fall werden im Hafen sämtliche Verbraucher eingeschaltet und die Zeit, die die Reise dauern soll, gestoppt. Sind nach Ablauf der gegebenen Zeit alle Verbraucher noch „in Arbeit", kann man davon ausgehen, dass es während der Reisezeit zu keinen unerwarteten Verbraucherausfällen kommt. Wichtig ist nur, dass die Batterie vor Reisebeginn wieder aufgeladen wird. Aber das versteht sich von selbst. Im Anhang ist das Formblatt zum Prüfen der Kapazität und der Energiebilanz. Die Übersicht auf Seite 197 zeigt, in welcher Form ich die Batterien an Bord in regelmäßigen Abständen überprüfe.

4.1.2 Ankergeschirr, Ankermethode, Ankerlicht und Ankerwache

4.1.2.1 Das Ankergeschirr auf Sportbooten

Das Ankergeschirr sollte mit Bedacht gewählt werden. Es zählt mit zu den wichtigsten Ausrüstungsgegenständen. Der Anker soll das Schiff im Notfall davor bewahren, auf gefährliche Untiefen zu treiben. Außerdem ist er für ein sicheres, geplantes Ankern von unschätzbaren Wert. Aus diesen Gründen sollte auch ein Zweitanker immer einsatzbereit an Bord sein.

Das Ankergeschirr auf Sportbooten besteht in der Regel aus einem Ankertau, einem Reiter, einem Kettenvorlauf, einem Wirbel und dem Anker. Relativ oft sieht man anstelle des Ankertaus nur eine Ankerkette mit Wirbel und Anker. Der Vorteil liegt natürlich im Gewicht. Eine reine Ankerkette lässt die Kraft, die den Anker auf Grund hält, immer schön parallel zum Boden ziehen. Der Nachteil liegt leider auch im Gewicht. Eine reine Ankerkette lässt sich ohne Ankerspill nicht einholen, gerade dann nicht, wenn Wind oder/und Strom am Schiff zerren. Ein Ankerspill ist dann zwar praktisch, aber auch sehr teuer. Außerdem hat man durch die reine Ankerkette im Ankerkasten des

Vorschiffs einen hohen Gewichtsanteil, der sich oft ungünstig auf die Segeleigenschaften eines kleinen Segelfahrzeuges auswirken kann.

4.1.2.2 Persönliche Empfehlungen

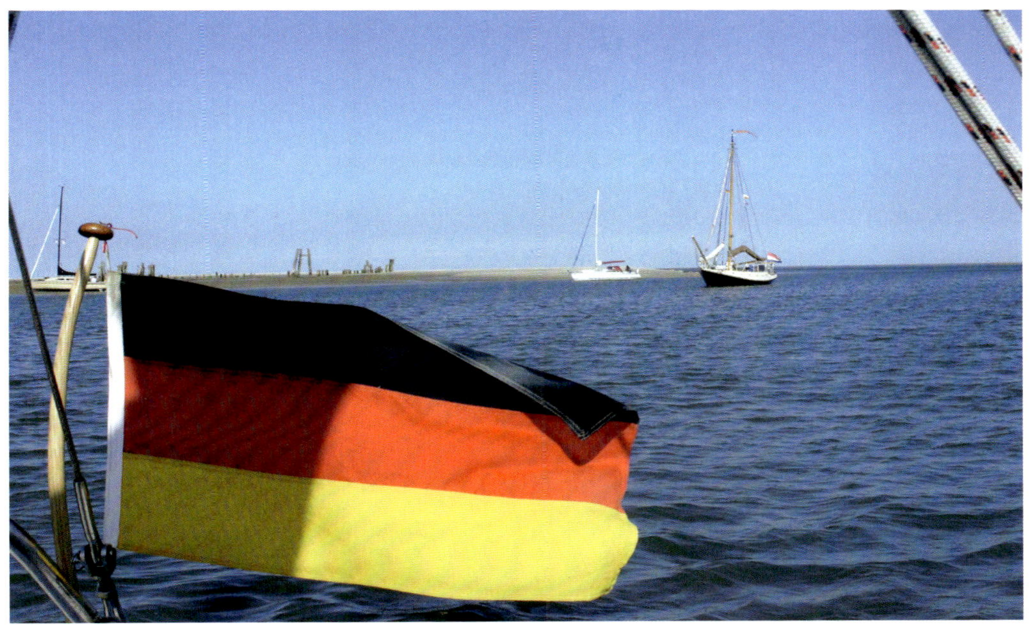

Abbildung 19: Ankerplatz Wangerooge Ost

Meinen Erfahrungen nach ist hier der Kompromiss, ein Ankertau mitsamt Reiter, Kettenvorlauf, Wirbel und Anker zu fahren, durchaus akzeptabel. Das Ankertau ist wesentlich leichter und lässt sich besser handhaben. Hinzu kommt die enorme Dehnungsfähigkeit. Das hat dann Vorteile, wenn das Schiff am Anker durch die Wellen stampft. Das Ankertau fängt die Schläge durch Dehnung deutlich ab. Ein Kettenvorlauf von etwa acht Metern reicht für eine zehn Meter Segelyacht aus, um den Anker parallel zum Boden zu halten. Kommt einmal mehr Wind auf, oder man ist sich nicht sicher, ob der Ankergrund gut ist, kann man einen Reiter am Ankertau einschäkeln. Ein Reiter ist ein mit einem Niederholer versehenes zusätzliches Gewicht, das man in das Ankertau einhängt und nach unten gleiten lässt nachdem das Ankermanöver an sich abgeschlossen ist. Mit einer Bergeleine hält man den Reiter auf Position, sodass er nicht weiter zum Kettenvorlauf rutscht. Der Reiter muss wieder abgenommen werden, bevor man Ankerauf gehen kann.

4.1.2.3 Anker und Wirbel

Dem Anker mit Wirbel habe ich bewusst einen eigenen Absatz gewidmet. Der Wirbel dient dazu, die Drehungen des Schiffs um den Anker nicht auf das Ankertau bzw. die Ankerkette zu übertragen. Würde das passieren, könnten sowohl Taue als auch Ketten brechen. Das Verwirbeln geschieht unsichtbar unter Wasser, was die Gefahr des Bruchs erhöht. Der Wirbel besteht aus zwei Teilen, die sich in einer Achse frei drehen können. Man sollte berücksichtigen, dass gerade der Wirbel die meisten Kräfte aufnehmen muss, weshalb man nicht am falschen Ende sparen sollte. Der beste Anker, die stärkste Ankerkette ist nur so gut wie das schwächste Glied in diesem System.

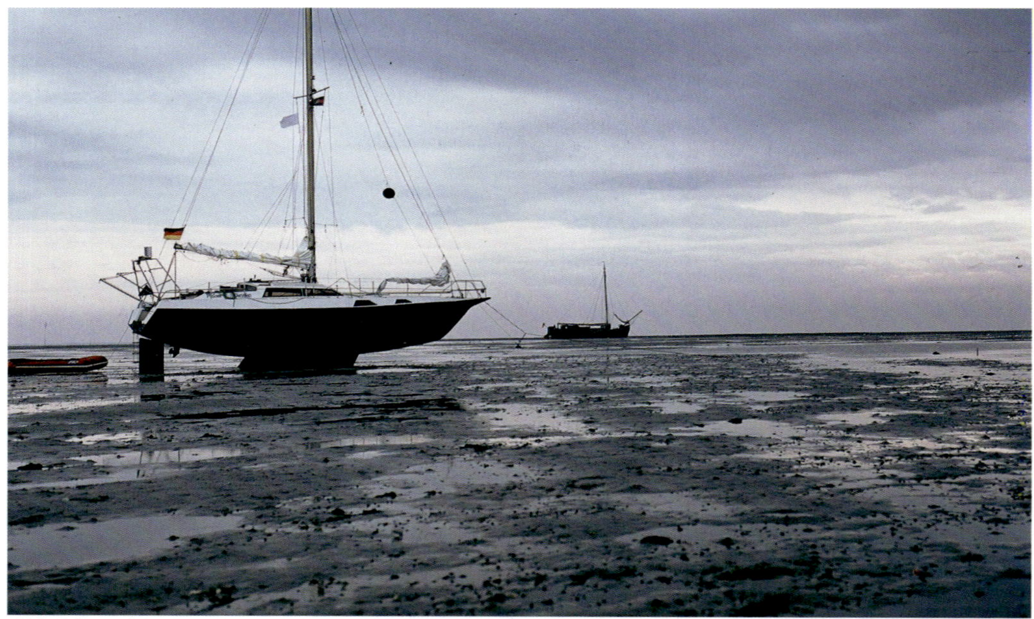

Abbildung 20: Trockengefallen am Priel

Die Wahl des Ankers ist vom zu erwartenden Untergrund abhängig. Im Wattenmeer haben wir es ausschließlich mit Sand-, Schlick- oder Mischwatt zu tun. Sehr zufriedenstellende Ergebnisse liefert der M-Anker. Dieser Ankertyp gräbt sich sofort in den Grund ein, egal wie er auf den Boden fällt und hält sofort in sandigen und schlickigen Böden. Mit dem Pflugschar-Anker habe ich nicht ganz so gute Erfahrungen gemacht, er braucht bei starker Strömung seine Zeit, bis er richtig greift. Mit etwas Übung kann man am Ankertau erspüren, wie der Anker über den Boden springt. Dann behilft man sich damit, sehr schnell lose in die Ankerleine zu geben, sodass der Anker am Boden bleibt und nicht springt. Ich benutze einen Pflugschar-Anker als Zweitanker. Der Hauptanker ein M-Anker, der ständig am Bug gefahren wird und jederzeit klar zum Fallen ist. Durch seine wuchtige Form springt er selten über den Grund und hat dadurch auch bei starker Strömung gute Greifvoraussetzungen.

4.1.2.4 Ankermethoden

Die Arten des Ankerns sind zahlreich. Das beginnt beim einfachen Fallenlassen bis hin zum Ankern vor Bug- und Heckanker. Im Wattenmeer mit seinen starken Strömungen sollte die Ankermethode mit Bedacht gewählt werden. In der Literatur[14] kann man z.B. den Hinweis finden, mit einem zweiten Anker vor dem Hauptanker zu gehen. Im Wattenmeer würde ich von dieser Praxis abraten. Da es sich hier um ein Tidengewässer handelt, dreht das Schiff, mal durch Strom, aber auch durch Wind, immer wieder in unterschiedliche Richtungen. Schnell können sich die Ankertaue oder -ketten vertörnen, was zu einem erheblichen Risikofaktor werden kann, denn ab dem Augenblick hat man keinen Einfluss mehr auf das Ankergeschirr. Auch rate ich davon ab, im strömenden Gewässer vor Bug- und Heckanker zu gehen. Falls sich die Yacht durch den Zweitanker nicht mit dem Strom dreht, könnte sie nach Tidenwechsel quer zum Strom stehen. Teilweise läuft der Flut- und Ebbstrom mit drei Knoten. Dann muss man damit rechnen, dass die Anker das Schiff nicht halten können. Ein Ankerauf-Manöver ist in diesem Fall extrem umständlich bis fast unmöglich.

Wer im Wattenmeer vor Anker geht, gerät immer wieder in Situationen, in denen der Wind gegen Strom steht und kaum noch Zug auf der Ankerleine ist. Das ist beim Kentern des Stroms oder auch bei unterschiedlicher Kräfteverteilung von Wind und Strom möglich. In solchen Augenblicken sollte man als Ankerwache genau das Ankertau beobachten. Durch die Lose im Tau kann es dazu kommen, dass sich das Ankertau um das Schiff, also um den Kiel und das Ruder wickelt. Schnellstmöglich ist dann zu reagieren, damit man nicht manövrierunfähig wird, denn der Anker lässt sich so nicht mehr bergen, und die Maschine sollte dann auf keinen Fall eingekuppelt werden. Hier rate ich dazu, dass die Ankerwache das Ankertau ständig beobachtet und entsprechend der Lose das Tau einholt und wieder abgibt. Wenn die Kräfte von Wind und Strom nicht mehr in entgegengesetzten Richtungen wirken, kann sich die Ankerwache wieder entspannen. Die Aufgaben und die Bedeutung der Ankerwache sind auf Seite 28 aufgeführt.

4.1.2.5 Treibanker

Sehr hilfreich bei zu geringem Zug auf die Ankerleine ist ein Treibanker. Diesen kann man bei unklaren Wind-/Stromverhältnissen mit einer zusätzlichen Bergeleine am Heck achteraus gehen lassen und gut belegen. Das Schiff bekommt, wenn der Treibanker sich entfaltet, durch den Strom wieder Druck auf die Ankerleine. Der Treibanker sollte allerdings nicht zu weit nach achtern gehen, denn er ist nur schwer von anderen Fahrzeugen aus erkennbar. Da sich der Treibanker im Strom

14 Schult 1991

ständig dreht, ist von einer Boje am Treibanker abzuraten. Diese würde sich um den Sack wickeln und die Wirkung des Treibankers ginge verloren. Eine gute Alternative zum Treibanker ist eine Pütz, also ein Eimer mit einem starkem Bügel und einem Tau daran gespeißt. Diesen kann man wie einen Treibanker einsetzen.

4.1.2.6 Ankerlicht

Meinen Erfahrungen nach empfehle ich, im Wattenmeer dringend ein Ankerlicht zu führen und Ankerwache zu gehen. Es dient der eigenen Sicherheit. Nicht selten wird auch in der Nacht das Wattenmeer, bedingt durch entsprechende Tidenverhältnisse, befahren. Da es sich i. d. R. um Fahrzeuge handelt, die wenig Tiefgang haben, kann es vorkommen, dass ein solches Fahrzeug den Ankerplatz kreuzt. Dann ist es von nutzen, wenn ein vor Anker liegendes Schiff sein Ankerlicht führt. Leider passiert es immer wieder, dass man an bekannten Ankerplätzen Ankerlieger ohne Ankerlicht vorfindet, die man im Ernstfall zu leicht übersehen könnte.

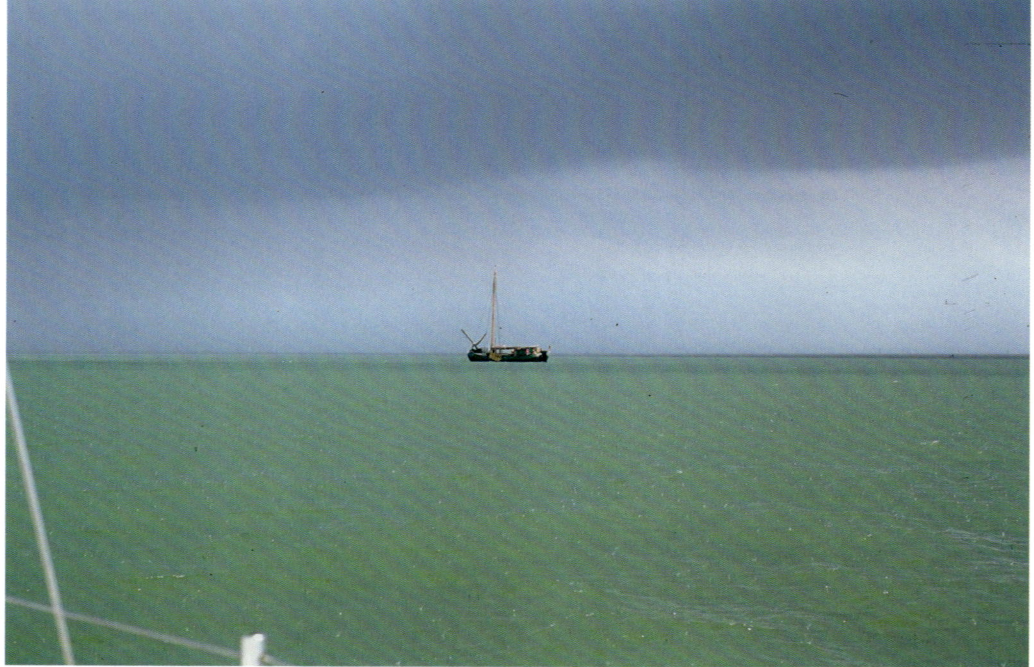

Abbildung 21: Ankerlierger in der Nähe

4.1.2.7 Ankerwache

Ähnlich verhält es sich mit der Ankerwache. Aufgrund der wenigen beliebten Ankerplätze im Nationalpark Niedersächsisches Wattenmeer kommt es immer wieder vor, dass sich an diesen raren Orten zeitgleich mehrere Fahrzeuge aufhalten, die eng an eng liegen. Ein Schwojen um den Anker herum wird dadurch meist erschwert. Falls das Ankermanöver eines anderen Ankerliegers nicht korrekt durchgeführt wurde, kann daraus folgern, dass das vor einem liegende Fahrzeug nach Tidenwechsel plötzlich achteraus Fahrt aufnimmt und geradlinig auf einen zukommt. Besonders nachts ist dann Eile geboten, denn meist schläft die Crew des sich nähernden Fahrzeuges tief und fest. Wer Ankerwache geht, kann diese Situation relativ schnell erkennen und entsprechend handeln.

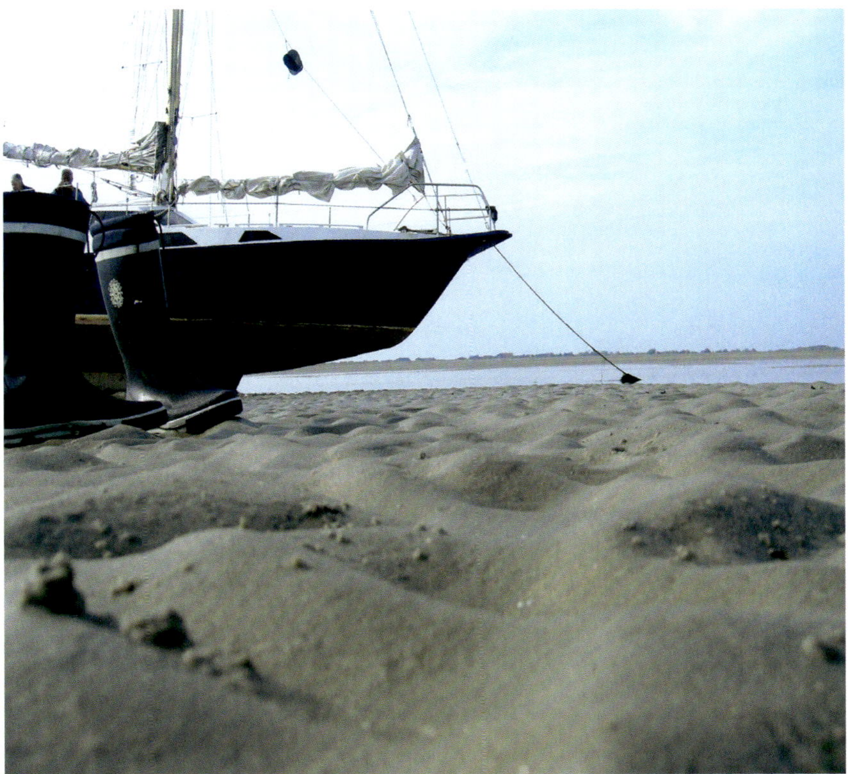

Abbildung 22. Ankern im Watt

Abschließend rate ich nochmals dazu, immer Ankerwache zu gehen und die entsprechenden Tages- und Nachtsignale zu zeigen. Gerade der Nationalpark Niedersächsisches Wattenmeer besteht im Wesentlichen aus Schutzzonen der Zone I, sowie den Robbenschutzgebieten (RSG) und

Vogelschutzgebieten (VSG). In all diesen Zonen darf **nicht** geankert werden. was zur Folge hat, dass die beliebtesten Ankerplätze stark frequentiert sind, und die Gefahr einer Kollision erhöht wird, wenn man sich nicht bemerkbar macht. Wie schon erwähnt, wird auch nachts das Watt bei entsprechender Tide befahren.

Rechtliches zum Ankern:

Die Gebrauchspflicht des Ankerlichtes ist im Sportbootbereich von der Schiffsgröße abhängig. Nach Regel 30 (b) der KVR darf jedes Fahrzeug kleiner als 50 Meter Länge sein weißes Rundumlicht dort führen, wo es am besten gesehen werden kann. Laut der SeeSchStrO § 10 Abs. 4 brauchen Fahrzeuge kleiner als 12 Meter Länge auf den nach § 60 Abs. 1 als Anker- und Liegestellen bekanntgemachten Wasserflächen kein Ankerlicht zu führen. Eine ständige Ankerwache braucht nach § 32 Abs. 4 der SeeSchStrO ein Fahrzeug von kleiner 12 Meter Länge auf den nach § 10 Abs. 4 SeeSchStrO ausgewiesenen Wasserflächen nicht gehalten werden. Im Ostfriesischen Wattenmeer gibt es zur Zeit keine nach § 60 Abs. 4 ausgewiesenen Ankerplätze (Siehe auch:9.2. Seeschifffahrtsstraßenordnung (SeeSchStrO)).

Wer Ankerwache geht hat zumindest die Chance, auf sich aufmerksam zu machen, wenn die Gefahr einer Kollision entsteht.

Schallsignale: (• • • • •) oder (• — •)

Siehe auch KVR, Regel 34 bis 36 und Seeschifffahrtsstraßenordnung § 6, mit Anlage II (II.2), Nr. 1 und Nr. 2 Schallsignale der Fahrzeuge.

Steckbrief

4.1.3 AIS

„Der Begriff **Automatic Identification System** (**AIS;** zu Deutsch: **Automatisches Identifikationssystem**) bezeichnet ein Funksystem, das durch den Austausch von Navigations- und anderen Schiffsdaten die Sicherheit und die Lenkung des Schiffsverkehrs verbessert. Es wurde 2000 von der Internationalen Seeschifffahrts-Organisation (IMO) als verbindlicher Standard angenommen.[…] AIS dient u.A. folgenden Zwecken:

- der Kollisionsverhütung zwischen Schiffen oder

- als Hilfsmittel für die landseitige Überwachung und Lenkung des Verkehrs durch Verkehrszentralen (Vessel Traffic Service, VTS).

AIS verbessert die Planung und Entscheidungsfindung an Bord, da nicht nur Position,

Kurs und Geschwindigkeit der umgebenden Schiffe übertragen werden, sondern auch Schiffsdaten (Schiffsname, MMSI-Nummer, Funkrufzeichen etc.). Dies erleichtert z. B. Absprachen zwischen Schiffsführern über Funk. […]“[15]

4.1.4 Barometer

Das Barometer ist an Bord ein unerlässliches Messinstrument, mit dem man das aktuell anstehende Wetter und die Luftdruckänderungen direkt erkennen kann. Denn starker Luftdruckabfall und -anstieg bedeuten immer, dass man sich auf signifikante Windveränderungen einstellen muss. In beiden Fällen sind die Isobarenabstände eingeengt. Das hat ein Zunehmen des Windes zur Folge.

4.1.5 Bootshaken

Ein Bootshaken ist quasi der verlängerte Arm des Seemannes. Gerade beim Anlegen oder zum Überprüfen, wie viel Wasser am Schiff beim Trockenfallen steht, ist er besonders hilfreich.

4.1.6 Dinghi

Ein Dinghi sollte im Watt ständig mitgefahren werden. Welcher Art das Beiboot ist, hängt von den Wünschen der Crew ab und letztlich auch von der Größe der Yacht. Denn es ist meist recht wenig Platz auf einem Wattkreuzer. Ein Schlauchboot lässt sich hervorragend verstauen. Wer die Möglichkeit hat, das Beiboot auf Deck oder an Davids Achtern mitzuführen, hat den Vorteil, es schnell einsatzbereit zu haben. Auf keinen Fall sollte das Dinghi am Heck mitgefahren werden. Nicht selten bringt das Mitführen am Heck gewaltige Probleme mit sich. Das Dinghi kann abreißen oder kentern, wenn Schiff und Beiboot nicht „auf einer Welle“ fahren.

Bei achterlichen Winden besteht die Gefahr des Kenterns des Schlauchbootes. Es kommt nicht selten vor, dass der Wind das Schlauchboot anhebt und es plötzlich kieloben hinterher gezogen wird. Dies kann schon bei Bft 5 recht schnell passieren. Ein Hafenmanöver mit Beiboot am Heck kann zu gefährlichen Situationen führen, wenn die Maschine auf engem Raum vor- und zurückläuft.

15 Quelle: wikipedia.org/wiki/Automatic_Identification_System

Sollte dann die Verbindungsleine zum Beiboot in die Schraube geraten, ist das Schiff manövrierunfähig. Es kann zu großen Schäden am eigenen Schiff, an anderen Fahrzeugen oder Teilen der Hafenanlage kommen.

Das Hafenmanöver kann durch das Dinghi ebenfalls gefährdet werden, wenn auf engem Raum zu drehen ist, da das Dinghi das Fahrverhalten des Schiffes verändert.

4.1.7 Echolot

Ein gutes Echolot gibt die genaue Wassertiefe zum Meeresboden an. Es sollte mindestens bis zu 30 cm über Grund noch zuverlässige Daten liefern. Bei digitalen Geräten ist es hilfreich, das Echolot so einzustellen, dass es die Wassertiefe zwischen Meeresboden und Unterseite Kiel anzeigt. Bei Geräten, wo dies nicht möglich ist, muss der Tiefgang des Fahrzeugs noch abgezogen werden.

4.1.8 Elektronische Seekarte

Eine gute und übersichtliche elektronische Seekarte kann das Navigieren bei schlechter Witterung bzw. in der Nacht erheblich erleichtern. Sie dient, wie alle navigatorischen Instrumente, als Hilfsmittel, das Fahrzeug sicher ans Ziel zu bringen.

4.1.9 Fender

Fender sollten in ausreichender Anzahl und Größe an Bord sein, um das Schiff vom Bootsnachbarn oder von der Spundwand gut abfendern zu können. Leider benötigen sie viel Stauraum, weshalb man meistens nicht mehr als vier Fender unterbringt. Diese reichen eigentlich immer aus. Eventuell noch einen Kugelfender am Heck, das sollte genügen. Auf keinen Fall sollten Fender während der Fahrt außenbords hängen. Dies entspricht guter Seemannschaft.

4.1.10 Fenderbretter

Wer in einem Hafen an einer Spundwand festmachen muss oder will, sollte zwischen Fender und Spundwand immer ein Fenderbrett hängen. Damit ist gewährleistet, dass die Fender nicht wegrutschen und die Yacht direkten Kontakt mit der Spundwand riskiert. Fenderbretter schützen die Yacht vor Schäden am Rumpf. Wenn das Fenderbrett so gewählt wird, dass es auch als Gangway Einsatz finden könnte, hat man den Vorteil, unter bestimmten Tidenverhältnissen schwere Lasten sicher an Bord zu bringen.

4.1.11 Festmacher

Festmacher sollten immer ausreichend dimensioniert und auch die Länge sollte nicht zu gering bemessen sein. Gerade im Tidengewässer benötigt man Festmacher in ausreichender Länge, damit sich das Schiff bei Niedrigwasser nicht „aufhängt". Als Faustformel gilt folgender Grundsatz:

Für Vor- und Achterleine sollten die Längen mindestens das Doppelte der Schiffslänge betragen.

Die Länge der Vor- und Achterspringleinen sollten der Schiffslänge entsprechen.

4.1.12 GPS

Das Global Positioning System (GPS) dient der Ortsbestimmung und ist heutzutage kaum noch wegzudenken. Es bietet auch den Wattseglern eine erhebliche Arbeitserleichterung bei der exakten Ortsbestimmung nach Breite und Länge, aber auch bei der Ermittlung von Fahrt über Grund, Kurs über Grund und der gefahrenen Etmeilen. Im Küstenmeer ist die schnelle Ortsbestimmung sehr entscheidend, da Watthochs und Untiefen direkt nach GPS angesteuert oder gemieden werden können. Crews auf Yachten sind heutzutage klein und da ist oftmals keine Hand frei für Ortsbestimmungen über Kreuz-, Vierstrichpeilungen und Horizontalwinkelmessungen.

4.1.13 Grabeforke

Sicher gehört ein Spaten bzw. eine Grabeforke auf gewöhnlichen Yachten nicht zur Grundausstattung. Für die Wattfahrt ist der Spaten ein nützliches Werkzeug. Es kann beim Trockenfallen notwendig sein, einem zu starken Krängen des Schiffes entgegenzuwirken. Die Grabeforke kommt zum Einsatz, falls die Yacht nicht so auf Grund aufsetzt wie geplant. Ist beispielsweise der Boden unter einem der Kiele eines Twinkielers deutlich stärker ausgespült worden, neigt sich die Yacht zur Seite. Bei etwa 20° Schräglage sollten Gegenmaßnahmen erwogen werden. Indem der auf der Bodenoberfläche stehende Kiel mit Spaten oder Forke frei gegraben wird, begrenzt man das Krängen, gänzlich verhindern lässt es sich nicht. Diese Arbeit ist zwar aufwendig und mühselig, jedoch kann uns die Strömung des ablaufenden Wassers unterstützen; Sedimente werden leichter wegtransportiert.

4.1.14 Kompass

Der Kompass ist im Wattenmeer dem Echolot „untergeordnet". In den meisten Fällen kann der Kurs auf Sicht gehalten werden. Hinzu kommt die Tatsache, dass eine Fahrt im Prickenweg selten gerade verläuft. Es ist eher ein ständiger Wechsel der Richtungen zu erwarten. Allerdings gibt es auch immer wieder Möglichkeiten, gradlinige Kurse außerhalb des Fahrwassers zu segeln. In diesem Fall, und verstärkt auch bei schlechter Sicht, ist ein Kompass unentbehrlich.

4.1.15 Positionslampen und Beleuchtung

Zu den Positionslampen zählen die Seitenlichter, Backbord: rot, Steuerbord: grün, sowie das Hecklicht und das Toplicht: beide weiß.

Ist ein Fahrzeug nur unter Segel unterwegs, führt es ausschließlich die Seitenlichter und das Hecklicht. Bei den Seitenlichtern gibt es verschiedene Möglichkeiten und Kombinationen, denn je nach Größe des Schiffes dürfen Zweifarben-, Dreifarbenlaternen und getrennte Seitenlichter geführt werden, diese auch kombiniert.

Ist ein Fahrzeug unter Motor unterwegs, muss es das Toplicht zusätzlich führen. Bei Segelfahrzeugen, die kleiner als 7 Meter sind, findet man häufig nur ein weißes Rundumlicht, da aus technischen Gründen das Anbringen von Positionslampen nicht möglich ist.

Rechtliches zu Positionslampen:

- Mit Bezug auf die KVR, Regel 25, muss ein Segelfahrzeug in Fahrt ein rotes und grünes Seitenlicht sowie ein weißes Hecklicht führen. Es darf zusätzlich im Masttop zwei Rundumlichter zeigen, die senkrecht übereinander angebracht sind. Das Obere muss rot sein, das Untere grün.
- Eine Zweifarbenlaterne darf von Fahrzeugen gezeigt werden, wenn sie kleiner als 20 Meter sind (KVR Regel 21 Buchstabe b). Die KVR sagt nichts darüber aus, dass bei der Nutzung der Zweifarbenlaterne die Rundumlichter, rot über grün, nicht geführt werden dürfen.
- Ist das Segelfahrzeug kleiner als 20 Meter, kann es auch im Masttop eine Dreifarbenlaterne führen. In diesem Fall dürfen die zwei Rundumlichter, rot über grün, nicht gezeigt werden. Siehe KVR Regel 25 Buchstabe c.
- Es besteht übrigens für Segelfahrzeuge, die kleiner als 20 Meter lang sind und über keine ausreichende Stromquelle verfügen und sich im Einflussbereich der SeeSchStrO befinden, die Möglichkeit, nichtelektrische Positionslampen zu nutzen. Das findet sich in § 9 Absatz 2 der SeeSchStrO Elwis Busse 1997.
- Wenn ein Segelfahrzeug kleiner als 12 Meter Länge über elektrische Positionslampen verfügt, aber die Stromquelle dennoch nicht ausreicht, dürfen, wenn ein Notstand vorliegt, die Positionslampen ausgeschaltet werden. Nach § 10 Absatz 3 der SeeSchStrO ist dies zulässig, wenn ein weißes Licht ständig gebrauchsfertig einsatzbereit ist und rechtzeitig gezeigt werden kann. Im Notfall kann man so in der Nacht die Funktionalität wichtiger elektrischer Navigationsgeräte, wie Echolot, GPS oder Kompass erhalten.
- Ein Segelfahrzeug kleiner als 7 Meter Länge muss ebenfalls die Seitenlichter und das Hecklicht führen. Ist dies aus technischen oder anderen Gründen nicht möglich, muss es zumindest ein weißes Rundumlicht gebrauchsfertig zur Hand haben und dieses rechtzeitig zeigen, um eine Kollision zu vermeiden (KVR, Regel 25, Buchstabe d 1).
- Läuft allerdings das Segelfahrzeug bzw. das Maschinenfahrzeug unter Maschine, muss zusätzlich ein weißes Toplicht geführt werden. Ich möchte hier noch einmal darauf hinweisen, dass ein Segelboot unter Segel und mit laufender Maschine bei Nacht das weiße Toplicht und bei Tage den Kegel mit Spitze nach unten führen muss. Siehe hierzu auch Kapitel 5.1, Tagessignale, sowie die KVR, Regel 25, Buchstabe e Bruhns 2008.
- Wenn das Segelfahrzeug, das unter Maschine läuft, kleiner als 12 Meter lang ist, darf es ein weißes Rundumlicht und zusätzlich die Seitenlichter führen. Ist dieses Fahrzeug kleiner als 7 Meter lang und nicht schneller als 7 Knoten, darf es ein weißes Rundumlicht führen. Wenn es die Bauart oder der Platz zulassen, müssen auch die Seitenlichter gezeigt werden. Siehe KVR, Regel 23, Buchstabe d, 1 bis 2 Bruhns 2008.
- Es kann vorkommen, dass wir mit unserem Fahrzeug ein Problem haben und nicht ordnungsgemäß reagieren können, wenn sich uns ein Fahrzeug nähert. In diesem Fall sind wir ein manövrierunfähiges Fahrzeug und können zwei rote Rundumlichter senkrecht übereinander setzen. Siehe dazu die KVR, Regel 27, im Besonderen die Fahrtstörungslaternen.
- Sollte ein Fahrzeug auf Grund sitzen, so können auch auf kleinen Fahrzeugen entsprechende Lichtsignale gezeigt werden. Zwei rote Rundumlichter direkt übereinander und zusätzlich das Ankerlicht können dann gezeigt werden.
- Zu erwähnen ist hier im jeden Fall noch die Verordnung zur Lichterführung der SeeSchStrO. Denn im Gegensatz zur KVR, ist für die Lichterführung von Fahrzeugen kleiner als 12 Meter Länge eine Mindesttragweite der Seitenlichter von einer Seemeile vorgeschrieben (KVR, Regel 22, Buchstabe c). In § 10 Absatz 1 der SeeSchStrO wird die Regel der KVR überschrieben, denn im Geltungsbereich der SeeSchStrO müssen die Seitenlichter von Kleinfahrzeugen kleiner als 12 m eine Mindesttragweite von 2 Seemeilen haben.

4.1.16 Logge

Wie viele moderne Instrumente sind auch Loggen multifunktional. Sie zeigen nicht nur die FdW (Fahrt durch Wasser) an, sondern z. B. auch die Wassertemperatur und die aktuelle Spannung der Batterie. Anhand des Vergleiches der Messungen von Geschwindigkeit durch Wasser (FdW) über die Logge und der Fahrt über Grund (FüG) durch das GPS lässt sich feststellen, wie stark der Strom entgegenwirkt, oder wie gut er die Fahrt unterstützt.

4.1.17 Lotleine mit Gewicht

Ein Ankermanöver im Watt hat meist zur Folge, dass man trockenfällt, es ja sogar beabsichtigt. Wichtige Voraussetzungen für ein gelungenes Trockenfallen ist die Kenntnis über Bodenverhältnisse auf dem Meeresgrund unter dem Schiff. Zu nah am Prallhang eines Priels liegend, oder zu unterschiedliche Festigkeit des Bodens unter der Yacht können zu Problemen führen, die man mit Hilfe einer Lotleine mit Gewicht leicht umgehen kann. Liegt das Schiff nach gelungenem Ankermanöver gut vor Anker und der ablaufende Strom zieht das Schiff mehr oder weniger in die Ausgangslage der zu erwartenden Grundberührung, sollte eine Prüfung der Bodenverhältnisse folgen. Spätestens eine Stunde vor Grundberührung gehe ich mit der Lotleine mit Gewicht einmal an Deck um das ganze Schiff herum und prüfe anhand der Länge der Lotleine die Wassertiefe um das Schiff herum. Mit etwas Feingefühl lässt sich auch der Boden „erfühlen“. Harter Sandboden ist deutlich von weichem Schlickboden zu unterscheiden. Ist man mit dem Untergrund nicht zufrieden, bzw. unsicher, ob er der Grundberührung genüge tut, sollte man besser wieder Ankerauf gehen und erneut ein Ankermanöver fahren. Wenn das Schiff erst einmal Grundberührung hat, wird es dort liegen bleiben bis die Tide es wieder aufschwimmen lässt. Nah an einem Prallhang liegend, ist nicht ausgeschlossen, dass das Schiff stark Richtung Priel kippt. Das kann sehr ungemütlich, wenn nicht gefährlich werden. Ein rechtzeitig gestartetes, neues Ankermanöver ist zwar lästig, gibt aber der Crew mehr Ruhe im weiteren Verlauf.

4.1.18 Nebelhorn und die Schallsignale

Das Nebelhorn ist von Bedeutung, da wir uns mit ihm gegenüber anderen

Verkehrsteilnehmern schnell bemerkbar machen können. Denn auch im Wattenmeer gelten die Kollisionsverhütungsregeln (KVR) außerhalb der Fahrwasser und im Fahrwasser die Seeschifffahrtsstraßen Ordnung (SeeSchStrO). Kurshalter und Ausweichpflichtiger auf der einen Seite, Vorfahrtsberechtigte und Wartepflichtige auf der anderen Seite, müssen die entsprechenden Schallsignale beherrschen und geben können. Zu berücksichtigen ist, dass die Tragweite der Schallsignale auch vom Wind abhängt. Im Idealfall liegt die Tragweite bei bis zu 2 Seemeilen. Die wichtigsten Schallsignale seien hier genannt:

Schallsignale gemäß der KVR, Regel 34 (in-Sicht)

Steckbrief

• • • • •	Weckruf (siehe auch: Bei verminderter Sicht)
• • •	Maschine läuft rückwärts (siehe auch: Bei verminderter Sicht)
• •	Ich ändere meinen Kurs nach Backbord
•	Ich ändere meinen Kurs nach Steuerbord
— — •	Ich beabsichtige, Sie an Ihrer Steuerbordseite zu überholen
— • — •	Zustimmung des Überholvorganges des zu Überholenden
— — • •	Ich beabsichtige, Sie an Ihrer Backbordseite zu überholen
— • — •	Zustimmung des Überholvorganges des zu Überholenden

Schallsignale gemäß der KVR, Regel 35 (verminderte Sicht)

Steckbrief

• • • • •	Weckruf (siehe auch: Bei in-Sicht)
• • •	Maschine läuft rückwärts (siehe auch: Bei in-Sicht)
—	Maschinenfahrzeug in Fahrt, mit Fahrt durchs Wasser (alle 2 Minuten)
— —	Maschinenfahrzeug in Fahrt, ohne Fahrt durchs Wasser (alle 2 Minuten)
— • •	Segelfahrzeuge, manövrierbehinderte, manövrierunfähige, tiefgangbehinderte, fischende und schleppende Fahrzeuge Langes, kräftiges Schallsignal (alle 2 Minuten)
• — •	Ankerlieger macht auf sich aufmerksam (• • • • • ist auch möglich)

- Vor Anker liegende Fahrzeuge, kleiner als 12 Meter Länge:
  Langes und kräftiges Schallsignal (alle 2 Minuten)
- Vor Anker liegende Fahrzeuge von 12 bis 20 Meter Länge:
  Glocke 5 Sekunden (pro Minute)
- Grundsitzer (Kleiner als 100m):
  3x Glocke +(Glocke 5 Sek.) +3x Glocke (pro Minute)

Ein kurzes Schallsignal (•) dauert etwa eine Sekunde. Ein langes Schallsignal (—) etwa 4 bis 6 Sekunden (Siehe auch KVR, Regel 32). 3x Glocke bedeutet ein schnelles dreimaliges Schlagen der Glocke und Glocke 5 Sekunden bedeutet die Glocke 5 Sekunden hindurch zu läuten.

4.1.19 PC/ Laptop/ Tablett/ Smartphone

Ein PC oder Laptop ist von großem Vorteil, wenn man elektronische Seekarten darstellen möchte. Neben den anderen vielfältigen Funktionen, hat man mit diesen Geräten fast überall im Wattenmeer die Möglichkeit, eine gute Internetverbindung herzustellen. Dadurch lassen sich auch weitere wichtige Informationen abrufen, wie beispielsweise Hoch- oder Niedrigwasserstände, Wetterwarnungen, Pegelstände und vieles mehr.

4.1.20 Ofen oder Heizung

Wer im Wattenmeer "ganzjährig" fahren möchte, sollte auf einen Ofen nicht verzichten. Schon nach einer regenfeuchten Fahrt ist es eine Wohltat, sich in der Kajüte zu wärmen und auch die Kleidung zu trocknen. Noch deutlich wertvoller ist ein Ofen im Frühjahr, wenn das Seewasser noch sehr kalt ist und die Luft sich nur schwerlich erwärmt. Dann ist die Crew schnell ausgekühlt.

In der Regel kann man mit einer Yacht im Ostfriesischen Wattenmeer etwa drei bis vier Stunden segeln, bis man zwangsläufig vor Anker gehen oder den nächsten Hafen ansteuern muss, da die Ebbe ein Weiterkommen am Wattrücken oder anderen hohen Sänden verhindert. Diese Gelegenheit wird die Crew dann nutzen, um den Ofen anzumachen, sich zu wärmen und Kräfte zu sammeln.

4.1.21 Scheinwerfer

Mindestens einen starken Scheinwerfer, besser zusätzlich einen Ersatzscheinwerfer, sollte man an Bord mitführen. Wie schon erwähnt, kommt es durch tidenbedingte Verhältnisse nicht selten vor, dass man im Watt auch während der Dunkelheit segeln, bzw. unter Motor fahren muss.

Sehr hilfreich ist der Scheinwerfer, da sämtliche Pricken Reflektorstreifen besitzen. Das gleiche gilt auch für die Tonnen. Alle Backbordpricken und -tonnen reflektieren rot, alle Steuerbordtonnen und -pricken reflektieren grün. Somit lässt sich hervorragend das

Fahrwasser finden und auch halten. Bei guten Sichtverhältnissen in der Nacht sogar besser als am Tage. Auch vor Anker oder unter Segel in der Nacht leistet der Scheinwerfer wichtige Dienste. In beiden Fällen kann man Verkehrsteilnehmer auf sich aufmerksam machen und somit unklare Situationen im Vorfeld ausschließen.

4.1.22 Tagessignale

4.1.22.a: Kegel

Der Kegel, Spitze nach unten, muss von einem Segelfahrzeug, das unter Maschine läuft, gezeigt werden. Siehe KVR, Regel 25 e. Dadurch wird die Kurshaltepflicht (KVR, Regel 18), Verantwortlichkeit des Segelfahrzeuges gegenüber anderen Fahrzeugen, aufgehoben. Gerade im Wattenmeer ist es anderen Seglern gegenüber nur fair, dieses Signal bei Mithilfe der Maschine zu zeigen. Schließlich ist das Revier im allgemeinen sehr eng und wer nur unter Segel fährt, braucht den Raum für sich. Ein Segelfahrzeug unter Motor kann schließlich leichter manövrieren als ein Fahrzeug unter Segel.

4.1.22.b: Ball

Einen Ankerball muss man führen, wenn das Schiff vor Anker liegt. Siehe KVR, Regel 30. Anderen Verkehrsteilnehmern muss dieses mitgeteilt werden, damit sie ihre Manöver korrekt fahren können.

4.1.22.c: Ball-Ball

Befindet sich unser Fahrzeug in einer Situation der Manövrierunfähigkeit, so müssen zwei Bälle oder ähnliche Signale senkrecht übereinander und gut sichtbar gesetzt werden, damit die Schifffahrt entsprechend reagieren kann. Für diesen Fall ist zu überlegen, ob man an Bord zwei schwarze Rundfender mitführt. Diese kann man im Notfall nutzen, falls keine zwei Bälle an Bord sind. Gerät plötzlich ein Tau oder Netz in den Propeller oder das Ruder verkantet, so ist den anderen Verkehrsteilnehmern unverzüglich anzuzeigen, dass man manövrierunfähig ist und nicht reagieren kann.

Bemerkung: Für Fahrzeuge unter Segel, die mangels Wind und wegen starker Strömung nicht reagieren können, gilt das Signal nicht!

Steckbrief

Tagessignal: Ball-Ball

Die KVR Regel 27 g sagt aus, dass das Tagessignal **Ball über Ball** nicht für Fahrzeuge kleiner als 12 Meter gilt. Es ist aus meiner Sicht aber grundsätzlich nicht verboten, andere Fahrzeuge auf die Situation hinzuweisen.

4.1.22.d: Ball-Ball-Ball

Falls wir mit unserem Fahrzeug unbeabsichtigt auf Grund sitzen und es uns nicht gleich gelingt, uns zu befreien, so können wir dies den anderen Verkehrsteilnehmern mit drei Bällen übereinander und gut sichtbar mitteilen. Dieses Signal sieht man äußerst selten.

4.1.23 Treibstoff

Wer im Watt kreuzt, sollte sich ausreichend mit Treibstoff (Diesel/Benzin) eindecken, denn an der Ostfriesischen Küste und insbesondere auf den Inseln sind Tankmöglichkeiten sehr eingeschränkt bis gar nicht vorhanden. Nur auf Borkum und Norderney gibt es Tankstellen. Auf dem Festland sind die Möglichkeiten zahlreicher, jedoch stets mit Aufwand verbunden, denn die Tankstellen sind zumeist nicht mehr direkt am Hafen, sondern eher am Ortsausgang zu finden.

4.1.24 UKW Seefunk

Wer ein UKW Seefunkgerät an Bord hat, muss auf Kanal 16 rufbereit sein. Wer zwecks Absprachen mit der Berufsschifffahrt kommunizieren muss, sollte im Ostfriesischen Wattenmeer Kanal 10 abhören und im Bedarfsfall auf diesem Kanal Kontakt mit dem betreffenden Fahrzeug aufnehmen.

4.1.25 Weltempfänger

Es klingt ein wenig ungewöhnlich, wenn ich zur Ausrüstung eines Segelfahrzeuges im Wattenmeer einen Weltempfänger aufliste. Ein zuverlässiger Weltempfänger kann uns das Leben im Watt deutlich erleichtern. Es ist nicht selten, dass aus unerfindlichen Gründen der letzte Wetterbericht verpasst wurde, oder wir uns außerhalb des Empfangsbereichs aufhielten. Alternativ können wir dann über Lang- oder Mittelwelle zu bestimmten Zeiten Seewetterberichte empfangen. Ausführliche Informationen dazu sind in Kapitel 5.2.5 Wetterberichte über Rundfunk auf Seite 56 nachzulesen. Hier weise ich schon jetzt darauf hin, dass auf die Sendezeiten geachtet werden muss. Oft wird die Zeit in UTC angegeben. In unserer Sommerzeit müssen wir also zwei Stunden zur UTC Zeit hinzuzählen. In Tabelle 7, Seite 57 wird nur die mitteleuropäische Sommerzeit dargestellt, um Verwechslungen auszuschließen.

4.2 Grundsätzliche Segelausstattung

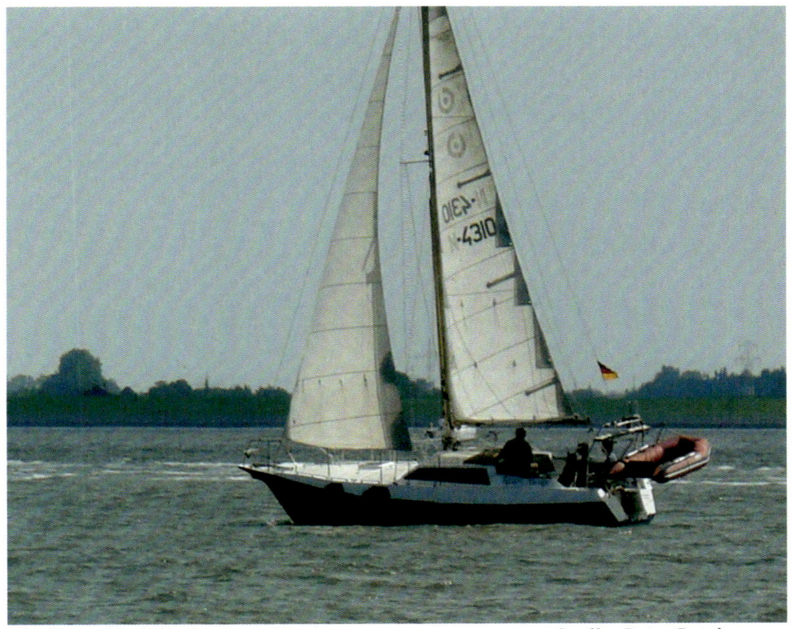

Abbildung 23: PiDo hoch am Wind *Quelle: Peter Reinke*

4.2.1 Vorüberlegungen

Wie zuvor schon erläutert, ist die Nordsee und insbesondere das Wattenmeer bekannt für plötzliche und starke Änderung der Wetterbedingungen und damit auch der Windverhältnisse. Es kann also von entscheidender Bedeutung sein, die Segelfläche möglichst schnell verkleinern zu können, um den Druck aus dem Rigg zu nehmen. Ich persönlich bin kein Freund von einzurollenden Segeln. Das ist zwar sehr modern und auf den ersten Blick absolut praktisch, hat aber einen entscheidenden Nachteil: muss bei plötzlich stark aufkommendem Wind die Segelfläche schnell reduziert werden, kann eine Rollfock oder auch ein Rollgroß zur Gefahr werden, falls die Rollvorrichtung im entscheidenden Moment versagt oder blockiert. Ein Schiff mit zu viel Segeltuch für diese

Windstärke ist dann kaum noch zu handhaben oder zu manövrieren. Eine ungewollte Grundberührung in den engen Gewässern des Wattenmeeres wäre in diesem Fall kaum vermeidbar. Siehe hierzu auch[16].

Selbstverständlich ist dies ein extremes Beispiel und nicht die Regel. Im Notfall muss man sich ganz besonders auf sein Schiff und die Beseglung verlassen können. Man stelle sich vor, mit einem voll ausgerefften Groß oder einer ausgerefften Genua bei Windböen von 8 bis 9 Beaufort auf einen Leitdamm oder eine Sandbank zuzurasen. Diesen Fall habe ich selbst aus nächster Nähe erlebt:

Die Besatzung einer Segelyacht mit ausgerollter Genua wollte in einer Gewitterböe das Segel einrollen. Irgendetwas hatte sich verklemmt, und die Yacht wurde von den Windböen hin und her geworfen. Ein Besatzungsmitglied versuchte verzweifelt, auf dem Vorschiff die Genua herunterzuziehen. Das Segel gab keinen Zentimeter nach, das Schiff war kaum noch kontrollierbar. Die Crew hat das einzig Vernünftige getan, indem es die Schoten des Vorsegels einfach ausrauschen ließ, sodass endlich der Druck aus dem Segel genommen wurde.

Der Lärm des nun wild um sich schlagenden Segels war zwar ohrenbetäubend, aber beugte der Kenterung oder Grundberührung vor. Nachdem die Böe durchgezogen war, gelang es der Besatzung endlich, das Segel einzurollen und mit kleinerer Segelfläche weiterzusegeln.

Dass ein eingerolltes Groß oder eine eingerollte Genua optimal stehen, bezweifle ich persönlich.

Immer häufiger beobachte ich, dass Segler, was die Segelführung anbelangt, sehr bequem geworden sind. Gesegelt wird meist nur noch mit einem Vorsegel, wenn der Wind so einigermaßen aus der richtigen Richtung kommt Das Groß bleibt schön eingepackt in der Segeltasche auf dem Baum liegen. Das ist leider Standard geworden. Man sieht nur wenige Segelschiffe im Wattenmeer, die beide Segel fahren. Diesen Typ Segler bezeichne ich gerne als „Tütensegler", und dieser ist alles andere als ein Wattstrieker, denn der Tütensegler hat nicht den Anspruch, die herrschenden Winde zu nutzen. Der Wattstrieker des 21. Jahrhunderts hat den sportlichen Ehrgeiz, den größten Teil seiner Fahrten zu segeln und benötigt dazu einen guten Segelsatz, der leicht zu handhaben und zu reffen ist.

---

16 Schult 1991

4.2.2 Das Rigg

4.2.2.1 Kriterien für die vernünftige Wahl des Riggs

Wer das Wattenmeer segelnd befahren möchte, sollte seinen Mast in der Länge nicht überdimensionieren. Derzeit gibt es einen Trend zu längeren Masten. Betrachtet man in diesem Zusammenhang, dass der Tiefgang einer Segelyacht, die im Wattenmeer operiert, nicht größer sein sollte als 1,20 Meter, stellt man schnell fest, dass hier ein Widerspruch entsteht. Größere Masten führen in der Regel längere Segel. Das Rigg hat eine erhebliche Hebelwirkung, wenn der Tiefgang begrenzt ist.

Nach meiner Erfahrung ist ein etwas kürzerer Mast viel geeigneter zum Segeln in Flachwassergebieten. Selbstverständlich wird man in fast jedem Hafen zunächst von einigen Yachteignern belächelt, wenn man festmacht. Zu bedenken gebe ich hier gerne, dass diese selber oftmals die „Tütensegler“ sind, die hier mit Länge stolzieren. Auf See, im Wattenmeer, hat ein „kurzer" Mast erhebliche Vorteile. So kann man bei zunehmenden Winden länger mit der geführten Segelfläche segeln. Zum anderen lassen sich die Segel schneller austauschen. Im Wesentlichen bedeutet das, weniger Segelwechsel als auf hochgetakelten Yachten, was einen enormen Einfluss auf die Segelqualität, im Sinne von *Segeln im Watt*, bedeutet.

Die Frage, welchen Rigg-Typ man wählen sollte, ist wohl Geschmackssache und wird nie abschließend geklärt werden.

Wer nur auf sportliche Werte setzt, wird sich für ein 7/8 Rigg entscheiden. Diejenigen, die neben Sport auch Wert auf Sicherheit legen, entscheiden sich für ein topgetakteltes Rigg, mit ein oder zwei Vor- und Achterstagen, zwei Unterwantenpaaren und einem Oberwantenpaar.

Meine Erfahrungen mit einem topgetakelten Rigg sind sehr gut, denn es ist äußerst stabil und verzeiht einem auch Fehler, wie ungewollte Halsen, Grundberührungen oder andere unerwartete Situationen, die in Flachwasserbereichen immer wieder eintreten werden. Die Dimensionierungen des Mastes, der Wanten und der Stage sind stärker als bei einem 7/8 Rigg, haben allerdings auch ein größeres Topgewicht als diese.

4.2.2.2 Anregungen zum sicheren und praktischen Handhaben der Segelführung

Für den Wattstrieker des 21. Jahrhunderts kann es von entscheidender Bedeutung sein, die Segel bei jedem Wetter möglichst schnell bergen und setzen zu können ohne sich selbst in Gefahr zu bringen.

Der sicherste Platz an Bord einer Segelyacht ist und bleibt die Plicht. Von hier aus ist es möglich, fast alle Segelsetz- und Segelbergemanöver durchzuführen ohne auf das Vorschiff zu gehen. Dafür sind nur wenige Arbeitsschritte, ein paar Umlenkrollen, Führungen, Fallenstopper, eine Winsch, ein verlängertes Fall und ein Niederholer nötig. Sowohl das Vorsegel als auch das Großsegel lassen sich so erheblich leichter handhaben.

4.2.2.3 Anregungen für das Vorsegel

Bei mir an Bord befinden sich für diesen Zweck an den Steuerbordrelingstützen, auf Höhe des unteren Relingdrahtes, Führungen, durch die eine 6 Millimeter starke Leine von der Plicht aus zum Vorstag führt. Diese Leine, die mindestens so lang wie das längste Vorliek des Vorsegels ist, zuzüglich Schiffslänge, wird am Vorstag durch eine Umlenkrolle geführt und mit dem Auge des Vorsegelkopfes verbunden. Das Vorsegelfall wird nicht am Mast belegt, sondern ebenfalls über Umlenkrollen in die Plicht geführt und durch einen Fallenstopper gelenkt. Hinter dem Fallenstopper ist eine Winsch angebracht, mit der das Fall durchgesetzt wird. Soll das Vorsegel aus der Plicht gesetzt werden, ist das Segel zunächst von den Laschings an der Reling auf dem Vorschiff zu lösen.

Dazu muss sich ein Crewmitglied auf das Vorschiff begeben, um das Segel beim Setzen von den Laschings zu befreien, bzw. dieses nach dem Bergen wieder an der Reling anzuschlagen. Der entscheidende Vorteil zum herkömmlichen Setzen und Bergen der Segel ist, dass das Crewmitglied den Zeitpunkt entscheiden kann, an dem es nach vorne geht. Der zeitliche Aufwand ist übrigens wesentlich geringer.

Sobald das Vorsegel von den Laschings befreit ist, verlässt das Crewmitglied das Vorschiff und das Segel ist klar zum Setzen. Wenn das Schiff in den Wind gedreht ist, kann das Vorsegelfall aus der Plicht durchgezogen und später mit der Winsch durchgesetzt werden.

Ein geschlossener Fallenstopper bekneift das Fall und hält das Segel auf Postion. Dabei ist besonders darauf achten, dass der oben beschriebene Niederholer sich nicht vertörnt oder belegt ist, denn dieser läuft über die Umlenkrolle auf dem Vorschiff mit nach oben aus.

Wichtig: Der Niederholer darf auf keinen Fall nach dem Setzen des Segels lose gefahren werden. Er muss ständig durchgesetzt sein. Würde sich der Niederholer im Rigg durch zu viel Lose vertörnen, ist das Problem vergleichbar mit einer verklemmten Rollfock und ähnlich gefährlich. Das Segel ist nicht mehr zu bergen, denn es wird durch den vertörnten Niederholer daran gehindert, aufs Deck zu fallen! Auch das ist ein Extremfall, der bei mir dank ständiger Kontrollen des Niederholers nie eingetreten ist.

Erst wenn alle Segel gesetzt sind, müssen die Schoten dicht geholt und belegt werden. Hier noch ein wichtiger Tipp: Ein Wattstrieker belegt niemals seine Schoten mit einem Kopfschlag auf der Klampe. Es kann im Wattenmeer immer zu Grundberührungen kommen, und da ist es äußerst sinnvoll, die Schoten jederzeit ausrauschen lassen zu können.

Hat man sein Etappenziel erreicht, wird in umgekehrter Weise verfahren. Das Vorsegelfall wird kurz vor dem Bergen klar zum Fallen vorbereitet. Steht das Schiff im Wind, wird der Fallenstopper für das Vorsegelfall in der Plicht geöffnet und gleichzeitig der Niederholer zügig eingeholt. Das Vorsegel wird nach unten geführt, bis es auf dem Deck liegt. Je nach Seegang, Wetter oder der Situation vor Ort, kann das Segel auf dem Deck liegen bleiben, bis es sicher genug ist, auf das Vorschiff zu gehen und das Segel an der Reling anzuschlagen.

4.2.2.4 Anregungen für das Großsegel

Auch das Setzen und Bergen des Großsegels durch eine Niederholereinrichtung ist möglich. Das Prinzip ist ähnlich aufgebaut wie für die Vorsegelbergevorrichtung. Sowohl der Niederholer des Großsegels als auch das Großfall werden über Umlenkrollen in die Plicht geführt. Der Niederholer ist mindestens so lang wie der Mast, plus Entfernung zur Plicht. Er wird in der Mitte des Schiffes gefahren und geht von der Plicht zum Mast, dort über eine Umlenkrolle nach oben zum Großsegel. Am Auge des Großsegelkopfes wird der Niederholer befestigt und läuft mit dem Groß zum Top hinauf. Auch das Großsegelfall wird, wie beim Vorsegelfall, nicht am Mast belegt, sondern ebenfalls über Umlenkrollen in die Plicht geführt und durch einen Fallenstopper gelenkt. Hinter dem Fallenstopper ist die oben beschriebene Winsch angebracht, mit der das Großfall dicht gesetzt werden kann.

Wird das Großsegel gesetzt, müssen vom Deck aus nur die Laschings gelöst werden. Alles weitere geschieht von der Plicht aus.

> **Lazy Jack:** Ein praktischer Tipp für das Festhalten des Segeltuches auf dem Baum: Damit beim Öffnen der Laschings des Großsegels das Segeltuch nicht einfach vom Baum herunterrutscht und der Besatzung die Sicht versperrt, hat sich ein System bewährt, das Segel auf dem Baum zu halten. Man nennt es Lazy Jack und kann es im Handel teuer erwerben oder kostengünstig selbst herstellen.
>
> Entsprechend der Baumlänge werden am Baum links und rechts der Mitte in 1 Meter

Abständen Ösen gesetzt, an denen Leinen befestigt werden können. Das vordere Leinenpaar wird zur Saling geführt, dort über Umlenkrollen zum Mastfuß angebracht und am Mast belegt. Das zweite Leinenpaar wird, jeweils an der entsprechenden Seite zum ersten Leinenpaar, auf halber Höhe der Länge zwischen Baum und Saling gebracht und dort eingespleißt. Die weiteren Leinenpaare auf ihren jeweiligen Seiten werden an die vorher angebrachten Leinen eingespleißt, aber auf 1/3 der Länge verkürzt. So verfährt man weiter, bis alle Ösen am Baum mit Leinen versehen sind. Dann ist der Lazy Jack einsatzbereit. Das Groß liegt jetzt in einer Auffangvorrichtung, die wenig stört.

Die Yacht wird für das Großsegelsetzen wieder in den Wind gedreht. Nun kann das Groß über das Großsegelfall aus der Plicht gesetzt werden. Wieder ist darauf zu achten, dass der Niederholer, der mit dem Setzen des Segels nach oben ins Masttop mitläuft, möglichst reibungsfrei ist. Sobald das Groß oben ist, muss es durchgesetzt werden. Dabei legt man auch das Großfall um die Winsch, mit der kurz vorher das Vorsegelfall durchgesetzt wurde. Ein Fallenstopper, der vor der Winsch angebracht ist, hält das Segel stramm durchgesetzt. Abschließend wird noch die Dirk gelöst und die Großschot dicht geholt.

Ich erinnere nochmals an die Bedeutung des Niederholers. Nach dem Setzen des Segels ist sie immer dicht zusetzen. Andernfalls kann sie, wie oben beschrieben, vertörnen.

Im Zielhafen wird das Schiff wieder in den Wind gedreht, die Dirk fest durchgesetzt und der Fallenstopper geöffnet. Das Segel ist nun klar zum Bergen und wird aus der Plicht heraus mit dem Niederholer nach unten gezogen und fällt in den Lazy Jack. Erst wenn die Situation klar und Ruhe eingekehrt ist, sollte man sich um das Sichern des Großsegel am Baum kümmern. Ein Crewmitglied steigt erst dann aus der sicheren Plicht und geht zum Mast, um das Segel einzupacken.

Das hier dargestellte System der Segelführung hat sich sehr gut bewährt. Selbst bei widrigsten Umständen war die Segelführung, das Setzen und Bergen der Segel, eine sichere Angelegenheit und mit etwas Übung in wenigen Minuten abgeschlossen. Als Folge der praktischen Handhabung ist man mit diesem System auch bereit, bis kurz vor das Hafen- oder Ankermanöver weiterzusegeln. Beispielsweise lässt sich so ein Ankermanöver hervorragend fahren ohne die Maschine zu starten.

4.2.3 Großsegel

Das Großsegel sollte zwei bis drei Reffs haben, um die Segelfläche entsprechend den Windverhältnissen zu verringern oder auch zu erhöhen. Die besten Tipps, wie die Reffs im Groß angeordnet werden sollten, kann ein guter Segelmacher geben. Die folgende Aufteilung des Großsegels und seiner Reffs sind Erfahrungswerte, die ich in den vielen Jahren als Wattstrieker erlangt habe (Tabelle 4).

Steckbrief

Reff im Groß	von Windstärke (Bft)	bis Windstärke (Bft)
ohne Reff	2	5
1. Reff	5	6
2. Reff	6	7
3. Reff	7	8

Tabelle 4: Großsegelflächenwahl

Man erkennt in Tabelle 4 Überschneidungen für die Segelführung bei unterschiedlichen Windstärken. Letztendlich hängt die Entscheidung, welches Reff man führt, auch von der Windrichtung und dem angeschlagenen Vorsegel ab. Hier sind Erfahrungswerte ausschlaggebend, die jeder für sich sammeln muss und die von unschätzbarem Wert sind. Wer unsicher ist, sollte lieber ein Reff mehr einbinden.

Ein Reff lässt sich leichter ausreffen als eines nachträglich bei zunehmendem Wind einzubinden. Das dritte Reff im Groß muss so dimensioniert sein, dass die Segelfläche selbst bei Starkwind möglichst klein ist und noch für Vortrieb sorgt. Ich nutze dieses Reff für Windstärken von 7 bis 8 Beaufort, in Böen bis 9 Beaufort.

4.2.4 Genua

Die Genua ist quasi das Zugpferd unseres Seglers bei leichtem Wind und kann, je nach Größe des Schiffs und Windstärke relativ lange gefahren werden. Bei mir an Bord wird die Genua bei Windstärken zwischen 2 und 4 Beaufort genutzt, wenn es sich um am Wind- und Raumschotkurse handelt. Bei achterlichen Winden kann ich sie gut noch bei 5 Beaufort einsetzen.

4.2.5 Selbstwendefock

Die Selbstwendefock ist quasi das Zugpferd unseres Seglers bei mäßigem bis starkem Wind und kann, je nach Größe des Schiffs und Windstärke, relativ lange gefahren werden. Wie oben erwähnt, besteht die Möglichkeit, Segeltuch und Stauraum zu sparen, indem auch das Vorsegel drei Binderreffs bekommt.

Das Einreffen ist sogar in Fahrt und unter Segel relativ einfach. Das Vorsegelfall wird dabei ein Stück gefiert und das Unterliek eingewickelt und festgebändselt. Schoten und Vorliek werden an den oberen Augen des Segels neu angeschlagen und das Segel dann durchgesetzt.

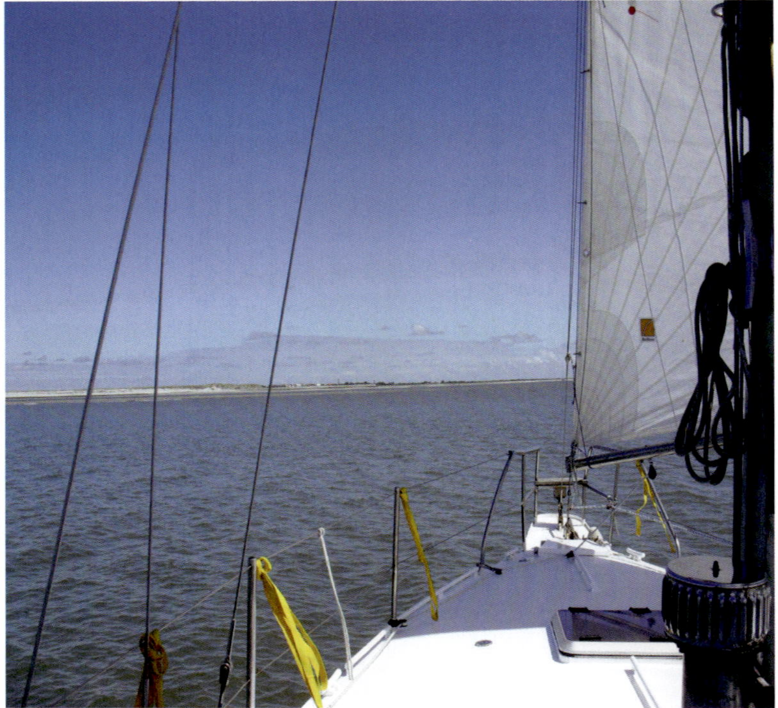

Abbildung 24: Reffbares Vorsegel

Dieser Vorgang dauert etwa 5 bis 10 Minuten, je nach Wetterlage. Die ausgereffte Selbstwendefock fahre ich bei Windstärken bis 5 Beaufort. Nimmt der Wind weiter zu, reffe ich die Selbstwendefock entsprechend ein.

4.2.6 Sturmfock

Es ist das kleinste Segel, das an Bord vorhanden ist und wird bei mir eher selten eingesetzt. Ab acht Windstärken fahre ich die Sturmfock. Diese wird möglichst tief angeschlagen, damit die Windenergie tunlichst in Vorausfahrt umgesetzt wird. Mit Sturmfock und dreifach gerefftem Groß segelt die PiDo noch sehr gut bei achterlichen bis Raumschotkursen. Problematisch kann es werden, wenn hoch am Wind gesegelt werden muss. Das Schiff nimmt dabei kaum noch Fahrt auf und wird stark nach Lee verdriftet. In diesem Fall lasse ich immer die Maschine mitlaufen, um mich von den Watten frei zu halten.

5. Praktischer Teil: Anwendungen

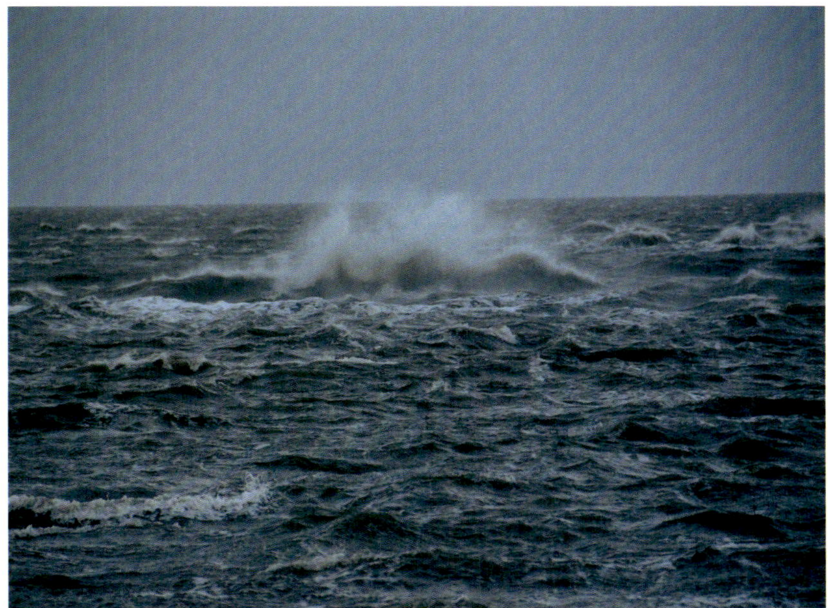

Abbildung 25:Brecher im Gatt

Charakteristische Merkmale der Seegatten

Einen nicht unerheblichen Einfluss auf die Entstehung des Ostfriesischen Wattenmeeres, und genau genommen auf die äußeren Inselstrukturen, haben die Seegatten. Das sind die zwischen den Ostfriesischen Inseln befindlichen Bereiche, die wir mit Respekt betrachten sollten. Durch diese Seegatten fließt im Gezeitenrhythmus das gesamte Wasser in das Wattenmeer und aus ihm heraus. Diesen relativ tiefen Seegatten mit Tiefen bis zu 34 Metern (Dove Harle) sind flache Barren vorgelagert, auf denen schon bei frischen auflandigen Winden und vor allem bei auslaufendem Strom hoher und brandender Seegang und Grundsee steht. So findet man folgendes Zitat in einem Handbuch: *„Das Befahren der Seegatten wird bei starken auflandigen Winden schnell gefährlich bis unmöglich. Dabei ist zu berücksichtigen, dass die tatsächliche Höhe der Brandung von See aus nicht rechtzeitig erkennbar ist. Ist ein Einlaufen unvermeidbar, sollte dies im letzten Drittel der Flut erfolgen.“*[17].

---

17 *Busse 1997*

Meines Erachtens ist es vorzuziehen, draußen abzuwettern, wenn es kräftig weht. Einmal in den Einflussbereich des Gatts gelangt, kommt man nur schwer wieder heraus. Vom Befahren der Seegatten, insbesondere der Dove Harle, rate ich Unerfahrenen aus einem weiteren Grund ab, denn starke Sedimentverfrachtungen können binnen Kurzem die Fahrwasser deutlich in Richtung und Tiefe verändern. So ist es nicht ungewöhnlich, dass bespielsweise die Tonnen der Dove Harle, dem Gatt zwischen Wangerooge und Spiekeroog, mehrmals im Jahr umgesetzt werden müssen.

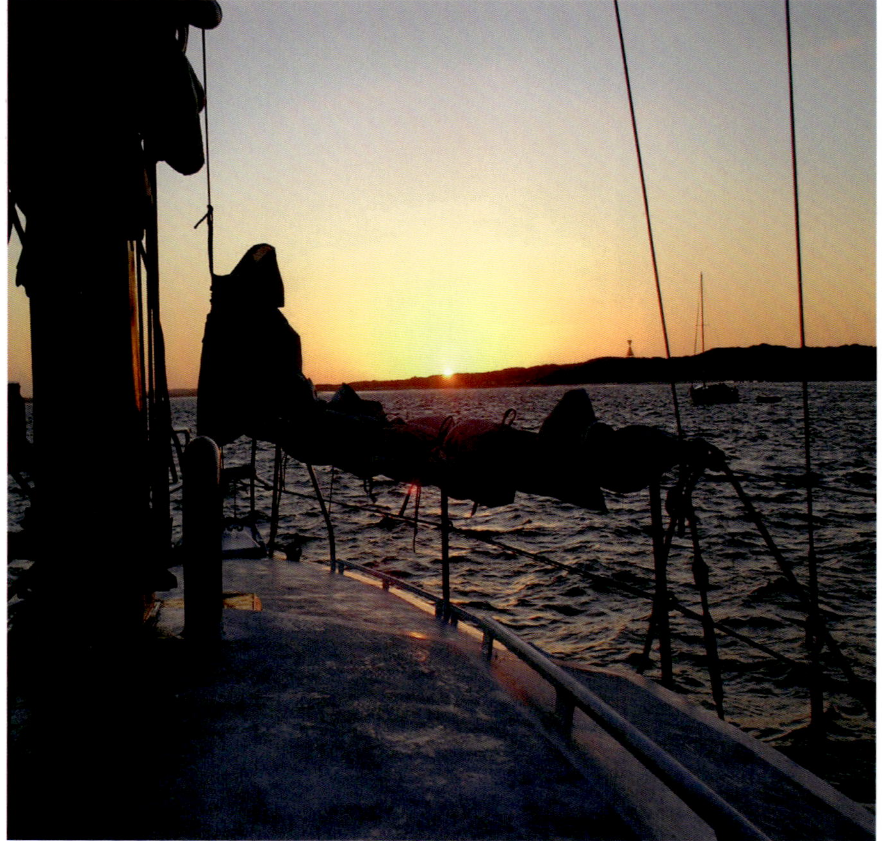

Abbildung 26: PiDo vor Anker bei Wangerooge

Die am wenigsten aufwendige Möglichkeit ins und aus dem Watt zu gelangen, ist über die Wattfahrwasser. Von Osten kommend ins Ostfriesische Wattenmeer über das Minsenerooger Wattfahrwasser, von Südwesten kommend über die Osterems, nahe der Emshörn-Plate bei Emshaven. Hier hat man zwar nur ein kleines Zeitfenster, um über das Watthoch zu kommen, aber wenn man erst einmal ins Watt gelangt ist, hat man das Gröbste geschafft. Dann kann er losgehen, unser Segeltörn als Wattstrieker des 21. Jahrhunderts.

5.1 Reisezeit

Das Wattenmeer wird in der Hauptreisezeit von vielen Motorsportbootfahrern und Seglern genutzt. In der Zeit von Mai bis September tummeln sich die meisten Fahrzeuge im Watt und die Häfen sind stark frequentiert. Wer es weniger belebt schätzt, kann das Wattenmeer aber auch in den Monaten von November bis März gut besegeln.

Gerade im Herbst ist das Segeln im Watt sehr angenehm, da das Nordseewasser noch relativ warm ist. Wasser gibt die gespeicherte Wärme nur langsam wieder ab. Das bietet die Möglichkeit, auch noch im November schöne Wattenmeertörns zu unternehmen. Hinzu kommt, dass die durchschnittliche Fahrtzeit im Ostfriesischen Wattenmeer etwa vier Stunden am Stück beträgt. Die Ebbe zwingt uns, vor dem nächsten Watthoch vor Anker zu gehen oder rechtzeitig einen Liegeplatz im Hafen aufzusuchen. Im Anschluss an diesen Reiseabschnittes kann man sich gut erholen und aufwärmen.

Im Frühjahr hingegen muss man sich mit wesentlich kälteren Temperaturen abfinden, da das Nordseewasser über den Winter hinweg stark abgekühlt ist, weshalb sich die unteren Luftmassen nur sehr langsam erwärmen. Segeln ist in dieser Zeit nur etwas für Segler, die extreme Temperaturen nicht abschrecken. Belohnt wird das Befahren des Wattenmeeres in den Herbst- und Frühjahrsmonaten aber in jeden Fall durch die faszinierende Grenzenlosigkeit dieses Lebensraumes, die Ruhe und Weite des Wattenmeeres und durch unzählige Zugvögel, die das Watt zum Rasten aufsuchen. Ein Erlebnis von berauschender Qualität.

Dank des geringen Verkehrsaufkommens in den Herbst- und Frühjahrsmonaten lässt es sich hervorragend kreuzen, und in den Hafenanlagen ist es entspannend leer. Allerdings werden in den Häfen der Inseln und der Siele die Steganlagen zeitig abgebaut. Gerade dann sind Fenderbretter, wie in Kapitel 4 beschrieben (Ausrüstung eines Segelfahrzeuges für das Wattenmeer auf Seite 32), von großem Vorteil, denn an den Spundwänden ist immer Platz. Gelegentlich findet man noch Steganlagen, so beispielsweise ganzjährig auf den Inseln Langeoog, Norderney und Juist.

Kürzere Tage sind eine weitere Herausforderung für das Befahren des Watts im Herbst und Frühjahr. Entweder entschließt man sich dazu, nur kurze Etmale zu absolvieren, oder man bereist das Watt bei Dunkelheit. Erschwerend bei der Orientierung kommt dann hinzu, dass bei einem Frühjahrs-Törn Pricken oder Winterbetonnungen durch Eisgang verschwunden oder Tonnen durch

Sturm versetzt sind.

Die Sommerzeit verspricht uns Wattstriekern eine wunderschöne Zeit im Watt. Wie schon in Kapitel *Allgemeines zum Wattenmeer* auf Seite 5 erwähnt, findet sich hier in den Sommermonaten eine große Anzahl an Tieren und Pflanzen wieder, die es zu beobachten lohnt. Das Segeln im Sommer hat natürlich auch den Vorteil, dass die Tage wesentlich länger als im Herbst und Frühjahr sind, daher auch die Temperaturen weitaus angenehmer sein können. Sind die Hafenanlagen der Inseln im Sommer auch noch so überfüllt, es findet sich immer noch ein Platz zum Festmachen. Wem das zu unruhig ist, der sollte das Ankern im Watt vorziehen.

Er wird belohnt durch fantastische Naturereignisse.

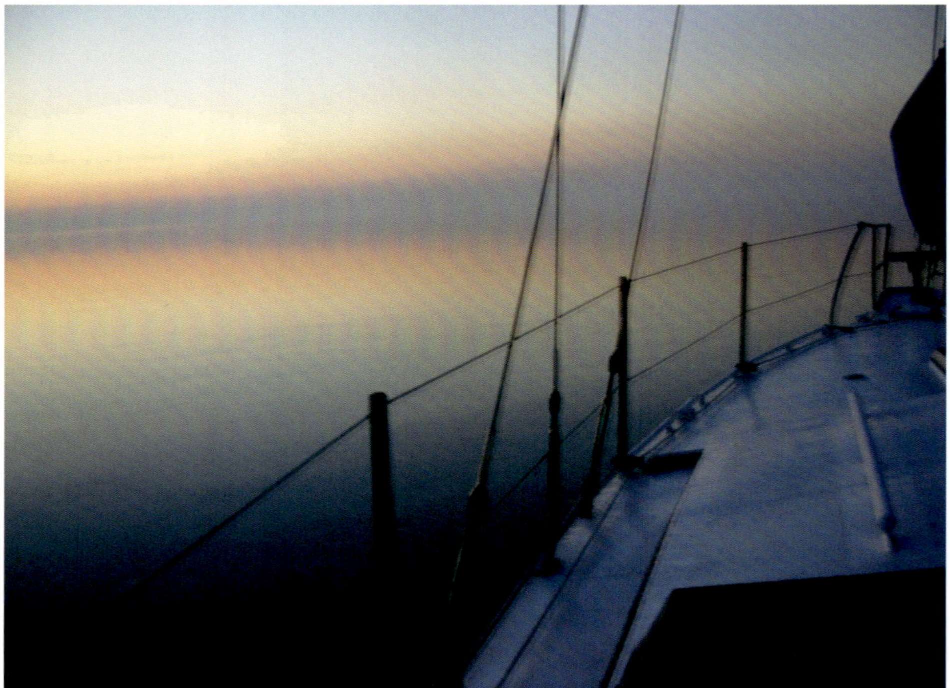

Abbildung 27: Abendstimmung vor Anker

5.2 Reiseplanung

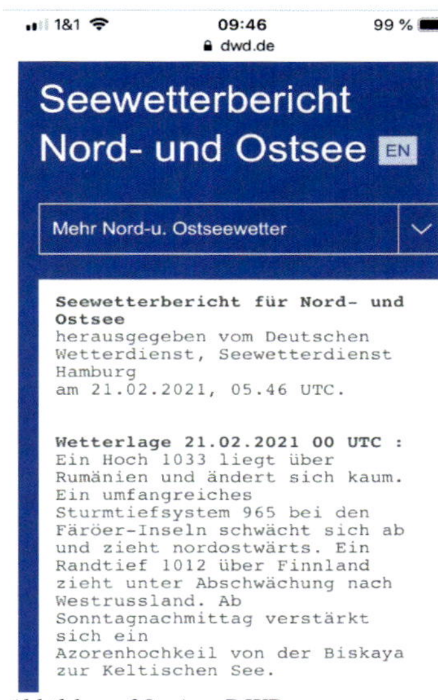

Abbildung 28: App DWD

Die Planung einer Wattenmeer-Reise ist von entscheidender Bedeutung für einen erfolgreichen Segeltörn. Viele Faktoren sind zu berücksichtigen, bevor es ins Watt geht. In diesem Kapitel werden die wichtigsten Faktoren für eine sichere Reise erwähnt und zusammengefasst dargestellt. Zur Reiseplanung gehören immer ein aktueller Wetterbericht, Berücksichtigung aller Tidenverhältnisse, sowie das Einhalten aller Grundsätze, denn das Wetter kann sich in kürzester Zeit umstellen und dass Ansteuern eines Zielortes wird unter gewissen Umständen unmöglich. Deshalb sollte man vor dem Auslaufen immer auch einen „Plan B" erstellt haben.

5.2.1 Das Wetter:

Mit der Entwicklung des Wetters steht und fällt eine Segelreise. Allzu plötzlich kann sich das Wetter an der Nordseeküste ändern. Wer sich nicht über die Wetterlage informiert, riskiert im Extremfall den Verlust seines Schiffes.

Abbildung 30: Wetterumschwung

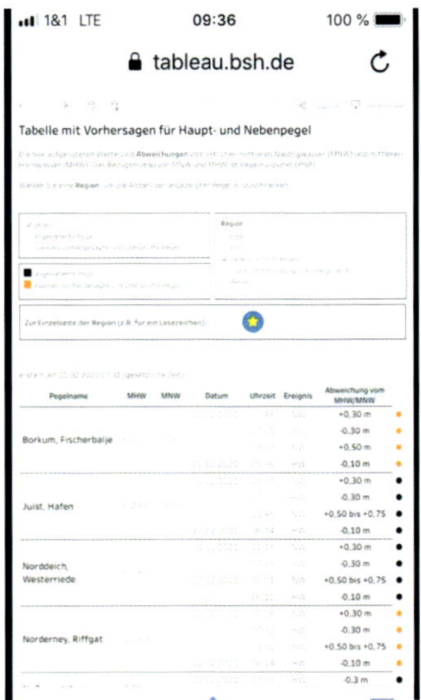

Abbildung 29: App Wasserstände BSH

5.2.2 Seewetterberichte und Wasserstandsmeldungen:

Der Seewetterbericht kann beim DWD (Deutscher Wetterdienst), unter Wetter und Klima, Seewetterbericht Nord- und Ostsee, Online über das Internet abgefragt werden (Abbildung 28). Der DWD bietet u.a. für das Seegebiet Nordsee und im Besonderen für das Ostfriesische Wattenmeer aktuelle Wetterberichte und -trends an.

Wasserstandinformationen erhält man von der gesamten Deutschen Nordseeküste über das Internet beim BSH (Bundesamt für Seeschifffahrt und Hydrographie) z. B. in Tabellenform. Darin enthalten sind auch die Hoch- und Niedrigwasserzeiten der jeweiligen Orte mit den zu erwartenden Abweichungen. Im Netz zu finden unter *tableau.bsh.de*. (Abbildung 29).

Anmerkung vom BSH zur Veröffentlichung der Abbildung:

„[...] Die Wasserstandinformationen des BSH sind nicht direkt unter "tableau.bsh.de" abrufbar, sondern entweder mit einem kleinen Umweg über https://www.bsh.de/DE/DATEN/Wasserstand_Nordsee/wasserstand_nordsee_node.html oder über spezifische Lesezeichen für die einzelnen Orte bzw. Pegel, z. B. https://tableau.bsh.de/views/ Wasserstand_Nordsee_Pegelseite/Wasserstand_Kurve Pegel=Hamburg für Hamburg St. Pauli. Das sollten Sie in Ihrem Buch berücksichtigen, um Enttäuschungen bei der Leserschaft zu vermeiden.“

Aktuelle amtliche Pegelstände an der Küste erhält man online über *pegelonline.wsv.de*. Diese äußerst praktischen Daten geben uns den genauen Wasserstand am gewünschten Ort an und können für die Überquerung von Watthochs sehr hilfreich sein. Siehe dazu auch Abbildung 60 auf Seite 94. Dazu später mehr im Kapitel *Ausgewählte Watthochs*.

5.2.3 DP 07-Seefunk:

Herr Kapitän Reiner Dietzel, der Eigentümer und Betreiber von DP 07-Seefunk, bietet für alle Sportbootfahrer einen aktuellen Wetterservice über Seefunk an. Dieser Wetterbericht ist sehr professionell, und ich empfehle vorweg ein Formblatt vorzubereiten, denn wer alles mitschreiben will, hat Mühe mitzukommen. Im Anhang der Anlage A_1 habe ich ein solches Formblatt beigefügt. Es trägt den Titel Formblatt zum Mitschreiben eines Wetterberichtes bei DP07-Seefunk auf Seite 194 und ist so aufgebaut, dass man die Informationen für die Nordsee in der Reihenfolge mitschreiben kann, wie sie über Funk vermittelt werden. Dieses Formblatt bezieht sich allerdings nur auf die südliche Nordsee.

Wer an diesen Informationen interessiert ist, muss sich bei DP 07 Seefunk anmelden um den gesamten Service zu nutzen. Eine Anmeldung ist erforderlich, denn DP 07-Seefunk ist keine öffentliche Institution, sondern wird durch Mitgliedsbeiträge finanziert.

Informationen zu DP07 kann man direkt über Funk oder über das Internet erhalten[18]. Auch über Kurzwelle 13.146 KHz ist der Empfang von DP 07 Seefunk möglich (DAJ Hamburg Radio). Auf den Seefunkkanälen 01, 24, 25, 26, 28 und 61 kann zu den Zeiten 07:45, 09:45, 12:45, 16:45 und 19:45 der Seewetterbericht empfangen werden. Für das Ostfriesische Wattenmeer gelten die in Tabelle 5 gelisteten Empfangsbereiche. Im Herbst gibt es diesen Service allerdings nur eingeschränkt. Dann entfallen die Sendezeiten 07:45 und 19:45. Die Ausstrahlung des Seewetterberichtes über DP 07-Seefunk endet Mitte Oktober und beginnt wieder zum Saisonbeginn im Jahr darauf.

Steckbrief

Empfangsbereich:	Kanal 24	Kanal 25	Kanal 26	Kanal 28	Kanal 61
Bremen bis Elsfleth		X	X		
Elsfleth bis Bremerhaven	X	X			
Bremerhaven bis Fedderwardersiel	X	X			
Bremerhaven bis Wangerooge	X	X			
Spiekeroog bis Borkum, Emden				X	(X)
Spiekeroog bis Norderney		(X)		X	(X)
Juist bis Borkum				X	X
Juist bis Greetsiel					X
Raum Baltrum				X	

Tabelle 5: Kanalwahl der Seewetterberichte bei DP07

5.2.4 Revierfunkkanäle:

Über die Revierkanäle können zu festen Zeiten die Lagemeldungen abgehört werden. Das schreibt auch die SeeSchStrO vor. In § 3 Absatz 1 ist jedes Fahrzeug, dass über eine Funkanlage verfügt, verpflichtet, die Verkehrsinformationen abzuhören. Entscheidende Informationen, wie das aktuelle Wetter, Sicht-, Wind-, Tidenverhältnisse sowie Starkwind- und Sturmwarnungen werden stündlich aktualisiert. Im Anhang A_2, auf Seite 196, findet sich eine Schreibvorlage, die für die Aufnahme der Lagemeldung sehr hilfreich sein kann. Im Zweifelsfall ist es möglich, bei der Revierzentrale direkt über UKW- Sprechfunk nachzufragen. Den Kontakt sollte man ausschließlich bei wirklich wichtigen Fragestellungen herstellen. Die Revierzentralen erfüllen umfangreiche Aufgaben und sollten nicht durch Bagatellen dran gehindert werden.

In Tabelle 6 finden sich eine Auswahl der wichtigsten Kanäle und Sendezeiten der Verkehrszentralen, welche Informationen zur aktuellen Verkehrslage und zum Wetter zur Verfügung stellen. Zur besseren Handhabung vor Ort, sind sie von Ost nach West aufgeführt. Die Anbieter mit den umfangreichsten Informationen sind fettgedruckt. Der Empfangsbereich wurde

18Link: dp07.de

mit einer Antennenhöhe von 12 Metern über dem Meeresspiegel ermittelt. Abweichungen von den genannten Empfangsbereichen sind also möglich.

5.2.5 Wetterberichte über Rundfunk

Es kommt immer wieder vor, dass der aktuelle Seewetterbericht knapp verpasst wird, oder ausgerechnet zur Sendezeit der Empfang schlecht ist. Es bleibt immer noch die Möglichkeit, sich die nötigen Informationen aus dem Äther zu holen, vorausgesetzt man kennt die Sendezeiten und die Frequenzen. Die in der folgenden Tabelle erwähnten Rundfunksender übermitteln Daten zum aktuellen Wetter und Aussichten der nächsten 24 Stunden, Sturm- und Windwarnungen, sowie die zu erwartenden Wasserstände.

Name	UKW-Kanal	Sendezeiten	Möglicher Empfangsbereich	Art der Informationen
Bremerhaven Weser Traffic	22	10 Minuten nach voll	Von Großensiel bis Bremerhaven	Wind- und Sturmwarnungen, Sicht, Wind, Wasserstände
Blexen Traffic (Bremerhaven Traffic)	07	20 Minuten nach voll	Von Großensiel bis Fedderwardersiel	Wind- und Sturmwarnungen, Sicht, Wind, Wasserstände
Weser Traffic	**19**	**Um halb**	**Von Bremen bis Fedderwardersiel**	**Wind- und Sturmwarnungen, Sicht, Wind, Wasserstände, Höhenabweichungen vom Hoch- und Niedrigwasser, besondere Vorkommnisse, wie Wegerechtschiffe**
Alte Weser Traffic	22	20 Minuten nach voll	Von Esensham (Unterweser), Fedderwardersiel bis Wangerooge	Wind- und Sturmwarnungen, Sicht, Wind, Wasserstände
Deutsche Bucht Traffic	16	Jede volle Stunde	Deutsche Bucht	Wind- und Sturmwarnungen, Sicht, Wind, Wasserstände
Jade Traffic	**63/ 20**	**10 Minuten nach voll**	**Von Fedderwardersiel bis Baltrum und Norderney-Ost**	**Wind- und Sturmwarnungen, Sicht, Wind, Wasserstände, Höhenabweichungen vom Hoch- und Niedrigwasser, besondere Vorkommnisse, wie z. B. Wegerechtschiffe.**
Ems Traffic	**18/ 15**	**10 Minuten vor voll**	**Von Borkum bis Norderney**	**Wind- und Sturmwarnungen, Sicht, Wind, Wasserstände**
Ems Traffic	79	Jede volle Stunde	Von Emden bis Borkum	Wind- und Sturmwarnungen, Sicht, Wind, Wasserstände
Knock Traffic	20	10 Minuten vor voll	Von Emden bis zum Knock	Wind- und Sturmwarnungen, Sicht, Wind, Wasserstände

Tabelle 6: Kanalwahl und Zeiten der Lagemeldungen

Steckbrief

Radiosender	Sendezeiten GZ (Sommer) **Im Winter alle eine Stunde früher!**	Frequenzen
	Stündliche Wasserstandsmeldungen Vormittags nach den Nachrichten und nach den 22 Uhr Nachrichten	UKW 90,3 MHz
NDR 4	00:05	MW 702,972 KHz
DLF	01:05	MW 1269 KHz
NDR	01:05	MW 972 KHz
Deutschlandradio	01:05	LW 177,6005 KHz
DLF	06:40	MW 1269 KHz
Deutschlandradio	06:40	LW 177,6005 KHz
NDR 4	08:30:00	MW 702, 972 KHz
DLF	11:05	MW 1269 KHz
DLF	21:05	MW 1269 KHz
NDR 4	22:20:00	MW 702,972 KHz

Tabelle 7: Rundfunkwetterberichte

Seewetterbericht (auf MW 1269 kHz) täglich um 01:05 Uhr - 06:40 Uhr - 11:05 Uhr - 21:05 Uhr (nur während der Sommerzeit)

5.3. Verkehrsregeln im Wattenmeer

5.3.1 Grundsätze

Der Seeverkehr wird auch im Wattenmeer durch internationale Bestimmungen, die durch die IMO beschlossen wurden, geregelt. Eine erhöhte Sicherheit der Schifffahrt wurde erst von der IMO durch eine Implementierung von international gültigen Regeln weltweit erlangt. Die Verordnung zur Verhütung von Zusammenstößen auf See trat 1972 in Kraft (KVR).

Die Küstengebiete, Ästuare und die Flüsse der Bundesrepublik Deutschland sind im Wesentlichen enge Fahrwasser im Sinne der Kollisionsverhütungsregeln (KVR), Regel 9. Sie werden durch die Schifffahrt stark frequentiert. Um die Sicherheit der Schifffahrt in diesen Fahrwassern zu gewährleisten, hat die Bundesrepublik Deutschland in der Fassung der Bekanntmachung vom 22. Oktober 1989 die Seeschifffahrtsstraßenordnung beschlossen. Die Seeschifffahrtsstraßen-Ordnung (SeeSchStrO) ist u. a. gekennzeichnet durch diese Merkmale: Vorrang vor der KVR, keine örtlich begrenzten Einzelfallreglungen und Gleichbehandlung aller Verkehrsteilnehmer, und hat den reibungslosen Verkehr in den nationalen Küstengewässern und Flüssen zum Ziel.

Zu den Küstengewässern der Bundesrepublik Deutschland zählen auch die Wattengebiete mit ihren weit verzweigten und zum Teil trockenfallenden Prielen. Hier sind miteinander eng verbunden: die großräumigen Flächen außerhalb der Fahrwasser, die durch die KVR geregelt werden und die beprickten und betonnten Priele und Fahrwasser, die die SeeSchStrO regelt. Viele Priele sind im Sinne der SeeSchStrO Fahrwasser, die durch Tonnen oder Pricken als solches gekennzeichnet sind. Diese Fahrwasser können nur in kleinen Zeitfenstern befahren werden. So lässt sich das Baltrumer Wattfahrwasser im Ostfriesischen Wattenmeer nur etwa 2 Stunden vor Hochwasser bis etwa 2 Stunden nach Hochwasser von nicht tiefgehenden Schiffen befahren.

Grundsätzlich gelten im gesamten Wattenmeer die Kollisionsverhütungsregeln (KVR). Im speziellen Fall überschreibt die Seeschifffahrtsstraßen-Ordnung (SeeSchStrO) die KVR mit nationalem Recht, wenn die Seeschifffahrtsstraßen betrachtet werden.

Im Seerechtsübereinkommen der Vereinten Nation (SRÜ) von 1982 wird das Küstenmeer definiert. In Artikel 3 (SRÜ) wird jedem Staat das Recht zugesprochen, die Breite des Küstenmeeres bis auf 12 Seemeilen ab Basislinie festzulegen. Trockenfallende Gebiete, wie das Wattenmeer, zählen zum Küstenmeer gemäß Artikel 13 des SRÜ.

Besonders erwähnt sei Artikel 17 des SRÜ. Dieser legt fest, dass alle Schiffe aller Nationen das Recht der friedlichen Durchfahrt dieser Küstenmeere haben. Diese sichere Durchfahrt regelt die KVR und die SeeSchStrO; letztere in § 1 Absatz 1 Punkt 1, dass ihr Geltungsbereich jene Wasserflächen beinhaltet, die bis 3 Seemeilen ab der Basislinie liegen. Die normale Basislinie ist

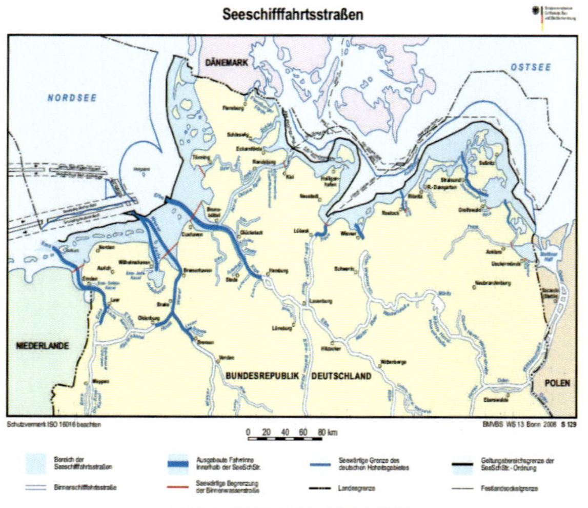

Abbildung 32: Darstellung der Seeschifffahrtsstraßen

Quelle: Wasser-und Schifffahrtsdirektion Nordwest

Abbildung 31: Geltungsbereich der SeeSchStrO,

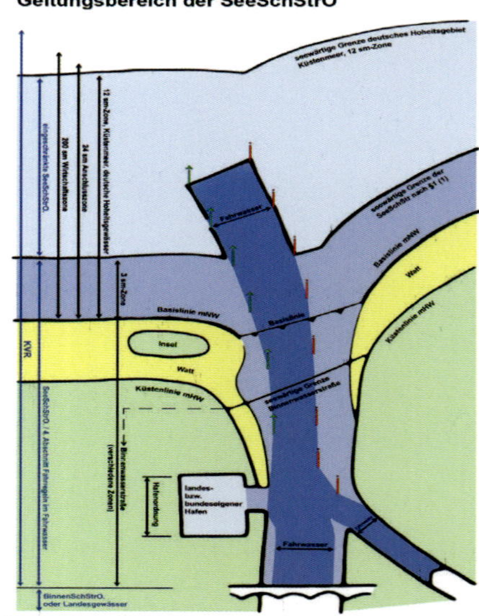

Quelle: Kapt. T. Hinzen

wiederum in Artikel 5 des SRÜ festgelegt. Darin wird die Breite des Küstenmeeres durch die Niedrigwasserlinie entlang der Küste beschrieben und durch die SeeSchStrO umgesetzt. Der Geltungsbereich der SeeSchstrO ist schematisch in Abbildung 31 dargestellt.

5.3.2 Regeln für das Befahren *im Fahrwasser*

5.3.2.1 Allgemeines zu allen Verkehrsregeln

Die wichtigsten Regeln und Gesetze zum Befahren des Wattenmeeres befinden sich in Kapitel 9. Ab Seite 165 sind sie unter Kapitel 9.1. Kollisionsverhütungsregel (KVR), unter Kapitel 9.2. Seeschifffahrtsstraßenordnung (SeeSchStrO) und unter Kapitel 9.3 Verordnung über das Befahren der Bundeswasserstraßen in Nationalparken im Bereich der Nordsee (NPNordSBefV) aufgeführt. Es ist zu empfehlen, diese Gesetzestexte mit dem Folgenden zu vergleichen, um Verwechslungen zu vermeiden.

Ein wichtiger Begriff, der hier zunächst erwähnt werden muss, ist der des **Vertrauensgrundsatzes.** Dieser zeigt auf, dass jeder Verkehrsteilnehmer davon ausgehen muss, dass sich der Verkehrsgegner an die Ausweich- und Fahrtregeln hält. Der Vertrauensgrundsatz liegt über dem gesamten Regelwerk der KVR und SeeSchStrO. Wäre dieses Vertrauen nicht vorhanden, könnte es immer wieder zu gefährlichen Situationen im Seeverkehr kommen.

Um Missverständnisse zwischen den Verkehrsteilnehmern zu vermeiden, sind deren Pflichten geregelt, wobei zwischen Kurshalter und Ausweichpflichtigem unterschieden wird. Die Pflichten des Kurshalters werden in Regel 17 der KVR beschrieben. Der Kurshalter hat seinen Kurs und seine Geschwindigkeit beizubehalten.

Nur wenn ein ausweichpflichtiges Fahrzeug, mit dem die Möglichkeit einer Kollision besteht, seiner Ausweichpflicht nicht nachkommt, darf der Kurshalter handeln. Das bedeutet, dass der Kurshalter, bevor er ein Manöver fährt, seinen Vertrauensgrundsatz gegenüber dem Gegner prüfen muss und ihn auf dessen Ausweichpflicht aufmerksam zu machen hat. Dies geschieht durch Schallsignale mit dem Nebelhorn o. ä. Erst nachdem diese Maßnahmen erfolglos durchgeführt wurden, "darf" der Kurshalter ein Manöver des vorletzten Augenblicks fahren. Dies gilt so außerhalb des Fahrwassers.

In Regel 16 werden die Pflichten des Ausweichpflichtigen in einem Satz erläutert. "Jedes ausweichpflichtige Fahrzeug muss möglichst frühzeitig und durchgreifend handeln, um sich gut klar zu halten". (In Kapitel 5.3.3.1 In-Sicht-Regeln außerhalb des Fahrwassers sind weitere Details zu finden.)

Unter Umständen muss ein Fahrzeugführer von den gängigen Vorschriften abweichen, wenn dadurch die Gefahr eines Zusammenstoßes vermieden werden kann (KVR Regel 2-b).

5.3.2.2 Im Fahrwasser

Durch die KVR und SeeSchStrO wird u. a. geregelt, wie Segelfahrzeuge und maschinenbetriebene Kleinfahrzeuge sich gegenüber Fahrzeugen zu verhalten haben, die nur innerhalb enger Fahrwasser sicher fahren können.

Nach der Kollisionsverhütungsregel (Regel 9 b) haben diese ein Behinderungsverbot gegenüber den oben beschriebenen Fahrzeugen, "wenn diese nur innerhalb der Fahrwasser oder Fahrrinnen sicher fahren können". Prickenwege sind Fahrrinnen und Fahrwasser in diesem Sinne. Das bedeutet, dass maschinenbetriebene Kleinfahrzeuge und Segelfahrzeuge in den beprickten oder betonnten Wegen vorausschauend fahren müssen. Kommt beispielsweise ein Fahrgastschiff am Watthoch im Prickenweg entgegen, so müssen Segelfahrzeuge und maschinenbetriebene Kleinfahrzeuge so manövrieren, dass dieses sicher seine Fahrt fortsetzen kann. Gegebenenfalls muss das Kleinfahrzeug oder Segelfahrzeug aus dem Fahrwasser weichen, um Platz zu schaffen. Das vorfahrtgewährende Fahrzeug muss rechtzeitig durch sein Fahrverhalten zeigen, dass es warten wird und darf erst weiterfahren, wenn die Schifffahrt nicht mehr beeinträchtigt wird[19].

Darüber hinaus werden in den betonnten und beprickten Fahrwassern die Regeln der KVR durch die SeeSchStrO mit Ausnahmereglungen überschrieben. Die Paragraphen der SeeSchStrO unterscheiden sich deutlich von den Vorschriften der KVR, sind aber als Erweiterungen dieser zu betrachten.

Das Fahrwasser wird in der SeeSchStrO durch die Teile der Wasserflächen definiert, die durch rote und grüne Tonnen begrenzt sind. Bei den Fahrwassern im Wattenmeer handelt es sich um enge Fahrwasser im Sinne der KVR. Alle Fahrzeuge befahren, laut SeeSchStrO § 2, Absatz 1, Satz 2, und auf die KVR, Regel 9, bezogen, das Fahrwasser auf der jeweiligen rechten Seite. Das Besondere an den Fahrwassern im Wattenmeer ist, dass ein Fahrwasser oft nur einseitig mit Tonnen oder Pricken gekennzeichnet ist. Demnach muss gefolgert werden, dass die ungekennzeichnete Seite eines Fahrwassers im Wattenmeer vom Tiefgang des Fahrzeuges abhängig ist und dadurch definiert wird. Beispielsweise kann ein Fahrzeug mit geringem Tiefgang auf dieser Seite wesentlich

19 Vgl. Seeschifffahrtsstraßen-Ordnung §25 Absatz 6

weiter Rechts fahren, als ein Fahrzeug mit größerem Tiefgang.

5.3.2.3 Fahrwasserkennzeichnung im Wattenmeer: Tonnen und Pricken

Die Fahrwasser des Wattenmeeres sind durch Tonnen und/oder Pricken gekennzeichnet (Abbildung 31). Durch die SeeSchStrO, § 2, Absatz 1, Satz 1 wird deutlich, dass ein Fahrwasser durch die Sichtzeichen B.11 und B.13 Anlage I (rote und grüne Tonnen und Pricken) gekennzeichnet ist.

Die grünen Tonnen sind immer nach oben hin spitz und durch ungerade Zahlen in von See aus aufsteigender Folge gekennzeichnet. Sie zeigen die Steuerbordseite des Fahrwassers an. Die

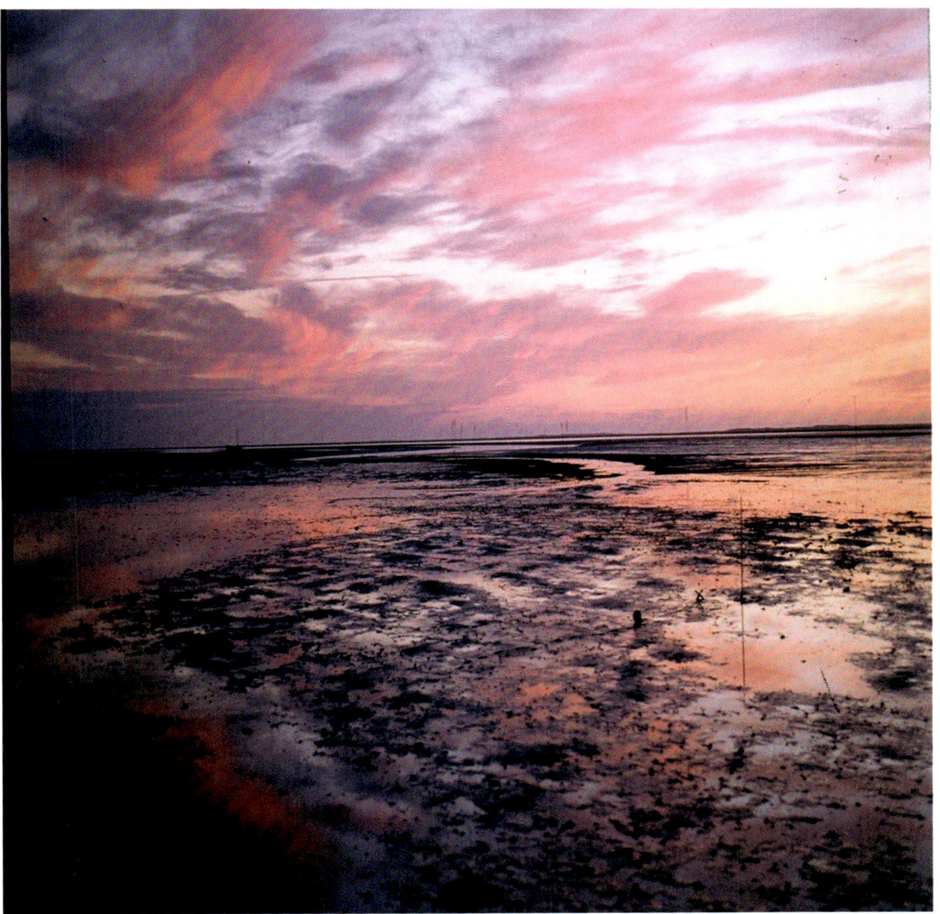

Abbildung 33: Prickenweg bei Niedrigwasser

Fahrwasser im Ostfriesischen Wattenmeer sind selten durchgehend betonnt.

Die zu den trockenfallenden Watthochs führenden Fahrwasser werden oft durch Pricken fortgesetzt.

Diese machen den Verlauf des Prieles, des tiefsten Wassers, kenntlich und sind oft nur auf einer Seite des Fahrwassers zu finden. Die Steuerbord-Pricken sind wie die Stb.-Tonnen, nach oben hin spitz. Dies stelle man sich wie einen alten Reisigbesen vor, dessen Besenkopf falsch herum auf dem

Abbildung 34: Steuerbord-Tonne

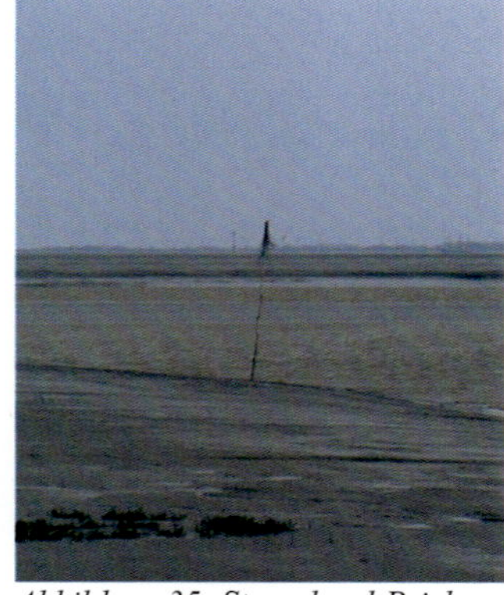

Abbildung 35: Steuerbord-Pricke

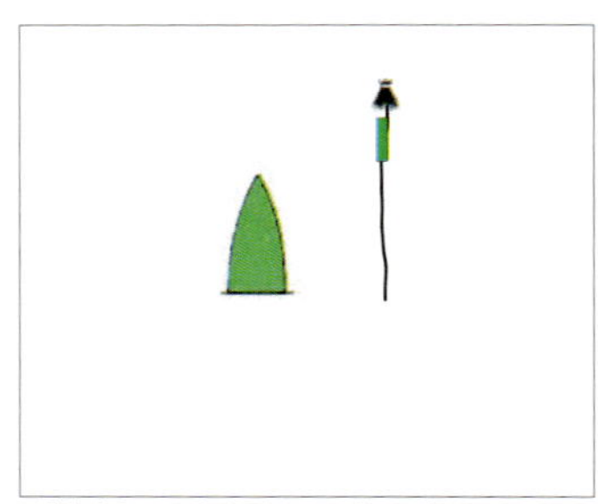

Abbildung 36: Steuerbord-Tonne und -Pricke Quelle: ELWIS

Stiel steckt. Zumeist haben die Steuerbord-Pricken zusätzlich ein metallisches grün reflektierendes Band, das die Identifizierung bei Tage und auch bei Nacht eindeutig macht. Darstellungen der Steuerbord-Tonnen und -Pricken, siehe Abbildung 34 bis 35.

Die roten Backbord-Tonnen (Abbildung 39) liegen von See kommend auf der Backbordseite des Fahrwassers und sind von hier aufsteigend mit geraden Zahlen gekennzeichnet. Es sind rote Tonnen, deren Form nach oben hin stumpf wird. Die Pricken der Backbord-Seite des Fahrwassers sind ebenfalls nach oben hin stumpf. Wieder ist das Beispiel mit dem Reisigbesen hilfreich, denn die Backbord-Pricken sehen genauso aus und stehen mit dem Besenstiel im Boden. Auch sie sind mit einem Metallband versehen, das allerdings rot ist und in der Nacht rot reflektiert, wenn es mit

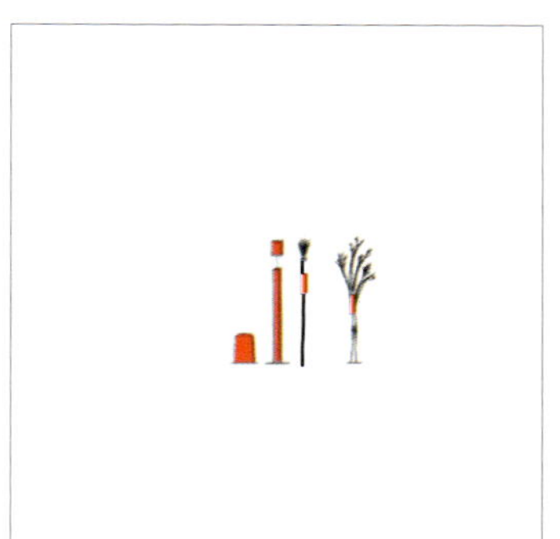

Abbildung 37: Backbord-Tonnen und -Pricken

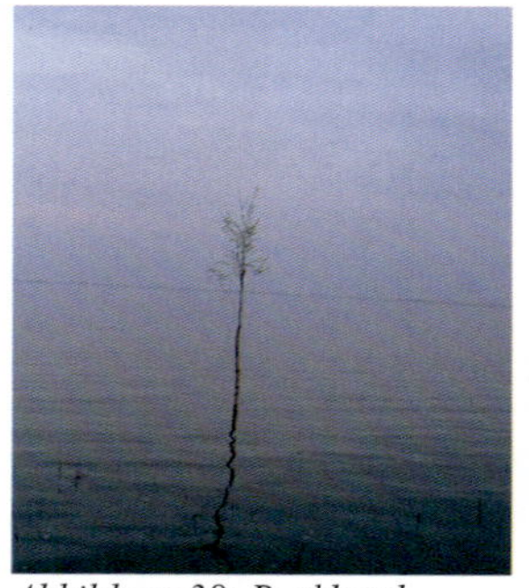

Abbildung 38: Backbord-Pricke

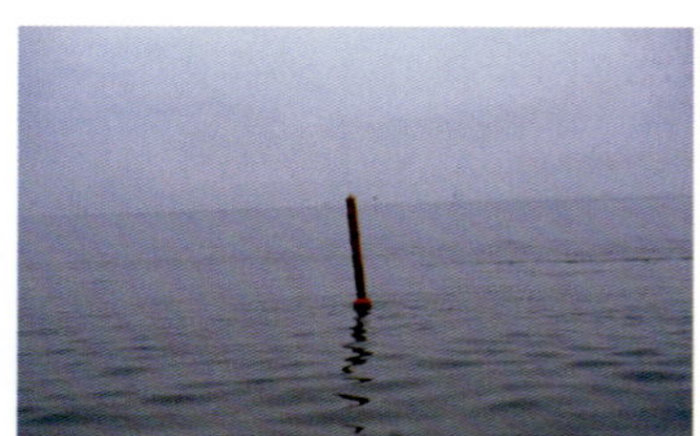

Abbildung 39: Backbord-Winterbetonnung

dem Scheinwerfer angestrahlt wird. Darstellungen, siehe Abbildung 37 bis 40.

Zahlenmäßig dominieren die Backbord-Pricken im Ostfriesischen Wattenmeer. Meines Wissens gibt es im gesamten Ostfriesischen Wattenmeer kaum Steuerbord-Pricken. Nur in den Hafenzufahrten, z. B. von Spiekeroog, Langeoog, Bensersiel und Juist findet man diese, sowie auf den Wattflächen des Ostfriesischen Wattenmeeres nur im Juister Wattfahrwasser, kurz vor der Zufahrt zum Leitdamm Juist.

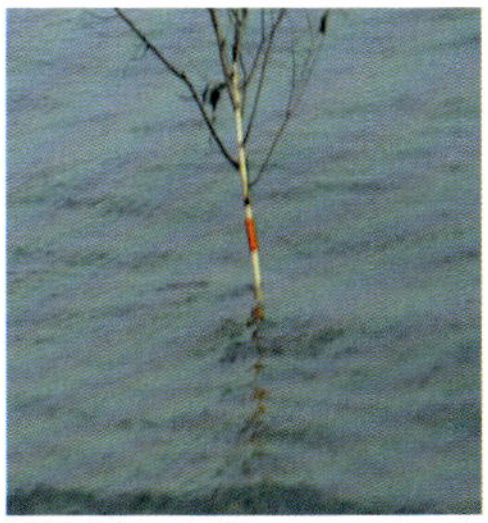

Der Beginn bzw. das Ende des Prickenweges wird durch drei nah beieinander stehende Pricken einer Fahrwasserseitenbeprickung angekündigt (siehe Abbildung 41 und 42). Im weiteren Verlauf im Text als „Triple Pricken[20]“ bezeichnet.

Abbildung 40: Reflektorstreifen bei HW

Anders ist das Watthoch, die flachste Stelle im Priel, gekennzeichnet. Dort stehen zwei Pricken einer Fahrwasserseitenbeprickung nah beieinander und zeigen uns, gleich wird es flach (Abbildung 41 und 43). Das Ende einer solchen Flachstelle wird ebenfalls durch zwei Pricken markiert. Dies sollte mit gewisser Vorsicht zur Kenntnis genommen werden, denn nicht selten gibt es mehrere Flachstellen auf einem Watthoch. Ebenso könnte eine zweite Pricke fehlen, und man erwartet die Flachstelle irrtümlich erst beim nächsten Prickenpaar. Ein Blick aufs Echolot, das uns rechtzeitig vor Flachwasserbereichen warnt, sollte daher selbstverständliche Routine sein.

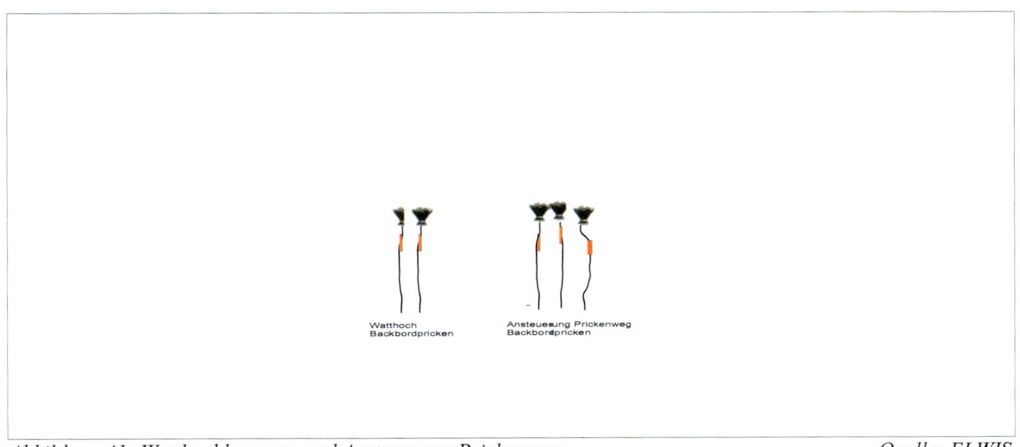

Abbildung 41: Watthochkennung und Ansteuerung Prickenweg *Quelle: ELWIS*

20 Eigenkreation vom Autor für drei nah beieinander stehende Pricken

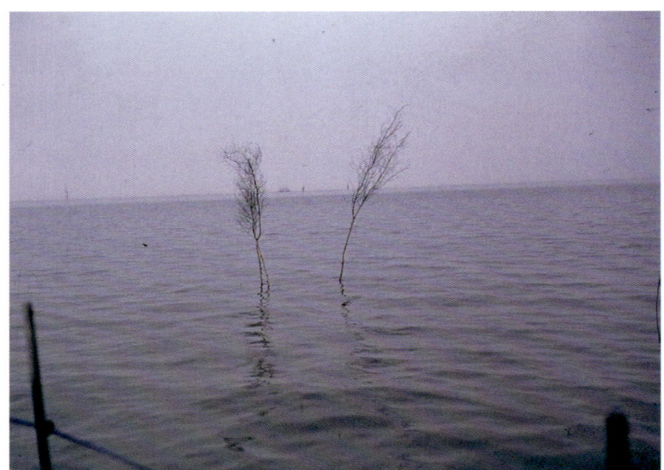

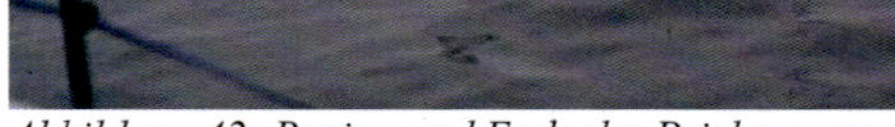

Abbildung 42: Beginn und Ende des Prickenweges

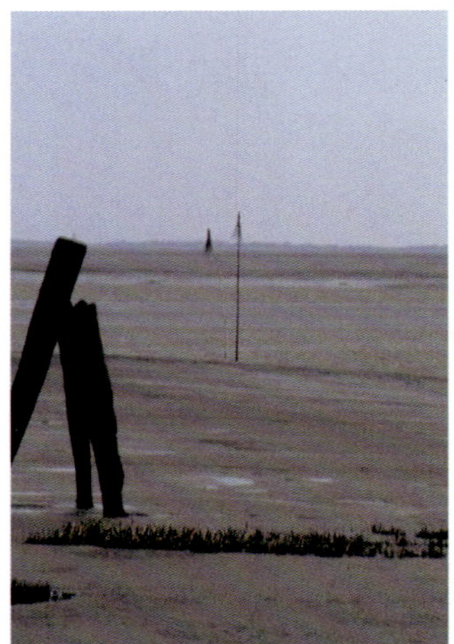

Abbildung 43: Doppelpricke

5.3.2.4 Fahrtrichtungsdefinition aller Fahrwasser im Wattenmeer

Die Steuerbordseite des Fahrwassers ist jene Seite, welche von See kommende Fahrzeuge auf ihrer Steuerbordseite haben. In der SeeSchStrO wird die Fahrtrichtung definiert.

Fahrzeuge haben auf der Steuerbordseite des Fahrwassers zu fahren. Wenn allerdings zwei Wasserflächen durch Gründe voneinander getrennt sind, so gilt als Steuerbordseite jene Seite, die aus westlicher Richtung kommt.

Das bedeutet von Nord (einschließlich) über West bis Süd (ausschließlich). Man stelle sich z. B. vor, dass ein Fahrzeug ein Seegatt passieren möchte, um ins Wattenmeer zu gelangen. In Abbildung 44 ist diese Reglung für das Gatt Otzumer Balje dargestellt. Die Backbord-Tonnen sind links und die Steuerbord-Tonnen rechts. Ist das Fahrzeug zunächst von Norden kommend (gelber Pfeil), dann von Westen kommend (gelber Pfeil), hat es die Tonnen auf der beschriebenen Seite.

Kommt aber das Fahrzeug von Süden (rosa Pfeil), gilt diese Regel nicht, dann sind die Steuerbord-Tonnen links und die Backbord-Tonnen rechts.

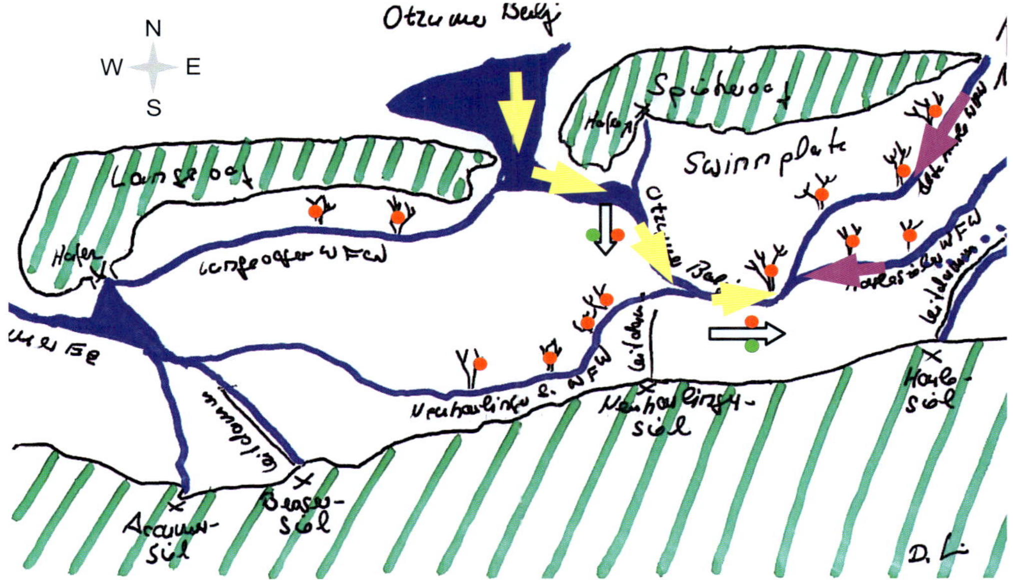

Abbildung 44: Betonnungsrichtung Backbordseite von See kommend

Im Ostfriesischen Wattenmeer sind ja diese Fahrwasser in den meisten Fällen immer nur auf einer Seite betonnt oder beprickt. Hilfreich ist stets ein Blick in die Seekarte. Hier findet man im Bereich der Fahrwasser im Wattenmeer einen Pfeil, bezeichnet mit einem roten und einen grünen Punkt, der die jeweilige Seite anzeigt. Das hilft einem, die Fahrwasserseite am Prickenweg eindeutig zu identifizieren (Abbildung 45).

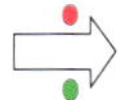

Abbildung 45: Fahrwasserverlauf

5.3.2.5 Kennzeichnung des durchgehenden und abzweigenden Fahrwassers

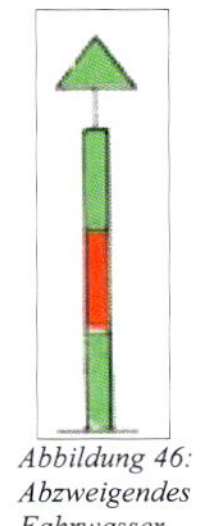
Abbildung 46: Abzweigendes Fahrwasser

Es ist wichtig, zu erkennen, welches Fahrwasser das durchgehende, einmündende oder abzweigende Fahrwasser bildet. Fahrzeuge, die im durchgehenden Fahrwasser unterwegs sind, haben Vorfahrt, unabhängig davon, ob sie dem Fahrwasserverlauf folgen oder nicht (§ 25, Absatz 4).Vorrang hat stets das durchgehende Fahrwasser, an zweiter Stelle das einmündende oder abzweigende Fahrwasser. Auch die Farbkennung der Tonnen macht die Identifikation der Fahrwasser eindeutig. Zeigt die Tonne

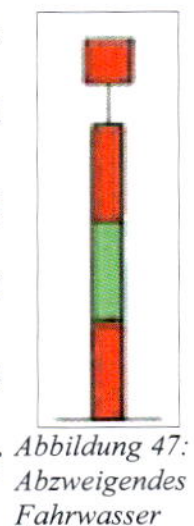
Abbildung 47: Abzweigendes Fahrwasser

beispielsweise grün rot grün, so handelt es sich um die Steuerbordseite des durchgehenden Fahrwassers und die Backbordseite des einmündenden oder abzweigenden Fahrwassers (Abbildung 46). Ist die Farbkennung rot grün rot, so handelt es sich hier um die Backbord Seite des durchgehenden und die Steuerbord Seite des einmündenden bzw. abzweigenden Fahrwasser (Abbildung 47).

Auch ein Blick auf die Kennung/Bezeichnung der Tonnen hilft. An erster Stelle steht immer das durchgehende Fahrwasser, an zweiter Stelle das einmündende oder abzweigende Fahrwasser[21].

Gut zu veranschaulichen ist dies im Ostfriesischen Wattenmeer am Beispiel des durchgehenden Fahrwassers Dove Harle, welches zwischen den Inseln Spiekeroog und Wangerooge nach Harlesiel führt und insgesamt drei abzweigende Fahrwasser hat. An Tonne H3 geht das Fahrwasser Alte Harle ab, gekennzeichnet als H3/AH14. An Tonne H9 mündet das Fahrwasser Harlesieler Wattfahrwasser, die Verlängerung der Otzumer Balje, in die Harle ein, gekennzeichnet als H9/OB38. Bei beiden einmündenden Fahrwassern ist die Vorfahrtsreglung eindeutig. AH14 und OB38 sind einmündende Fahrwasser im Sinne der Seeschifffahrtsstraßen-Ordnung und sind Grün-Rot-Grün gekennzeichnet (siehe Abbildung 46). Etwas genauer muss man hinsehen, wenn man weiter ostwärts auf der Harle fährt. Bei Wangerooge mündet die Telegraphenbalje von Osten in die Harle ein. Es gibt im westlichen Bereich der Telegraphenbalje aber keine Steuerbord-Tonnen. Man findet hier nur rote Tonnen und dies ist die Tonne DH6/T2. Das bedeutet, dass das abzweigende Fahrwasser hier nicht durch die grün-rot-grüne Tonne angezeigt werden kann, sondern nur durch ihre Kennung DH6/T2 markiert wird, wobei das Hauptfahrwasser in diesem Fall die Dove Harle ist[22].

5.3.2.6 Die Prickensetzer

Die unzähligen Pricken im gesamten Wattenmeer werden im Frühjahr eines jeden Jahres neu gesteckt. Für die Prickensetzer ist es eine schwere Arbeit, die Fahrwasser ständig zu überprüfen und fehlende Pricken zu ersetzen. Oft müssen sie alte Pricken entfernen, da sich ein Priel wieder einmal verlagert hat. Aber sie sind auch in den Sommermonaten ständig damit beschäftigt, Pricken zu ersetzen, wenn diese umgefahren wurden, ein Sturm sie aus den Boden gerissen, oder auch nur, weil der Priel mal

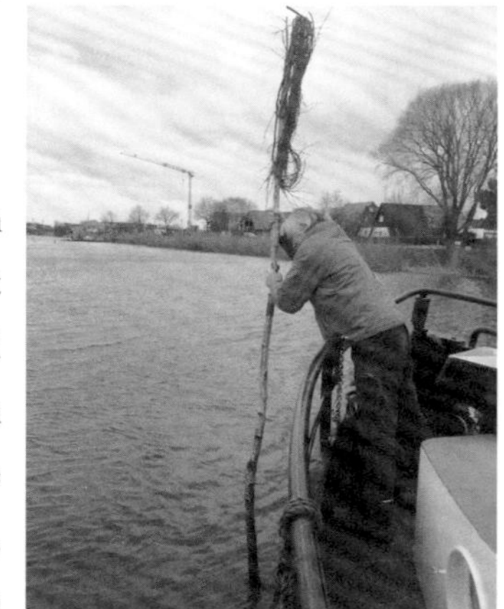

Abbildung 48: Schwerstarbeit Pricken setzten

21 Siehe auch Seeschifffahrtsstraßen-Ordnung, Schifffahrtszeichen, B, Warnzeichen und Hinweiszeichen, B.13
22 Stand Kennungen der Fahrwasser: Frühjahr 21

wieder seine Richtung geändert hat. Sie fahren dann mit einer Ladung Birkenholz ins Watt und setzen Pricke für Pricke in Handarbeit an den Priel, bis das Fahrwasser wieder durchgehend gekennzeichnet ist. Diese Arbeit ist extrem aufwendig und anstrengend. Ohne die Pricken wären wir Wattsegler kaum in der Lage, den tiefsten Weg über ein Watthoch in angemessener Zeit zu finden. Diesen Menschen, die so unauffällig eine so bedeutende Arbeit verrichten, gebührt mein größter Respekt, und sie sind in meinen Augen auch Wattstrieker des 21. Jahrhunderts.

5.3.2.7 Vorfahrtregeln im Wattfahrwasser

Ein wichtiger und entscheidender Unterschied zur KVR ist im Geltungsbereich der SeeSchStrO die Vorfahrtreglung. In § 25 SeeSchStrO findet man sechs Absätze, die sich teilweise erheblich von den Regeln der KVR unterscheiden und die Vorfahrt in den Fahrwassern bestimmen.

In § 25 SeeSchStrO, Absatz 1 wird die Vorfahrt der Schifffahrt im Fahrwasser beschrieben und deutlich gemacht, dass die Regel 9 b bis d (Enge Fahrwasser), sowie Regel 15 (Kreuzende Kurse) und Regel 18 (Verantwortlichkeiten der Fahrzeuge untereinander) der KVR hier im Fahrwasser nicht gelten.

Es sind laut SeeSchStrO § 25, Absatz 1 alle Fahrzeuge gleichgestellt. Dies gilt im übrigen auch für Segelfahrzeuge, die wiederum ein Behinderungsverbot gegenüber Fahrzeugen haben, die auf das tiefe Wasser angewiesen sind. Alle Fahrzeuge, die dem Fahrwasserverlauf folgen, unabhängig davon, ob sie nur im tiefen Wasser fahren können, haben Vorfahrt gegenüber Fahrzeugen, die in das Fahrwasser einlaufen, es queren, drehen oder Anker- und Liegeplätze verlassen. (§ 25 Absatz 2, Punkt 1 bis 4 der SeeSchStrO).

Die Verkehrsregeln für Segelfahrzeuge sind im Fahrwasser auch gänzlich anders geregelt, als außerhalb der Fahrwasser. Wenn ein Segelfahrzeug deutlich dem Verlauf des Fahrwassers folgt, hat es Vorfahrt gegenüber anderen Segelfahrzeugen, die nicht deutlich dem Fahrwasserverlauf folgen (§ 25, Absatz 3). Es spielen hier die Ausweichregeln für Segelfahrzeuge untereinander, Regel 12 der KVR mit den Buchstaben a und b, keine Rolle. Wenn allerdings zwei Segelfahrzeuge, welche im Fahrwasser fahren, jedoch nicht eindeutig dem Fahrwasserverlauf folgten, müssen sich die Segelfahrzeuge untereinander wieder nach den Regeln der Kollisionsverhütung verhalten. Siehe dazu Kapitel, 5.3.3.1 In-Sicht-Regeln außerhalb des Fahrwassers, Regel 12 der KVR auf Seite 74. Dies gilt für Segelfahrzeuge allerdings nur, wenn sie dadurch vorfahrtsberechtigte Fahrzeuge nicht gefährden oder behindern.

5.3.2.8 Überholen im Prickenweg

Wer im Fahrwasser überholen will, muss grundsätzlich links überholen. Das schreibt die SeeSchStrO, § 23, Absatz 1 vor. Absatz 2 sagt aus, dass das überholende Fahrzeug die Regeln der KVR, Regel 9 (Enge Fahrwasser) und Regel 13 (Überholen) beachten muss und die Fahrt soweit herabzusetzen hat, sodass kein gefährlicher Sog entstehen kann und die Gefährdung des Gegenverkehrs ausgeschlossen ist. Das zu überholende Fahrzeug muss dem Überholer das Überholen soweit wie möglich erleichtern. Damit sind alle Verkehrsteilnehmer verpflichtet, zu handeln. Insbesondere, wenn der Überholer nur unter Mitwirkung des zu Überholenden sicher überholen kann, muss der Überholer die eindeutige Zustimmung des zu Überholenden erhalten (SeeSchStrO § 23, Absatz 4). Die eindeutige Zustimmung kann im Geltungsbereich der Seeschifffahrtsstraßen-Ordnung über UKW- Sprechfunk gegeben werden. Vorausgesetzt ist, dass

- 1. die Verkehrslage es erlaubt
- 2. die eindeutige Identifikation der Verkehrsteilnehmer erfolgt
- 3 die Absprache über UKW-Sprechfunk eindeutig ist
- 4. die Wahl des UKW-Sprechfunk-Kanals sicherstellt, dass möglichst alle betroffenen Verkehrsteilnehmer diese UKW Absprache mithören können.

Sind diese vier Voraussetzungen erfüllt, ist die Absprache über UKW-Sprechfunk rechtskräftig. Liegt eine der vier Voraussetzungen nicht vor, gilt ausschließlich Regel 9, Buchstabe e der KVR. Demnach muss das überholende Fahrzeug sein Vorhaben mit dem Schallsignal (— — • •) anzeigen, dass es das zu überholende Fahrzeug an seiner Backbordseite überholen möchte. Nur wenn das zu überholende Fahrzeug das Schallsignal (— • — •) gibt, darf der Überholer überholen. Sollte der zu Überholende kein Schallsignal geben, oder das Schallsignal (• • • • •) geben, darf der Überholer nicht überholen, da Zweifel bestehen.

Dieses Recht wird in den Fahrwassern des Wattenmeeres kaum angewandt. Sie sollte sich jeder Wattstrieker gerade deswegen vergegenwärtigen, da es immer wieder vorkommt, dass kleinere Fahrzuge durch die Berufsschifffahrt in diesem Sinne beeinträchtigt werden. Berechtigt ist das Handeln, da laut § 25, Absatz, 1 der SeeSchStrO, wie oben beschrieben, alle Verkehrsteilnehmer im Fahrwasser gleichberechtigt sind. Auch Personenfähren und Krabbenkutter müssen sich an diese Regeln im Fahrwasser halten.

5.3.2.9 Sichtregeln im Wattfahrwasser

Eine Kernaussage findet sich in der SeeSchStrO in § 21 wieder. In Absatz 1 wird im Gegensatz zur KVR deutlich gemacht, dass diese Fahrtregeln im Fahrwasser unabhängig von den Sichtverhältnissen gelten, wenn mittels Radar sicher geortet werden kann. Im Umkehrschluss bedeutet dies allerdings auch, wer über kein Radar verfügt, sollte bei verminderter Sicht nicht auslaufen. Ob ein Sportbootfahrer bei verminderter Sicht überhaupt auslaufen sollte, ist nach seemännischen Sorgfaltsregeln zu entscheiden. Ein Auslaufen bei verminderter Sicht könnte im Einzelfall sogar gegen § 3 Absatz 1 SeeSchStrO in Betracht kommen.

In den Fahrwassern gelten die Vorfahrts- und Wartepflichtregeln der SeeSchStrO. § 21 SeeSchStrO sagt aus, dass bei allen Sichtverhältnissen für Überholer die Regeln 13 a und c gelten. Jedes überholende Fahrzeug muss beim Überholen dem anderen ausweichen. Ist es unklar, ob es sich um ein Überholmanöver handelt, muss man es dennoch als ein solches ansehen und entsprechend dieser Regel handeln.

§ 21 SeeSchstrO besagt auch, dass die Regel 14 a und c der KVR für entgegenkommende Kurse sowohl bei In-Sicht- und bei Nicht-In-Sicht-Verhältnissen gelten. Wenn sich zwei Maschinenfahrzeuge so nähern, dass die Gefahr einer Kollision besteht, müssen beide Fahrzeuge ihre Kurse nach Steuerbord ändern. Im Zweifelsfall ist die Regel immer anzuwenden.

Falls bei verminderter Sicht keine gesicherten Erkenntnisse mittels Radar vorliegen, gilt Regel 19 e der KVR. Eine solche Situation im Wattenmeer ist zum Beispiel plötzlich aufkommender Seenebel während der Fahrt im Prickenweg, und unser Segelfahrzeug verfügt nicht über eine Radaranlage, dann muss äußerst vorsichtig navigiert und entsprechende Nebelschallsignale gegeben werden.

Bei der Gefahr eines Zusammenstoßes muss jedes Fahrzeug, das ein Nebelsignal anscheinend vorlicher als querab hört, seine Fahrt soweit verringern, dass es noch manövrierfähig bleibt. Wenn es nötig ist, muss die Fahrt ganz gestoppt und äußerst vorsichtig navigiert werden, bis die Gefahr vorüber ist. Dazu sind die entsprechenden Schallsignale zu geben. Zu den Schallsignalen, siehe auch Steckbrief auf Seite 36.

In der Praxis kann man davon ausgehen, dass Sportboote, die das Wattenmeer und die angrenzenden Flüsse befahren, nicht über Radaranlagen verfügen. Nicht alle Fahrzeuge sind mit Funkgeräten ausgerüstet, oder es ist bedingt durch die Bauart der Fahrzeuge oftmals nicht möglich, kontinuierlich den Funk abzuhören. Bei verminderter Sicht ist folglich von einem gestörten Vertrauensgrundsatz in den Fahrwassern und angrenzenden Bereichen des Wattenmeeres auszugehen, somit muss dann jedes Fahrzeug bei verminderter Sicht nach Regel 19 e der KVR handeln. Im Kapitel *Nicht-in-Sicht-Regeln außerhalb des Fahrwassers,* Seite 77, wird diese Regel genauer erläutert.

Es mag bei Nebel eine vernünftigere Alternative in dieser Situation darstellen, mit unserem Fahrzeug aus dem Fahrwasser zu steuern und bei möglichst wenig Wasser unterm Kiel vor Anker zu gehen und zu warten, bis es wieder aufklart. Auch dann sollte das entsprechende Schallsignal gegeben werden. Auf jeden Fall ist man vor Anker wesentlich entspannter, denn in das flache Wasser verirren sich größere Schiffe meist nicht. Somit ist man für diese Zeit aus dem Gefahrenbereich.

5.3.2.10 Begegnung im Prickenweg/im Fahrwasser an Engstellen

Die Fahrwasser des Wattenmeeres sind laut Definition der KVR enge Fahrwasser, die nicht immer gleichzeitig von sich begegnenden größeren Fahrzeugen befahren werden können. Besonders wenig Platz bietet eine Engstelle, wo nur noch sehr wenig Wasser im Fahrwasser unterm Kiel und zu den Seiten vorhanden ist. Außerhalb des Prickenweges reicht oft die Wassertiefe zum Befahren nicht mehr aus. Ein typisches Beispiel für ein enges Fahrwasser ist das Baltrumer Wattfahrwasser, welches quasi das westliche vom östlichen Ostfriesischen Wattenmeer durch ein sehr hohes Watt verbindet. Dieses Wattfahrwasser ist nur in einem kleinen Zeitfenster befahrbar, und viel Platz nach unten und zu den Seiten gibt es nicht. Siehe dazu auch Kapitel 7.9 Watthoch Baltrumer WFW auf Seite 134. Diese Bedingungen sind vor allem dann gegeben, wenn Nippzeit ist und Ostwind herrscht.

Begegnen sich hier zwei Fahrzeuge, muss nach § 25 der SeeSchStrO gehandelt werden, und es greift Absatz 5, Satz 1. Vorfahrt hat das Fahrzeug, das mit dem Strom läuft. Bei Stromstillstand hat das Fahrzeug Vorfahrt, welches vorher gegen den Strom gefahren ist. Das ist gerade dann wichtig, wenn man sich dem Watthoch nähert. Wer sich beispielsweise mit auflaufendem Wasser dem Watthoch nähert, hat solange Vorfahrt, bis er am Watthoch ist. Hier kentert der Strom und das entgegenkommende Fahrzeug hat Vorfahrt. Ein Watthoch wird bei Flut von allen Seiten gleichzeitig „beflutet". Will das Fahrzeug, welches das Watthoch erreicht hat, weiterfahren, so steht ihm der Strom ab dem Watthoch entgegen, und es ist den Fahrzeugen gegenüber wartepflichtig, die mit dem Strom kommen. Ist die Ankunft am Watthoch allerdings so berechnet, dass man bei Stauwasser das Watthoch erreicht, hat man auf der anderen Seite des Hochs wieder den Strom mit sich, entsprechend ist das entgegenkommende Fahrzeug wartepflichtig.

Da es Engstellen gibt, die nicht gleichzeitig von entgegenkommenden Fahrzeugen passiert werden können, muss das Vorfahrt gewährende Schiff rechtzeitig erkennen lassen, dass es seiner Wartepflicht genüge tut und beispielsweise die Fahrt über Grund deutlich reduziert (SeeSchStrO § 25, Absatz 6).

Hier sei noch einmal unterstrichen, dass Sportboote ein Behinderungsverbot gegenüber Fahrzeugen haben, die auf das tiefe Wasser angewiesen sind.

Begegnungen im engen Fahrwasser müssen mit größter Vorsicht durchgeführt werden, da oft recht wenig Wasser für alle Beteiligte vorhanden ist. Laut § 25 der SeeSchStrO müssen Fahrzeuge, die sich im Fahrwasser auf entgegengesetztem Kurs befinden, nach Steuerbord ausweichen. Sollte es aber einen triftigen Grund geben, darf ein Entgegenkommer ausnahmsweise auch Backbord ausweichen.

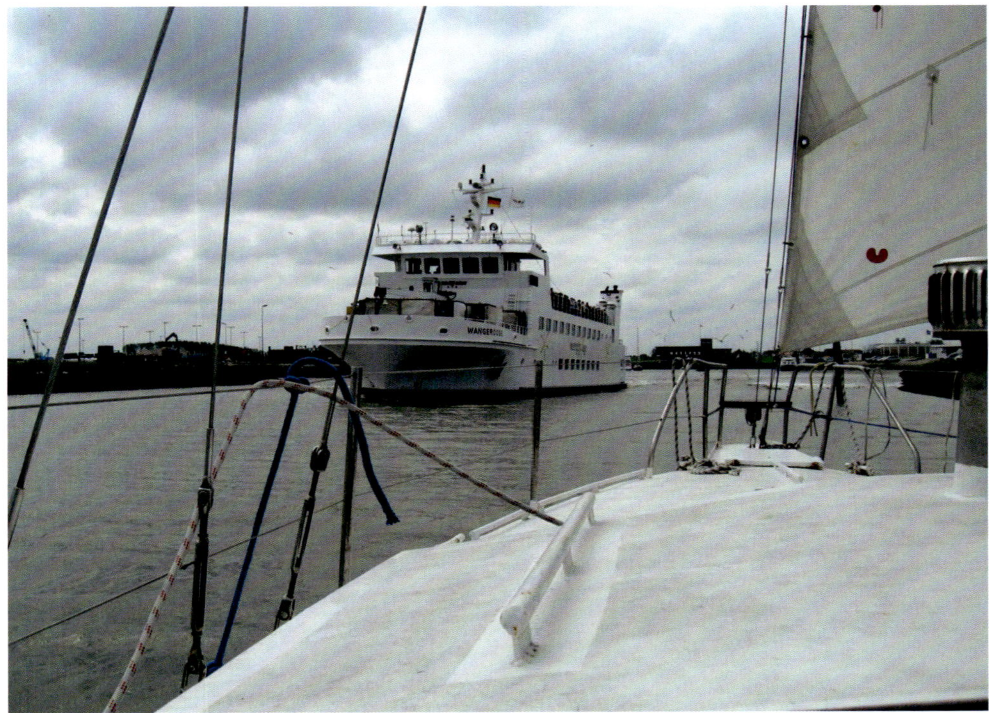

Abbildung 49: Begegnung im Fahrwasser mit Heckwelle

Beispielsweise brauchen die meisten Fahrgastfähren im engen Fahrwasser des Wattenmeeres meist das tiefere Wasser, um sicher manövrieren zu können. Fahren wir in diesem Beispiel in einem Prickenweg, wie dem Norderneyer Wattfahrwasser mit Backbordbeprickung westwärts, so haben wir die Pricken zunächst dicht auf unserer Steuerbordseite, wir fahren im tieferen Wasser. Kommt uns in diesem Prickenweg (Fahrwasser) eine Fahrgastfähre entgegen, die das tiefere Wasser benötigt, müssen wir soviel Platz machen, dass die sichere Durchfahrt des Fahrgastschiffes nicht gefährdet ist.

Wie schon erwähnt, sind alle Fahrzeuge nach der SeeSchStrO im Fahrwasser gleichgestellt. Ob Segelfahrzeuge, Motoryachten, Fischkutter oder Fahrgastfähren. Jedoch, und dass muss wieder deutlich betont werden, dürfen Segelfahrzeuge und Fahrzeuge kleiner als 20 Meter die sichere Durchfahrt von Fahrzeugen nicht behindern, die auf das Fahrwasser oder die Fahrrinne angewiesen sind. Wenn die Fahrzeuge dem Verlauf des Fahrwassers folgen, müssen sie, wie § 2 SeeSchStrO es vorschreibt, am rechten Fahrbahnrand fahren und laut § 21, Satz 2 SeeSchStrO einen sicheren Passierabstand einhalten, bei Begegnung oder auch beim Überholvorgang.

5.3.2.11 Fahrtgeschwindigkeit im Wattenmeer

Abschließen möchte ich dieses Kapitel der Regeln für das Befahren der Fahrwasser mit der Fahrtgeschwindigkeit im Wattenmeer. Die Geschwindigkeit muss so gewählt werden, dass Sog und Wellenschlag vermieden werden. Laut § 26 SeeSchStrO, Absatz 1 wird hier auch auf die KVR, Regel 6 verwiesen. Darin wird deutlich gemacht, dass jedes Fahrzug seine Geschwindigkeit so wählen muss, wie es der Sicherheit entspricht. Die Geschwindigkeit ist so festzulegen, dass die Maßnahmen, um einen Zusammenstoß zu vermeiden, geeignet und wirksam sind. Des Weiteren muss zur Bestimmung einer sicheren Geschwindigkeit die Sicht, Verkehrsdichte, Manövrierfähigkeit und der Tiefgang berücksichtigt werden.

Diese Geschwindigkeitsregelungen werden im Nationalpark Niedersächsisches Wattenmeer durch konkrete Zahlen überschrieben. Wie in Kapitel 3.4 auf Seite 18 Schutzzonen des Wattenmeeres, deutlich gemacht, darf ein Fahrzeug im Wattenmeer im Fahrwasser Höchstgeschwindigkeiten von 16 Knoten fahren, allerdings nur, wenn das Fahrwasser außerhalb der Schutzzone I liegt. Jedoch innerhalb der Schutzzone I im Fahrwasser, darf eine Geschwindigkeit von 12 Knoten nicht überschritten werden. Deutlich eingeschränkt ist die Höchstgeschwindigkeit in der Zone I außerhalb des Fahrwassers. Dort darf die Höchstgeschwindigkeit von 8 Knoten nicht überschritten werden. Zu finden ist die rechtliche Grundlage in der *Verordnung über das Befahren der Bundeswasserstraßen in Nationalparken im Bereich der Nordsee (NPNordSBefV)*, die in Kapitel 9.3 Verordnung über das Befahren der Bundeswasserstraßen in Nationalparken im Bereich der Nordsee (NPNordSBefV) auf Seite 187.

In diesem Zusammenhang ist es sinnvoll, auf die folgenden Kapitel 5.3.2 Regeln für das Befahren im Fahrwasser, Seite 59 und Kapitel 5.3.3 Regeln für das Befahren des Wattenmeeres außerhalb der Fahrwasser, Seite 73 vorzugreifen. Denn Segeln im Wattenmeer wechselt innerhalb kürzester Zeit zwischen Fahrten im und Fahrten außerhalb des Fahrwassers.

5.3.3 Regeln für das Befahren des Wattenmeeres *außerhalb der Fahrwasser*

Außerhalb des Fahrwassers gelten im Wattenmeer ausschließlich die Fahrtregeln der KVR. Diese teilen sich auf, nach den „In-Sicht" und „Nicht-In-Sicht"-Regeln. Es muss erwähnt werden, dass auch im Wattenmeer die Regeln 5 bis 9 der KVR für beide Sichtverhältnisse gelten.

- ***Regel 5*** der KVR beinhaltet, dass jedes Fahrzeug bei jeder Sicht gut Ausschau halten muss. Sie besagt, dass der Fahrzeugführer durch Ausguck einen vollständigen Überblick über die Lage und die Möglichkeit der Gefahr eines Zusammenstoßes haben muss.
- ***Regel 6*** der KVR geht auf die sichere Geschwindigkeit ein und sagt aus, dass jedes Fahrzeug jederzeit mit einer sicheren Geschwindigkeit gefahren werden muss, sodass es eine geeignete und wirksame Methode treffen kann, um einen Zusammenstoß zu vermeiden.
- **Regel 7** der KVR beschreibt, welche Möglichkeiten es gibt, um die Gefahr eines Zusammenstoßes zu vermeiden. Grundsätzlich muss "jedes Fahrzeug mit allen Mitteln feststellen, ob die Möglichkeit der Gefahr eines Zusammenstoßes besteht. Im Zweifelsfall ist diese Möglichkeit anzunehmen". Regel 7 fordert, dass jedes Fahrzeug alle Möglichkeiten zur Kollisionsvermeidung einsetzen muss. Insbesondere ist bei stehenden oder nahezu stehenden Peilungen besonders vorsichtig zu navigieren. Auch fordert die Regel, dass wenn eine Radaranlage vorhanden ist, sie gehörig gebraucht werden muss und RADAR Plotts durchgeführt werden müssen, um einen sicheren Passierabstand zu erhalten, bzw. einen Nahbereich zu vermeiden.
- ***Regel 8*** der KVR sagt aus, dass alle Maßnahmen, die zur Vermeidung einer Kollision eingeleitet werden, durchgreifend und eindeutig sein müssen. Diese Regel verlangt bei Kursänderungen deutliche Änderungen des Kurses und warnt vor vielen kleinen Änderungen des Kurses, die im RADAR als solche dann nicht erkannt werden können. Regel 8 beschreibt das Vorgehen, um einen Zusammenstoß zu vermeiden. Unter anderem

muss "jedes Manöver zur Vermeidung eines Zusammenstoßes [...] in Übereinstimmung mit den Regeln dieses Teils erfolgen und, wenn es die Umstände zulassen, entschlossen, rechtzeitig und so ausgeführt werden, wie gute Seemannschaft es erfordert". Regel 8 f macht noch einmal deutlich, wie sich ein ausweichpflichtiges Fahrzeug und ein Kurshalter zu verhalten haben.

- In Regel 8 f i steht: "Ein Fahrzeug, das auf Grund einer dieser Regeln verpflichtet ist, die Durchfahrt oder die sichere Durchfahrt eines anderen Fahrzeugs nicht zu behindern, muss, wenn es die Umstände erfordern, frühzeitig Maßnahmen ergreifen, um genügend Raum für die sichere Durchfahrt des anderen Fahrzeugs zu lassen."
- Regel 8 f ii sagt aus: "Ein Fahrzeug, das verpflichtet ist, die Durchfahrt oder die sichere Durchfahrt eines anderen Fahrzeugs nicht zu behindern, ist von dieser Verpflichtung nicht befreit, wenn es sich dem anderen Fahrzeug so nähert, dass die Möglichkeit der Gefahr eines Zusammenstoßes besteht, und muss, wenn es Maßnahmen ergreift, in vollem Umfang die Maßnahmen berücksichtigen, die nach den Regeln dieses Teiles vorgeschrieben sind."
- In Regel 8 f iii steht: "Ein Fahrzeug, dessen Durchfahrt nicht behindert werden darf, bleibt in vollem Umfang verpflichtet, die Regeln dieses Teiles einzuhalten, wenn die beiden Fahrzeuge sich einander so nähern, dass die Möglichkeit der Gefahr eines Zusammenstoßes besteht."

- Regel 9 der KVR beschreibt das Verhalten in engen Fahrrinnen. Im Wesentlichen geht es hier darum, dass Fahrzeuge, die auf das tiefe Wasser in einer Fahrrinne angewiesen sind, nicht behindert werden dürfen. Jedes Fahrzeug, das hier fährt, hat sich auf seiner rechten Seite zu halten. Alle Fahrzeuge, die diese Rinne queren oder in sie einsteuern, sind ausweichpflichtig gegenüber Fahrzeugen, die die Rinne befahren.

*5.3.3.1 In-Sicht-***Regeln außerhalb des Fahrwassers**

Außerhalb des Fahrwassers, also überall im Watt, wo keine Pricken- bzw. Tonnenwege vorhanden sind, gelten die Regeln der KVR, Regel 5 bis 9 und Regel 12 bis 18. Im Detail werde ich hier auf die Regeln 12 bis 18 genauer eingehen. Die Regeln 5 bis 9 sind im Kapitel 5.3.3 Regeln für das Befahren des Wattenmeeres außerhalb der Fahrwasser auf Seite 73 beschrieben.

Nach ***Regel 18*** der KVR sind hier außerhalb der Fahrwasser

Maschinenfahrzeuge ausweichpflichtig

- vor manövrierunfähigen-,
- vor manövrierbehinderten-,
- vor fischenden- und
- vor segelnden Fahrzeugen.

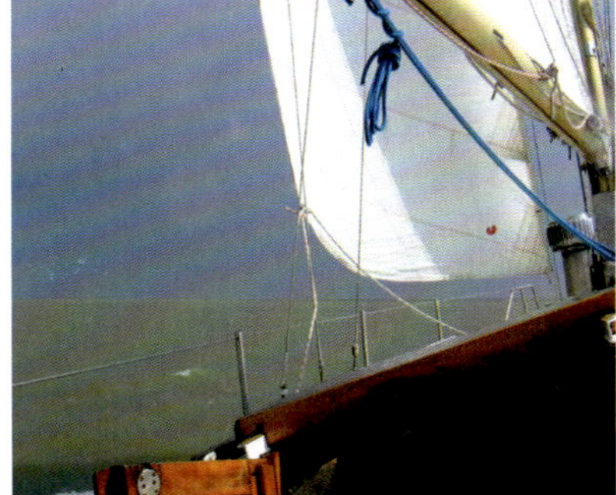

Abbildung 50: Segeln außerhalb des Fahrwassers

Segelfahrzeuge ausweichpflichtig

- vor manövrierunfähigen-,
- vor manövrierbehinderten- und
- vor fischenden Fahrzeugen.

Fischende Fahrzeuge müssen wiederum ausweichen

- vor: manövrierunfähigen- und
- vor manövrierbehinderten Fahrzeugen.

Regel 16 der KVR sagt klar aus, dass ein ausweichpflichtiges Fahrzeug seine Manöver rechtzeitig und durchgreifend durchzuführen hat, sodass klar zu erkennen ist, dass es seiner Ausweichpflicht nachkommen wird.

Regel 17 der KVR verpflichtet den Kurshalter dazu, Kurs und Geschwindigkeit beizubehalten. Er darf erst Maßnahmen einleiten, wenn kein sicherer Passierabstand oder eine Kollisionsgefahr besteht und vorweg der Vertrauensgrundsatz zum anderen Verkehrsteilnehmer gestört ist. Dieser Fall tritt dann ein, wenn beispielsweise durch Schallsignal [•••••] der Ausweichpflichtige auf sein Fehlverhalten hingewiesen wird, und er nicht (***Regel 17a***$_2$) oder zu spät (***Regel 17b***) reagiert. Bei kreuzenden Kursen darf der Kurshalter eine Kursänderung nicht nach Backbord machen (***Regel 17c***).

Segelfahrzeuge haben sich untereinander nach der ***Regel 12*** der KVR zu verhalten. Wenn sich zwei Segelfahrzeuge so nähern, dass die Gefahr einer Kollision besteht, müssen sie sich wie folgt ausweichen:

- Haben sich zwei Segelfahrzeuge, die sich zueinander bedrohlich nähern, den Wind von unterschiedlichen Seiten, so muss das Segelfahrzeug ausweichen, welches den Wind von der

Backbordseite hat.

- Im Zweifelsfall, wenn ein Segelfahrzeug den Wind von Backbord hat und in Luv ein Segelfahrzeug ausmacht, und nicht sicher erkennbar ist, ob das betreffende Segelfahrzeug den Wind von Backbord hat, muss man dem anderen Segelfahrzeug ausweichen (***KVR, Regel 12, Buchstabe a, Ziffer iii***).
- Haben zwei Segelfahrzeuge den Wind von derselben Seite und es besteht die Gefahr einer gefährlichen Annäherung oder einer Kollision, muss dass Segelfahrzeug ausweichen, welches luvwärtiger ist (Lee vor Luv). Fest definiert durch die KVR ist auch die Luvseite eines Segelschiffes. Die Luvseite ist die Seite, die dem gesetzten Großsegel gegenüber liegt.

Regel 13 der KVR (Überholen) schreibt vor, dass **jedes Fahrzeug**, das ein anderes überholt, dem anderen ausweichen muss. Diese Regel gilt auch, wenn nicht mit Sicherheit gesagt werden kann, ob es sich um einen Überholvorgang handelt, und muss als dieses angenommen und entsprechend gehandelt werden.

Ein überholendes Fahrzeug bleibt, bis es sicher und klar das andere Fahrzeug passiert hat, das ausweichpflichtige Fahrzeug.

Ist ein Segelfahrzeug unter Segel, aber die Maschine läuft zusätzlich mit, wird aus dem Segelfahrzeug ein Maschinenfahrzeug im Sinne der KVR. Es hat dann bei Tage den Kegel und bei Nacht das weiße Toplicht zu zeigen. Damit ändern sich auch die Verantwortlichkeiten der Fahrzeuge untereinander. Unser Segelfahrzeug ist dann ein Maschinenfahrzeug, mit allen entsprechenden Ausweich- und Kursänderungsregeln.

Regel 14 besagt, dass wenn uns als Maschinenfahrzeug ein anderes Maschinenfahrzeug entgegenkommt, **beide** Fahrzeuge bei der Gefahr eines Zusammenstoßes zum Handeln verpflichtet sind. Es gibt in diesem Fall keinen Kurshalter! Beide Fahrzeuge müssen ihre Kurse nach Steuerbord ändern, sodass sie sich an Backbord-Backbord, beziehungsweise an rot-rot passieren (KVR, ***Regel 14***, Entgegenkommende Kurse). Ist man sich nicht sicher, ob es sich um einen Entgegenkommer handelt, ist nach ***Regel 14 c*** dies anzunehmen und entsprechend dieser Regel zu handeln.

Entsprechend ist es mit ***Regel 15*** als Ausweichregel. Wenn zwei Maschinenfahrzeuge auf kreuzenden Kursen sind und die Gefahr einer Kollision besteht, muss das Fahrzeug ausweichen, welches das andere auf seiner Steuerbordseite hat (KVR, ***Regel 15***, Kreuzende Kurse). Es muss vermieden werden, den Bug des anderen Maschinenfahrzeuges zu kreuzen. Etwas einfacher ausgedrückt kann man sagen, hier gilt dann Rechts vor Links.

In diesem Zusammenhang möchte ich abschließend noch einmal auf das Kapitel 4.1.18 Nebelhorn und die Schallsignale und auf den entsprechenden Steckbrief auf Seite 36 hinweisen. Man sollte nicht zögern, den beteiligten Fahrzeugen entsprechende Schallsignale entgegenzubringen, wenn es die Situation erfordert.

5.3.3.2 Nicht-in-Sicht-Regeln außerhalb des Fahrwassers

Zunächst sollte jedem klar sein, dass sich im Wattenmeer die Wetterverhältnisse schnell ändern können. Eine noch kurz zuvor gute Sicht kann durch einen Schauer oder plötzlich aufkommenden Seenebel stark beeinträchtigt oder gar behindert werden. In diesem Fall gelten auch im Wattenmeer die Nicht-in-Sicht-Regeln der ***KVR, Regel 5, 6, 7, 8, 9, 19*** und ***35***.

Im Folgenden erläutert wird die ***Regel 19***, da es von entscheidender Bedeutung ist, welches Manöver bei verminderter Sicht gefahren werden darf. Alle anderen Regeln zur verminderten Sicht sind in Kapitel 5.3.3 Regeln für das Befahren des Wattenmeeres außerhalb der Fahrwasser, Seite 73 und in Kapitel 5.3.3.2 Nicht-in-Sicht-Regeln außerhalb des Fahrwassers, Seite 77.

Abbildung 51: Verminderte Sicht

In diesem Abschnitt interpretiere ich diese Regel für uns Wattstrieker. Allerdings muss erwähnt werden, dass auch ***Regel 19d*** der KVR gilt, wenn mittels RADAR sicher geortet werden kann. Ansonsten muss ein Fahrzeug ohne RADAR sich nach der ***Regel 19 a*** bis ***c*** und ***e*** der KVR verhalten.

Zunächst einmal gilt ***Regel 19*** in Gebieten *mit verminderter Sicht* oder in der Nähe dieser Gebiete. Das können beispielsweise Nebelgebiete, Nebelbänke und Regenschauergebiete sein. Zu bedenken ist bei den beiden letzteren, dass hier nah beieinander die Regeln der *verminderten Sicht* (innerhalb einer Nebelbank oder eines Regenschauergebietes) und die Regeln der *„In-Sicht"* (außerhalb dieser Gebiete) zur Geltung kommen können. Sobald ein Fahrzeug wieder visuell gesichtet wird, müssen die *„In-Sicht"*-Regeln angewendet werden. Verschwindet das Fahrzeug wieder in einer Regenschauerbank, gelten die Regeln für *„Nicht-In-Sicht"*.

Die Geschwindigkeit wird den vorherrschenden Umständen angepasst. Wird unter Maschine gefahren, muss sie für ein sofortiges Manöver klar sein. Außerdem muss gehörig Ausguck gegangen werden, und das RADAR-Gerät eingeschaltet und besetzt sein, um die Gefahr einer Nahbereichslage oder einer Kollision zu vermeiden. Im Umkehrschluss bedeutet es, dass bei verminderter Sicht ohne RADAR nach **Regel 19 e** der KVR gehandelt werden muss.

Wird ein Fahrzeug mittels RADAR geortet, ist zunächst zu prüfen, ob sich eine *Nahbereichslage* entwickelt oder es sogar zu einer Kollision kommen kann. Besteht diese Gefahr, muss frühzeitig mit Gegenmaßnahmen reagiert werden, die im Folgenden zunächst durch die ***Regeln 19d₁ bzw. 19d₂*** und später durch ***Regel 19e*** beschrieben werden.

Wenn eine Kursänderung zur Vermeidung einer *Nahbereichslage* eingeleitet wird, ist zu berücksichtigen, aus welcher Richtung sich das betreffende Fahrzeug nähert, welches wir mittels RADAR-Gerät „mitgeplottet" haben. Um das zu beurteilen, setzen wir, bildlich gesehen, unser Schiff in den Mittelpunkt und teilen den Raum um uns in vier Sektoren auf, wie es in Abbildung 52 dargestellt ist. Kommt beispielsweise ein Fahrzeug auf uns zu, welches sich im Sektor I oder II befindet, hat man den eigenen Kurs nach Steuerbord zu ändern. Anders ausgedrückt bedeutet das, wenn ein Fahrzeug vorlicher als querab im RADAR erscheint, darf eine Kursänderung nicht nach Backbord erfolgen. Dieses schreibt die ***Regel 19d₁*** der KVR vor.

Kommt ein Fahrzeug von querab oder achterlicher als querab, darf nach ***Regel 19d₂*** der Kurs nicht nach Backbord geändert werden, wenn sich das Fahrzeug querab Backbord oder im Sektor IV befindet. Befindet sich das beobachtete Fahrzeug dagegen im Sektor III oder querab Steuerbord, darf der Kurs nicht nach Steuerbord geändert werden. Diese Regel

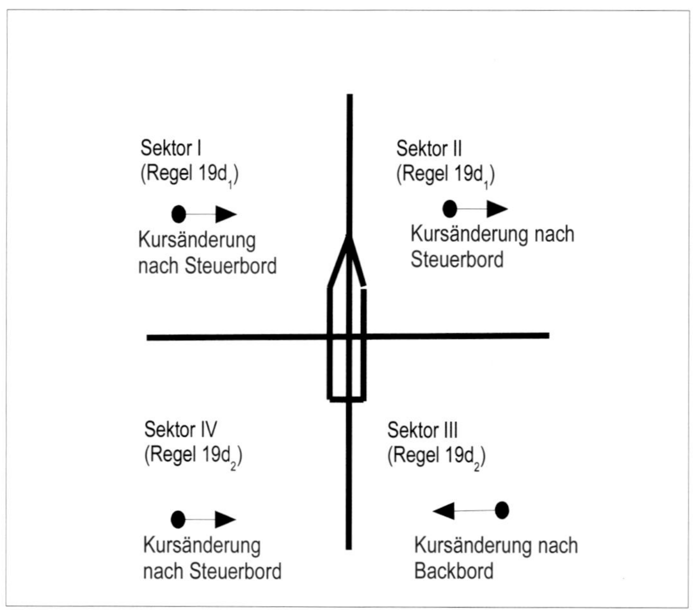

Abbildung 52: Sektoren bei verminderter Sicht

gilt nicht, wenn es sich um ein Überholmanöver handelt.

5.3.3.3 Regel 19 e der KVR

Wenn sich trotz der eingeleiteten Maßnahmen eine *Nahbereichslage* entwickelt und die Gefahr eines Zusammenstoßes besteht, muss nach ***Regel 19e*** jedes Fahrzeug, welches zusätzlich anscheinend vorlicher als querab ein Schallsignal hört, seine Fahrt soweit verringern, dass noch die Steuerfähigkeit erhalten bleibt und äußerst vorsichtig navigieren. Wenn nötig, muss das Schiff vollständig aufgestoppt werden, bis die Gefahr einer Kollision vorüber ist. Hier ist wieder zu berücksichtigen, dass die „In-Sicht"-Regeln wieder anzuwenden sind, sobald das Fahrzeug in Sicht kommt.

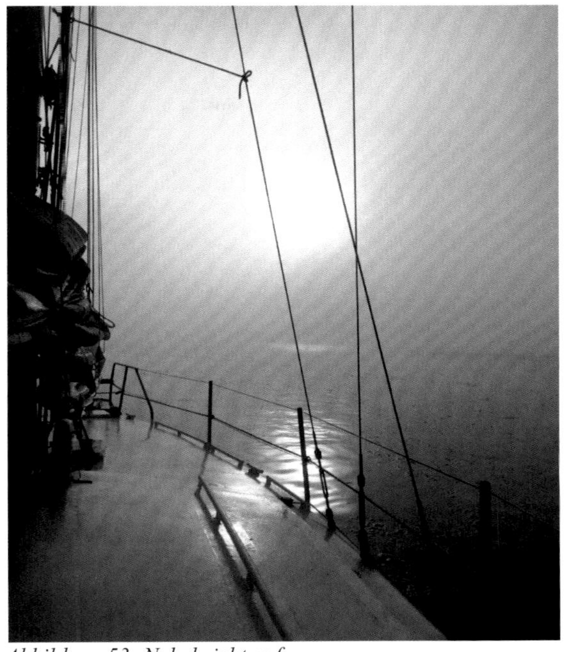

Abbildung 53: Nebel zieht auf

5.3.4 Wissenswertes über Unwissenheit

Das Ostfriesische Wattenmeer wird durch die Berufs- und Freizeitschifffahrt stark frequentiert. Bei der Berufsschifffahrt handelt es sich in erster Linie um Fähren, die den Pendelverkehr zwischen dem Festland und den Inseln leisten und Versorgungsschiffen, die die Inseln mit Gütern und Waren beliefern. Des weiteren werden Fahrgastschiffe für touristische Ausflugsfahrten zu Seehundbänken und zu Fahrten zwischen den Inseln eingesetzt. Auch die Krabbenfischerei und kleinere Forschungsschiffe sind Teil der Berufsschifffahrt des Wattenmeeres.

Dem gegenüber steht die Freizeitschifffahrt, die überwiegend in den Saisonmonaten von Mai bis September mit Motorbooten, Segelschiffen, und neuerdings mit immer größere Beliebtheit Offshore-Kajaks, das Wattenmeer befahren. Verschärft wird die Situation durch die neue Führerscheinnovelle vom 17.10.2012, die es Fahrzeugführern erlaubt, Kleinfahrzeuge bis 15 PS (11,03 KW) führerscheinlos zu fahren[23].

23 Vergl. Hinz 2013, Diplomarbeit

Im Ostfriesischen Wattenmeer gibt es immer wieder Konflikte zwischen Berufsschifffahrt und Freizeitschifffahrt, aber auch unter Freizeitschiffern...

In meiner Diplomarbeit zum Nautik Studium sollte anhand der Auswertung von Untersuchungsberichten und Interviews mit direkt betroffenen Schiffsführern untersucht werden, welche Zwischenfälle zu Beinah-Kollisionen und Kollisionen im Wattemeer geführt haben und welche Ursachen ausschlaggebend waren. Da im Wattenmeer verschiedene gesetzliche Verkehrsregelungen Anwendung finden, liegt die Vermutung nahe, dass Unklarheiten bei der Auslegung der Fahrtregeln zu diesen Situationen führen konnten. Aufschluss darüber sollte daher eine Umfrage liefern, die sich konkret mit den Befahrensregelungen im Wattenmeer beschäftigt.

5.3.4.1 Auswertung der Ergebnisse

In diesem Teil der Arbeit sollten zunächst die Einschätzungen von Schiffsführern und Mitfahrern zur Bedeutung der Ausweich- und Fahrtregeln im Wattenmeer untersucht werden, bzw. Auskunft geben, ob ein Interesse an weiterführenden Informationen vorhanden ist. Zu diesem Zweck wurden die Interviewten mit acht Fragen zu den Ausweich- und Fahrtregeln im Wattenmeer konfrontiert. Sie konnten in dem Fragebogen zwischen folgenden Antworten wählen: "Ist mir bekannt", "Ist mir nicht bekannt", „Finde ich wichtig" und "Möchte darüber gerne mehr erfahren". Mehrfachantworten waren möglich. Die Umfrage hat über einen Zeitraum von etwa sechs Monaten stattgefunden. Dabei haben in verschiedenen Häfen der Ostfriesischen Küste insgesamt 127 Sportbootfahrer Fragen zu den Ausweich- und Fahrtregeln beantwortet. Für aussagekräftige Darstellungen wurden die prozentualen Anteile ermittelt.

Von den befragten Personen waren 3 Skipper bereit, über kritische Situationen mit der Berufsschifffahrt zu berichteten. Auf Berufsschiffen, im Wesentlichen Fähren und Fahrgastschiffen, waren 2 Kapitäne und Steuerleute bereit, über gefährliche Annäherungen mit Freizeitsportlern Auskunft zu geben. Siehe dazu Seite 158.

Im Folgenden sind die acht Fragen mit den prozentualen Antworten aufgeführt:

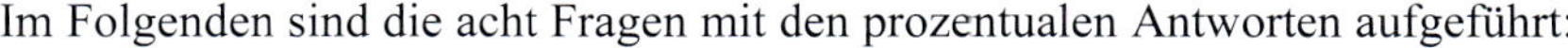

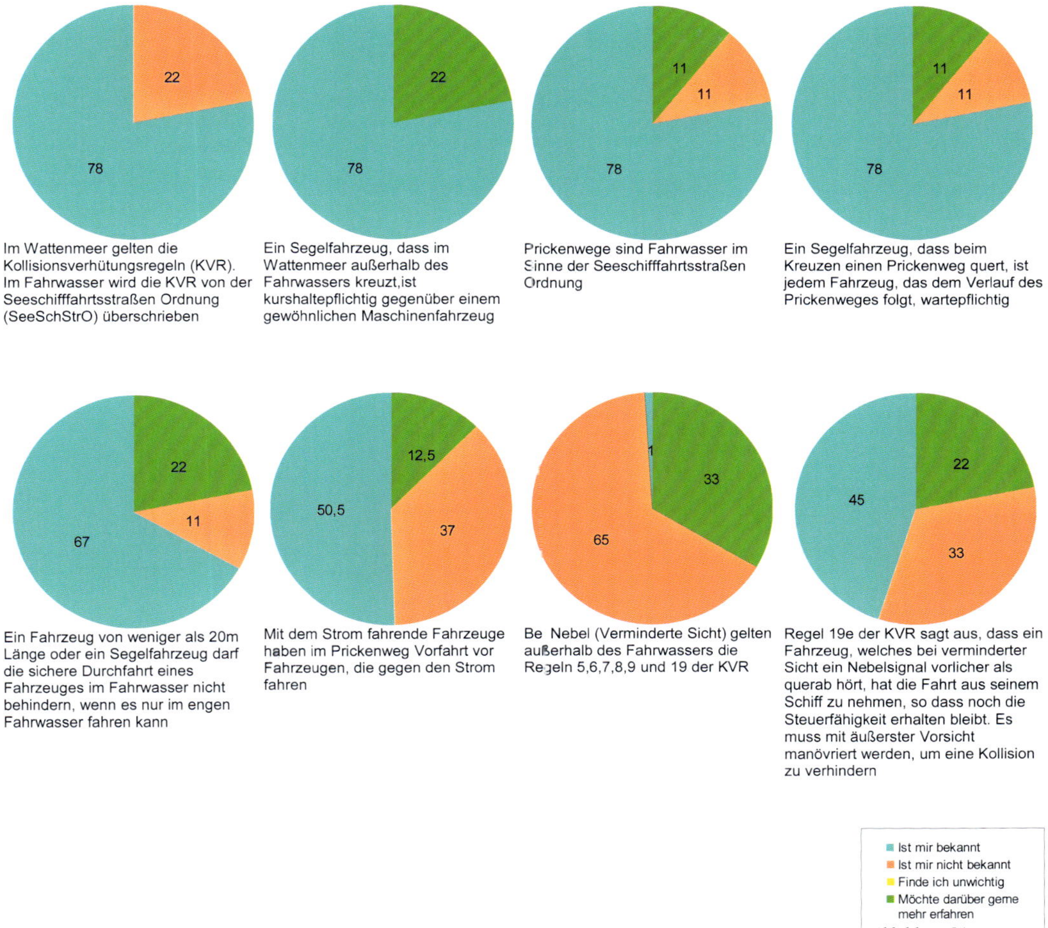

Abbildung 54: Prozentuale Angaben der Befragungen

5.3.4.2 Fazit und Ausblick

Die Untersuchung sollte eine Aussage liefern, ob und in welchem Umfang es im Ostfriesischen Wattemeer Konflikte zwischen der Berufsschifffahrt und den Freizeitwassersportlern gibt. Ursächlich mag das Wattenmeer als anspruchsvolles Fahrtgebiet mit den Gezeiten und Flachwasserbereichen und als Naturschutzgebiet mit entsprechend geschützten Flächen sein. Daher wurde bei der Umfrage unter Freizeitwassersportlern der Fokus auf diese Bedingungen und damit verbundene Vorschriften, die für die Wattfahrt von Bedeutung sind, gelegt.

Diese Umfrage lieferte eindeutige Ergebnisse. Auffällig ist, dass ein relativ großer Anteil der befragten Personen über ungenügende Kenntnisse der Verkehrsregeln im Wattemeer verfügt. Dadurch kommt es immer wieder zu kritischen Situationen zwischen der Berufsschifffahrt und den Freizeitwassersportlern.

Es scheint auch vielen Wassersportlern nicht klar, welche Bedeutung die verschiedenen Verkehrsregeln innerhalb und außerhalb des Fahrwassers haben, und das Prickenwege Fahrwasser im Sinne der Seeschifffahrtsstraßen Ordnung sind. Die Umfrage konnte eruieren, dass die meisten Sportbootfahrer wissen, dass sie im Fahrwasser ein Behinderungsverbot gegenüber Fahrzeugen haben, die nur im Fahrwasser sicher fahren können. Umso unverständlicher ist, warum es von Seiten der Sportbootfahrer in den Fahrwassern so häufig zu Behinderungen der Berufsschifffahrt kommt. Eine mögliche Erklärung mag die nicht ausreichende Praxiserfahrung sein, da die Sportbootfahrer im Durchschnitt nur etwa 6 Wochen im Jahr auf See sind.

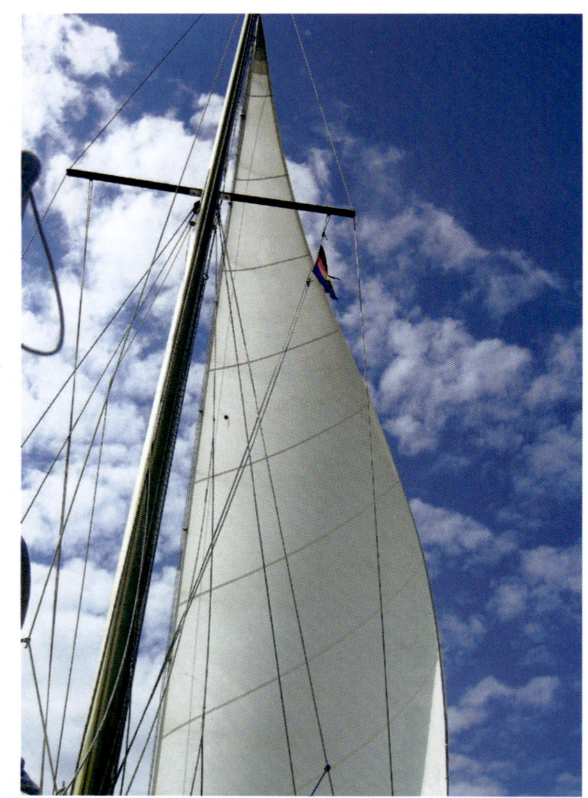

Abbildung 55: Vorm Wind

Was bei der Auswertung der Umfrage deutlich zutage trat, ist das Verhalten bei verminderter Sicht. Ein sehr großer Anteil der Befragten hat zu geringe Kenntnis über die Verkehrsregeln bei verminderter Sicht und ist sich der Gefahren nicht ausreichend bewusst, wenn bei Nebel ohne RADAR/AIS ausgelaufen wird.

Dies wurde mir in vielen Gesprächen mit Personen bestätigt, die im Wattemeer arbeiten und tagtäglich damit zu tun haben.

Meiner Ansicht nach besteht ein deutliches Interesse seitens der Sportbootfahrer, mehr über korrekte Verhaltensweisen und Verkehrsregeln im Wattenmeer zu erfahren, es fehlt ihnen jedoch an Zeit und Möglichkeit[24].

24 Vergl. Hinz 2013, Diplomarbeit

5.3.5 Ein Segeltörn von Spiekeroog nach Harlesiel unter Beachtung der Regeln

Bevor wir die Festmacher losmachen und unsere Reise als Wattstrieker beginnen, sollten die Wetter- und Tidenverhältnisse geprüft werden. Hierzu möchte ich noch einmal auf das Kapitel 5.2 Reiseplanung, Seite 53 und auf das Kapitel 5.4 Gezeitenermittlung zum Befahren des Wattenmeeres, Seite 87 verweisen. Sind die Bedingungen günstig und die Sicht ist gut, kann es endlich los gehen. Wer beispielsweise quer über das Watt von der Insel Spiekeroog zum Festlandhafen Harlesiel segeln möchte, kann über die Swinnplate segeln und hat dabei unterschiedliche Höchstgeschwindigkeiten und Verkehrsregeln zu beachten. Der Teil des Fahrwassers Otzumer Balje, südlich von der Hafenzufahrt nach Spiekeroog, ist außerhalb der Schutzzone I. Hier darf theoretisch eine Maximalgeschwindigkeit von 16 Knoten über Grund (ü.G.) gefahren werden. Zugegebener Maßen komme ich selbst mit der Strömung nicht annähernd an diese Geschwindigkeit heran. Da es ein Fahrwasser im Sinne der SeeSchStrO ist, müssen wir als Wattstrieker auf der rechten Seite des Fahrwassers segeln. Wir segeln zunächst aus einem untergeordneten Fahrwasser, dem Prickenweg, zum Hafen Spiekeroog, in das durchgehende, übergeordnete Fahrwasser Otzumer Balje. Fahrzeuge, die im durchgehenden Fahrwasser fahren oder aus diesem in das untergeordnete Fahrwasser nach Spiekeroog Hafen einsteuern, haben Vorfahrt gegenüber unserem Fahrzeug. Siehe hierzu auch Kapitel 9.2 § 25 Absatz 4 SeeSchStrO, Seite 179.

Spielt der Wind nicht mit und wir sind zum Kreuzen gezwungen, dürfen wir andere Fahrzeuge, die dem Verlauf des Fahrwassers folgen, nicht behindern. Jene Fahrzeuge, die im Fahrwasser fahren und jene, die dessen Verlauf folgen, haben Vorfahrt. Wir sind dann wartepflichtig. Siehe Kapitel 5.3.2 Regeln für das Befahren im Fahrwasser auf Seite 59.

Eine Besonderheit kommt hinzu, für den Fall, dass ein anderes Segelfahrzeug ebenfalls in der Otzumer Balje kreuzen muss und sich auch nicht eindeutig an die Fahrtrichtung halten kann. Dann wiederum gilt, dass sich Segelfahrzeuge untereinander nach Regel 12 der KVR verhalten müssen, aber andere Schiffe, die dem Verlauf des Fahrwassers folgen, dabei nicht behindert werden dürfen. Auch hier verweise ich gerne noch einmal auf Seite 59.

Da wir uns vorgenommen haben, quer über das Watt zu segeln, müssen wir etwa bei Tonne OZ 11 auf Ost-Kurs gehen und dabei das Fahrwasser queren. Auch beim Queren der Otzumer Balje müssen wir die Vorfahrts- und Wartepflichtregeln der SeeSchStrO berücksichtigen und queren zügig das Fahrwasser im rechten Winkel. Nachdem wir das Fahrwasser verlassen haben, müssen wir uns an die KVR Regeln halten. Mit dem Echolot tasten wir uns dann in die Swinnbalje vor und segeln zunächst im tiefen Wasser, bis wir die erste gelbe Schutzgebiet Tonne ausmachen. Zwei gelbe Tonnen im Abstand von etwa 3 Kabel kennzeichnen die nördliche Begrenzung des Robbenschutzgebietes. Beide Tonnen lassen wir auf Steuerbord liegen. Haben wir die erste Tonne erst einmal gefunden, ist alles andere relativ entspannt. Um das Watt zu queren, muss man nördlich des RSG bleiben und kann mit direktem Ostkurs auf 053° 045,000' Nord dem Breitengrad etwa 3 sm über die Swinnplate folgen, ohne in das RSG im Süden und dem VSG im Norden zu geraten. Der Versatz durch Strom und Wind sollte über das GPS ständig überprüft werden. Denn das VSG und RSG liegen teilweise sehr nah beieinander, was aus der Seekarte schnell ersichtlich wird. Die Swinnplate liegt in der Schutzzone I und darf nur 3 Stunden vor bis 3 Stunden nach Hochwasser, mit höchstens 8,1 Knoten befahren werden. Früher geht es in den meisten Fällen auch gar nicht, da das Watt hoch trockenfällt. Siehe dazu auch Kapitel 7.6, auf Seite 123. Wer in der dritten Stunde vor Hochwasser diesen Weg fährt, sollte berücksichtigen, dass es zu Grundberührungen kommen kann. Einem Wattstrieker passiert dies, denn so exakt lassen sich die Wasserstände am Watthoch auch nicht bestimmen. Aber das ist nicht weiter schlimm; es dauert vielleicht einen Augenblick bis das Wasser das Schiff wieder anhebt.

Auf keinen Fall darf unterlassen werden, vor Fahrtbeginn die zu erwartenden Wasserstände beispielsweise über UKW Kanal 63 abzuhören und/oder bei länger anhaltendem Ostwind und/oder zusätzlicher Nipptide und/oder auch noch bei ablaufend Wasser, in ein Schutzgebiet, Zone I, einzusteuern. Wer hier aus besagten Gründen bei ablaufend Wasser auf Grund kommt, wird vermutlich nicht so schnell wieder flott. Unter Umständen kann es Tage dauern, bis das Wasser wieder ausreicht, um das Schiff aufschwimmen zu lassen. Da kommt man schnell gegenüber den Behörden in Erklärungsnöte, warum man hier im Schutzgebiet Zone I festliegt, eine Ordnungswidrigkeit, die als solche sanktioniert wird. Aus diesen Gründen rate ich, sich den Pegelstand (Seite 123) anzusehen, welcher benötigt wird, um sicher über das Watthoch zu gelangen. Dieser muss dann Online stetig abgefragt und überprüft werden.

Da wir uns aber gut vorbereitet haben, passiert uns Wattstriekern so etwas nicht, und wir segeln weiter auf Ostkurs bis wir den Prickenweg *Alte Harle* voraus ausmachen können, auf den wir dann zusteuern. Sollte uns in der Zwischenzeit ein Maschinenfahrzeug begegnen, so sind wir Kurshalter, das Maschinenfahrzeug ist ausweichpflichtig. Denn wir befinden uns hier im Watt, außerhalb der

Pricken- und Tonnenwege im Einflussbereich der KVR, wobei nach Regel 18 Maschinenfahrzeuge den Segelfahrzeugen gegenüber ausweichpflichtig sind. Kommt uns ein Segelfahrzeug entgegen, müssen wir nach Regel 12 der KVR handeln.

Die Tidenverhältnisse sind günstig, sodass wir bei bester Sicht ein weiteres Watthoch überqueren wollen. Bevor wir in den Prickenweg *Alte Harle* einsteuern, müssen wir uns vergegenwärtigen, ob Fahrzeuge im Prickenweg fahren. Diese haben nach der SeeSchStrO bekanntlich Vorfahrt, da wir in ein Fahrwasser im Sinne der Seeschifffahrtsstraßen-Ordnung von außerhalb einsteuern. Hier nun dürfte deutlich geworden sein, dass das Befahren des Wattenmeeres einen ständigen Wechsel von Verkehrsregeln zwischen KVR und SeeSchstrO zur Folge hat.

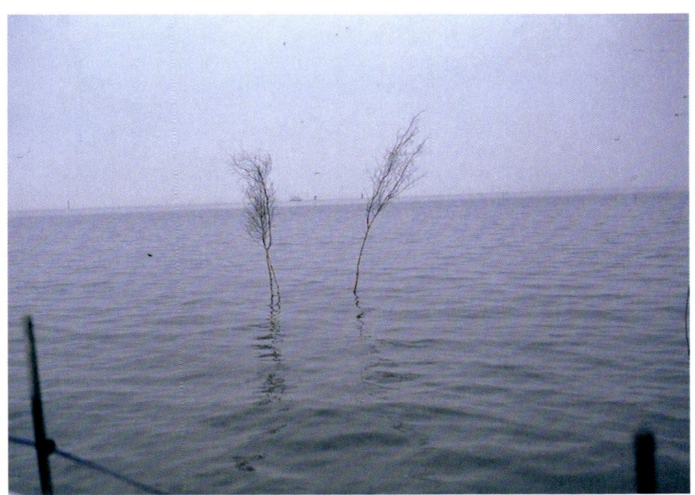

Abbildung 56: Backbord Ansteuerungspricken

Am Prickenweg *Alte Harle* angelangt, entscheiden wir uns, den Prickenweg ein wenig südwestwärts zu folgen. Eine Besonderheit ist hier zu beachten. Die Betonnung, bzw. die Pricken sind Backbord gekennzeichnet, doch Vorsicht: Hier besteht die Gefahr, sich mit unserem Fahrzeug auf die falsche Seite des Fahrwassers zu begeben, denn die Betonnung und Beprickung beginnt im Westen. Wir erinnern uns, dass bei Vorhandensein von Gründen zwischen zwei Wasserflächen, die Betonnungsrichtung von Norden über Westen verläuft. Details sind im Kapitel 5.3.2.4 Fahrtrichtungsdefinition aller Fahrwasser im Wattenmeer auf Seite 64 genauer aufgeführt. Der dort in Abbildung 45 abgebildete Richtungspfeil findet sich in unserer Seekarte direkt am Fahrwasser wieder und erleichtert uns die Orientierung. Wir lassen die Pricken also auf unserer Steuerbordseite und segeln etwa eine Seemeile auf dem Prickenweg dem Watthoch entgegen, um dann wieder auf einem Süd- bis Südost-Kurs das Wattfahrwasser zu verlassen. Hier sind noch einmal die Geschwindigkeitsbegrenzungen im Wattenmeer zu berücksichtigen. Denn es findet wieder ein Wechsel statt: aus Schutzgebiet Zone I *außerhalb* des Fahrwassers ins Schutzgebiet Zone I *innerhalb* eines Fahrwassers und erneut ins Schutzgebiet Zone I *außerhalb* des Fahrwassers. Auf unserer PiDo genügt ein gelegentlicher Blick auf das Log, um abermals festzustellen, dass wir sowieso nicht so schnell unterwegs sind.

Wir kreuzen nun über die Hohe Bank und sind außerhalb des Fahrwassers, wieder im verkehrsrechtlichen Einflussbereich der KVR. Nach ca. einer halben Seemeile steuern wir in das Harlesieler Wattfahrwasser ein, und sind wieder im Einflussbereich der SeeSchstrO. Wir orientieren uns wieder am Richtungspfeil, lassen die Backbord-Pricken (rot) dieses Mal auf unserer Backbordseite. In diesem Fall fahren wir *mit* der Betonnugsrichtung, haben unsere Backbordseite an der Seite der Pricken.

Nach etwas mehr als einer halben Seemeile können wir das Harlesieler Wattfahrwasser verlassen und gehen auf etwa 085° bis 090° rwK, quer über das letzte Watthoch, um direkt zur Hafenansteuerung Harlesiel am nördlichen Ende des Leitdammes zu segeln. Aber auch hier sollte mit Vorsicht navigiert werden, denn bei der Ansteuerung von Harlesiel liegt ein Steinwall, den man nicht überfahren sollte. Wir sehen in regelmäßigen Abständen Kardinalzeichen mit Topzeichen West und direkt dahinter mit Topzeichen Ost. Also erst einmal soweit nach Norden, bis die Ansteuerung von Harlesiel querab ist. Befinden wir uns später im Leitdamm, müssen wir das Hindernis östlich liegen lassen. Wir lassen den Leitdamm auf unserer Steuerbordseite und gehen direkt zur Harlesiel-Leitdamm-Ansteuerung (Kennung LFl.8s7m69), umfahren diese nördlich und steuern in das Fahrwasser der Harle, der Carolinensieler Balje, ein. Der Leitdamm liegt jetzt auf unserer Steuerbordseite. Hier noch einmal der dringende Rat, sich mit den nautischen Verhältnissen vor Reiseantritt vertraut zu machen. Leider kommt es immer wieder vor, dass Sportbootführer die Kardinalzeichen verwechseln und dann auf dem Leitdamm aufliegen. Meist kommt die Crew mit dem Schrecken davon, aber auf steinigem Grund aufzulaufen wollen wir Wattstrieker unter allen Umständen vermeiden.

Das Fahrwasser Harle wird von Fähren und Versorgern stark frequentiert, die zwischen Harlesiel und der Insel Wangerooge pendeln. Es ist zu empfehlen, einen Augenblick abzuwarten, bis diese Fähren aus dem Fahrwasser am Leitdamm raus sind oder wenn sie gerade in das Fahrwasser am Leitdamm einsteuern, um ihnen hinterherzufahren. Denn diese benötigen doch erheblich viel Platz im Fahrwasser am Leitdamm.

Eine Begegnung lässt sich nicht immer vermeiden. Laut den Verkehrsregeln besteht in der Durchfahrt und im Schleusenzugang ein Behinderungsverbot. Meinen Erfahrungen nach ist es unmöglich, diesen Fahrzeugen nicht zu begegnen. Es ist dann beim Einlaufen in Richtung Hafen das Beste, ganz dicht an die westlichen Leitdamm-Pfähle zu gehen, um nicht zu behindern. Die

Ostseite, außerhalb des Fahrwassers, ist nur zu empfehlen, wenn genug Wasser da ist, da es dort sehr flach wird und wir uns sofort festfahren können.

Nachdem wir das Fahrwasser am Leitdamm passiert haben, besteht die Möglichkeit, im Binnenhafen von Harlesiel tidenfrei einen Liegeplatz aufzusuchen. Dazu müssen wir einmal Schleusen. Über Sprechfunk UKW Kanal 17 können wir mit Harlesiel Lock Kontakt aufnehmen.

Vor der Schleuse warten meist viele Yachten auf das Öffnen der Schleusentore. Auch hier haben wir gemäß der Verkehrsregeln zu verhalten, denn es darf derjenige zuerst in die Schleuse einfahren, der wartet (SeeSchStrO §29, Seite 187). Man kann sich ja mit den wartenden Kollegen absprechen, wenn die Übersicht fehlt.

Zusammenfassend unterstreiche ich nochmals, dass allen Beteiligten rechtzeitig klar sein muss, ob man sich innerhalb oder außerhalb eines Fahrwassers befindet und ob es sich bei dem Fahrwasser um ein übergeordnetes oder um ein untergeordnetes Fahrwasser handelt, und in welchen Bereich der Schutzgebiete man unterwegs ist. Alle haben sich nach den jeweiligen Verkehrs- und Nationalparkregeln zu verhalten. Selbstverständlich sind die Sicht- und Wetterverhältnisse dabei auch von entscheidender Bedeutung.

5.4 Gezeitenermittlung zum Befahren des Wattenmeeres

Eines der wesentlichen Merkmale der Faszination *Wattenmeer* ist das Kommen und Gehen von Flut und Ebbe. Wo eben noch die Wassermassen den Meeresboden bedeckt haben, liegen im nächsten Augenblick weite Wattflächen hoch trocken. Die Gezeiten, die diesen gesamten Lebensraum prägen, stellen jeden Wassersportler vor große Herausforderungen. Für das sichere Befahren des Ostfriesischen Wattenmeeres ist das Studieren der Gezeitenverhältnisse der südlichen Nordsee und insbesondere des Ostfriesischen Wattenmeeres unabdingbare Voraussetzung. Es gibt eine große Auswahl an Literatur, die sich mit den Gezeiten beschäftigt.

Im vorliegenden Leitfaden biete ich verschiedene praktische Anwendungen, die sich aus meiner Erfahrung sehr gut eignen, das Wattenmeer sicher und entspannt zu befahren. Eines aber sollte klar sein, wer hier kreuzt, muss mit Grundberührungen rechnen. Entscheidend ist, dass diese Grundberührungen in einem Zeitfenster geschehen, in denen man noch handeln kann!

5.4.1 Wichtige Hilfsmittel

Vor dem Befahren von Gezeitenmeeren, müssen wir uns mit den Zeiten beschäftigen, wann ein

Hoch- bzw. ein Niedrigwasser mit welcher Höhe an welchem Ort eintritt, zunächst unabhängig vom Einfluss des Windes. Diese Informationen findet man sehr ausführlich in Gezeitentafeln und etwas knapper im Tidenkalender für jeden Tag des Jahres. Beide Datensätze werden vom BSH herausgegeben.

5.4.1.1 Seekarten

Seekarten sind ebenfalls Grundlage für ein sicheres Befahren der Nordsee und des Wattenmeeres. Wenn Sie das Wattenmeer noch nicht ausreichend kennen, sollten Sie die aktuellsten Seekarten zur Verfügung haben, da es zu vielen Änderungen innerhalb kurzer Zeit kommen kann. Selbst kurz nach Veröffentlichung einer neuen Seekarte, ist damit zu rechnen, dass es Veränderungen gegeben hat. Auf jeder Seekarte ist daher folgender Hinweis zu lesen: „Die Fahrwasser sind häufigen Änderungen unterworfen. Die Wassertiefen sowie Lage und Zahl der Schifffahrtszeichen können daher von den Angaben abweichen." Es ist also immer mit einer gesunden Skepsis zu navigieren.

Davon abgesehen ist jeder Eigentümer eines Schiffes, das die Bundesflagge führt, verpflichtet, die für die jeweilige Seereise erforderlichen amtlichen Ausgaben von Seekarten und Seehandbüchern mitzuführen. Dies findet man u. a. in der Schiffssicherheitsverordnung (§ 13, Absatz 2, Satz 2.a.). Für „kleine" Sportboote im Sinne der Sportbootführerscheinverordnung-See genügt es, wenn an Bord nichtamtliche Ausgaben vorhanden sind. Und laut der See-Sportbootverordnung (§2 Nr. 3) muss die SOLAS Regel, Kapitel V, Regel 19 angewendet werden, welche besagt, dass „alle Schiffe unabhängig von ihrer Größe mit Seekarten und nautischen Veröffentlichungen zum Planen und zur Anzeige der Bahn des Schiffes für die vorgesehene Reise sowie zum Mitplotten und Überwachen der Schiffspostion während der gesamten Reise ausgerüstet sein müssen[25].

„Bei Schiffen, die nicht Sportboote im Sinne der Sportbootführerscheinverordnung-See sind, müssen hinsichtlich der Seekarten, Seebücher und anderen nautischen Veröffentlichungen jeweils die neusten amtlichen Ausgaben des Bundesamtes für Seeschifffahrt und Hydrographie in digitaler oder gedruckter Form [...] mitgeführt werden."[26]

5.4.4.2 Gezeitentafeln

Die Gezeitentafeln sind in einem Jahrbuch zusammengefasst, welches sämtliche Informationen zu Gezeitenrevieren europäischer Gewässer von Spanien, über Frankreich, Großbritannien, den Niederlanden, Deutschland, Dänemark bis Norwegen liefert, z. B. zu jedem Ort und Bezugsort die

25 SOLAS V, Regel 19, Nr. 2.1.4
26 Schiffssicherheitsverordnung, Anlage 1, Buchstabe C.1.4.3

Hoch- und Niedrigwasserzeiten, die Wasserstände zu Hoch- und Niedrigwasser und Bezugsort, Gezeitenströme in Richtung und Stärke, sowie Tidenkurven zum direkten Arbeiten und Ablesen der zu erwartenden Höhe der Gezeit an Ort und Bezugsorten. Diese Tidenkurven sind allerdings für die Handhabung im Ostfriesischen Wattenmeer nicht geeignet, da die Bezugsorte viel zu weit entfernt liegen.

5.4.4.3 Tidenkalender

Der Tidenkalender/Gezeitenkalender ist eine auf die südliche Nordsee beschränkte abgespeckte Version der Gezeitentafeln. Er enthält beispielsweise nur Daten zum Hoch- und Niedrigwasser an fest definierten Orten und deren Bezugsorten, dem Stand des Mondes und dem Tidenhub, unabhängig vom Windeinfluss. Der Tidenkalender ist durchaus ein nützliches Hilfsmittel, obwohl er, im Gegensatz zu den Gezeitentafeln, weniger Informationen enthält. Diese Informationen reichen jedoch für das sichere Befahren des Wattenmeeres und der angrenzenden Flüssen Ems, Jade, Weser und Elbe aus.

5.4.2 Die $^{1}/_{12}$ - Regel

Mit der $^{1}/_{12}$-Regel lässt sich im Ostfriesischen Watt der aktuelle Wasserstand am Watthoch ermitteln. Diese Regel setzt voraus, dass die Flut am gesuchten Ort innerhalb der sechs Stunden unterschiedlich schnell ansteigt. In der ersten Stunde steigt sie beispielsweise $^{1}/_{12}$, in der zweiten Stunde $^{2}/_{12}$, in der dritten Stunde $^{3}/_{12}$, in der vierten Stunde ebenfalls $^{3}/_{12}$, in der fünften Stunde wieder nur $^{2}/_{12}$ und in der letzten Stunde nur noch $^{1}/_{12}$ des mittleren Tidenhubs. Daraus folgt, dass für den Ort, der überquert werden soll, der mittlere Tidenhub (MTH) bekannt sein muss. Diesen dokumentiert der Gezeitenkalender. Dort findet man den MTH des jeweiligen Ortes im entsprechenden Seegebiet. Das MTH für Wangerooge West liegt z. B. bei 2,9 Metern (Stand 2021) und kann für den Raum Wangerooge weiträumig angewendet werden.

Am Beispiel des Fahrwassers *Telegraphenbalje*, südlich von Wangerooge, möchte ich die Anwendung der $^{1}/_{12}$-Regel veranschaulichen. Die Telegraphenbalje fällt hoch trocken und kann etwa 3 Stunden nach Niedrigwasser befahren werden. Sollten keine besonderen Wasserstandsänderungen durch Wind und Mond zu erwarten sein, kann die Regel wie folgt angewendet werden: Wir wissen, dass der MTH bei Wangerooge 2,9 Meter beträgt. In einem ersten Schritt bestimmt man zunächst den 12-ten Teil des MTH von 2,9 Meter. Er beträgt in diesem Fall 0,24 Meter. Wir haben also in der ersten Stunde einen Anstieg der Flut von 0,24 Meter.

In der zweiten Stunden steigt das Wasser um $^{2}/_{12}$, plus den Wert des Wasseranstieges der ersten Stunde. Beispiel:

2,9 Meter	x 2	= 5,8
5,9	/ 12	= 0,48333
0,48333	+ 0,24	= 0,72 Meter

Genau so verfährt man mit den übrigen Stunden der Flut.

In einer Tabelle lässt sich die zu erwartende Wasserhöhe in den sechs Stunden anschaulich darstellen.

$^{1}/_{12}$ Reglung	MTH für Wangerooge (2,90 m)	$^{1}/_{12}$ von 2,90 m = 0,24 m
Stunde nach Niedrigwasser	12-te Anteil	Wasserhöhe
1.	$^{1}/_{12}$	0,24 m
2.	$^{2}/_{12}$	0,72 m
3.	$^{3}/_{12}$	1,44 m
4.	$^{3}/_{12}$	2,16 m
5.	$^{2}/_{12}$	2,64 m
6.	$^{1}/_{12}$	2,88 m

Tabelle 8: Anwendung der 1/12 Regel am Beispiel des MTH von Wangerooge

Das Watthoch in der Telegraphenbalje fällt zwischen 007°56,5' Ost und 007° 56,3' Ost etwa einen Meter hoch trocken, bezogen auf MTH Wangerooge (siehe dazu auch Daten zur Telegraphenbalje, Seite 112). Wenn wir also über das Watthoch wollen, müssen wir zunächst berücksichtigen, dass das Wasser erst einmal so hoch ansteigen muss, bis der Boden am Watthoch mit Wasser gerade bedeckt ist. Gehen wir davon aus, dass unser Schiff einen Tiefgang von 1,0 Meter hat, so muss das Wasser einen weiteren Meter ansteigen, sodass wir das Hoch passieren können. Betrachten wir in diesem Zusammenhang die Tabelle 8, so können wir das Watthoch zwischen der dritten und vierten Stunde nach Niedrigwasser überqueren.

In dieser Weise kann man mit allen weiteren Watthochs im Ostfriesischen Wattenmeer verfahren. Die $^{1}/_{12}$-Regel lässt sich im gesamten Wattenmeer anwenden und hilft bei der Berechnung der Abfahrts- und Ankunftszeiten. Man sollte diesem Verfahren immer mit einer gesunden Skepsis gegenüberstehen. Allzu schnell können die ermittelten Werte durch Wind- oder Mondeinfluss beeinflusst werden. Ist z .B. in der Lagemeldung davon die Rede, dass das folgende Hochwasser 50 cm niedriger ausfallen wird als normal, so muss dieser Wert in die obigen Berechnungen einfließen.

Dann brauchen wir statt 2 Meter Wasseranstieg jetzt 2,50 Meter. Tabelle 8 entnehmen wir, dass ein Überqueren des Watthochs erst ab der fünften Stunden möglich ist.

Auch ist zu berücksichtigen, dass die Flut zumeist stärker als der Ebbstrom ist, sodass man nicht von einer homogenen Steigung der Flut- und Ebbströme ausgehen kann.

5.4.3 Tidekurven der Watthochs

Eine weitere Hilfe zur Bewertung der Wasserstände an den Watthochs bieten die von mir ermittelten Tidekurven an ausgewählten Watthochs an. Diese Kurven treffen eine Aussage darüber, wie viel Wasser wann am gesuchten Watthoch vorhanden ist. Das sind Darstellungen, die den Verlauf des Wasseranstieges und des Wasserfalls im Verhältnis zur Zeit mit den zur Untersuchungszeit gegebenen Bedingungen aufzeigen.

Anhand des Beispiels Harlesieler Wattfahrwasser (Abbildung 58) wird die Handhabung dieser Tidekurven erläutert. In meinen Darstellungen sind die Ordinatenachsen immer der Wasserstand in Metern, wie weit das betrachtete Watthoch mit Wasser bedeckt ist. Die Abszissenachse dagegen zeigt uns den zeitlichen Verlauf in Stunden ab Niedrigwasser auf. Die Zeit „00“ Stunde (Abbildung 58 a)) steht für Niedrigwasser. Sechs Stunden später ist Hochwasser (Abbildung 58 c)) und zwölf Stunden später wieder Niedrigwasser (Abbildung 58 a)).

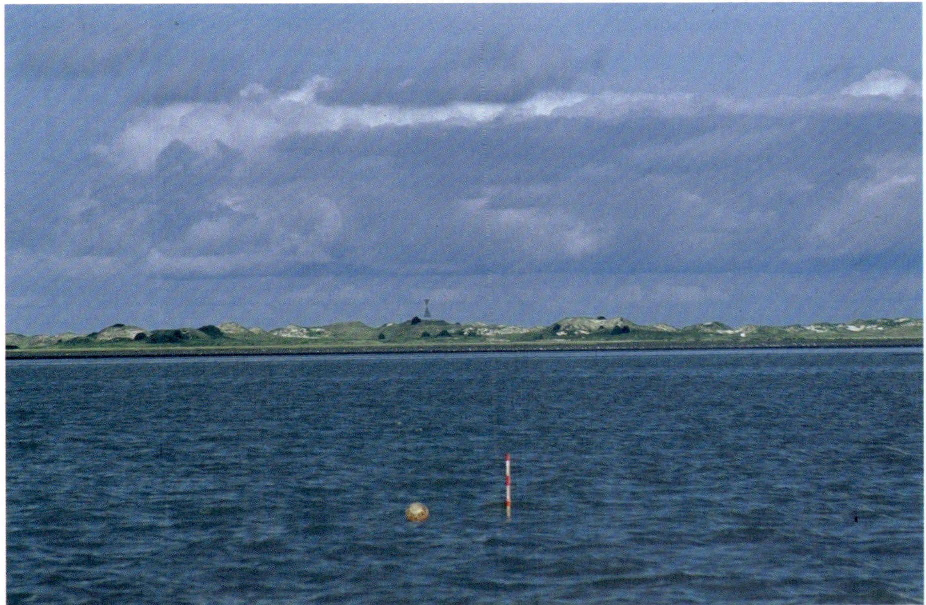

Abbildung 57: Meßgerät vor Norderney

Anders gesagt bedeutet es, dass von Stunde 00 bis Stunde 06 die Flut zu erkennen ist, und von der 06. Stunde bis zur 12. Stunde findet die Ebbe stattfindet. Um eine Aussage machen zu können, wann Niedrigwasser bzw. Hochwasser ist, benötigen wir die Daten aus dem Gezeitenkalender. Ist Niedrigwasser auf Wangerooge beispielsweise am gesuchten Tag um 05:00 Uhr, bzw. 17:24 Uhr, und Hochwasser um 11:36 Uhr, so entspricht die Stunde 00 → 05:00 Uhr und die Stunde 06 → 11:36 Uhr und die Stunde 12 → 17:24 Uhr. Da im übrigen die Flut und die Ebbe nie exakt sechs Stunden beträgt und die Steigung von Ebbe und Flut unterschiedlich ist, muss die Zeit an den Kurven interpoliert werden.

Wenn wir nun die rote Kurve in Abbildung 58 betrachten, so stellen wir fest, dass auf dem Watthoch von der Stunde null bis kurz vor der zweiten Stunde kein Wasser auf dem Watthoch steht. Um die höchste Stelle des Watthochs herum sind die Flächen zwar weiträumig schon mit Wasser bedeckt, nur am Watthoch selbst kommt das erste Wasser erst etwa zwei Stunden nach Niedrigwasser an.

Nehmen wir nun an, unser Schiff hat einen Tiefgang von 1,0 Meter und wir wollen das Watthoch ohne Grundberührungen überqueren. Dazu betrachten wir zunächst in der Graphik die Ordinatenachse mit den Wasserstandsangaben und suchen unseren Wert 1,0 m auf und stellen fest, dass die Kurve zwei mal diesen Wert schneidet (Abbildung 58 b)). Anhand der Abszissenachse finden wir die Stundenwerte 03 und 09, die die Kurve durchlaufen. Das bedeutet, zwischen der dritten Stunde bis neunten Stunden nach Niedrigwasser können wir das Watthoch passieren, ohne mit unserem Schiff festzukommen. Also können wir das Watthoch von drei Stunden vor bis drei Stunden nach Hochwasser passieren. Übertragen wir unser Beispiel von oben auf die Uhrzeiten, so können wir dieses Watthoch von kurz nach 8 Uhr morgens bis ca. 14:30 passieren.Man sollte auch bei diesem Verfahren immer etwas Skepsis walten lassen, denn die ermittelten Werte können wieder durch Windeinfluss beeinflusst werden. Ist z. B. in der Lagemeldung davon die Rede, dass das folgende Hochwasser 50 cm höher ausfallen wird als normal, so muss dieser Wert in diese Darstellungsmethode wiederum einfließen. In diesem Beispiel „ziehen wir 50 cm vom Tiefgang unseres Schiffes ab“ und erkennen anhand der Kurve, dass wir schon kurz nach der zweiten Stunde nach Niedrigwasser das Hoch passieren können. Auch haben wir etwas mehr Zeit nach Hochwasser, denn nun können wir vielleicht bis zu vier Stunden nach Hochwasser das Watthoch passieren.

Zu bedenken gebe ich hier aber auch, dass man das Zeitfenster nach Hochwasser nicht allzu sehr ausreizen sollte, denn wenn man jetzt auf Grund läuft, kommt man vielleicht erst wieder mit der nächsten Flut weg. Denn das Wasser läuft stetig ab, und da bleibt kaum Zeit, um das Schiff wieder frei zu bekommen. Wenn man als Richtwert annimmt, dass das Wasser im Durchschnitt etwa 1cm pro Minute fällt, so ist einem schnell klar, dass uns in nur zehn Minuten 10 cm Wasser fehlen, um das Schiff wieder frei zu bekommen.

Manche der untersuchten Watthochs konnte ich während der Spring- und Nippzeit ermitteln. Manche wiederum nur zu einer der beiden Zeiten. In den dargestellten Kurven ab Kapitel 7.1.1 auf Seite 108 ist der Hinweis immer oben hinter dem Namen des Watthochs aufgeführt. Sind für das gesucht Watthoch Nipp- und Springzeit angegeben, nimmt man die Kurve, die der Zeit am nächsten kommt. Zeigt das gesuchte Watthoch nur eine der beiden Kurven, so muss der Wasserstand gemittelt werden.

In Kapitel 7. Wasserstände, Tidekurven und Pegelstände an den Watthochs ab Seite 109 werden die

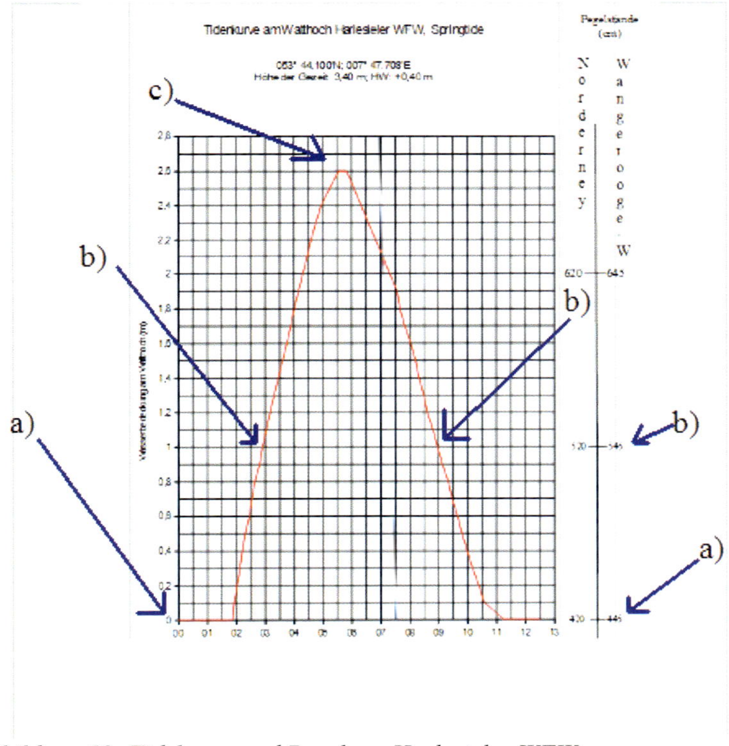

Abbildung 58: Tidekurve und Pegel am Harlesieler WFW

Tidekurven für ausgewählte Watthochs dargestellt. Wie schon bei der $^1/_{12}$-Regel erwähnt, müssen auch die Tidekurven immer unter dem Aspekt gesehen werden, dass sich Wasserstände durch Windeinfluss schnell ändern können.

5.4.4 Pegelstände der Watthochs

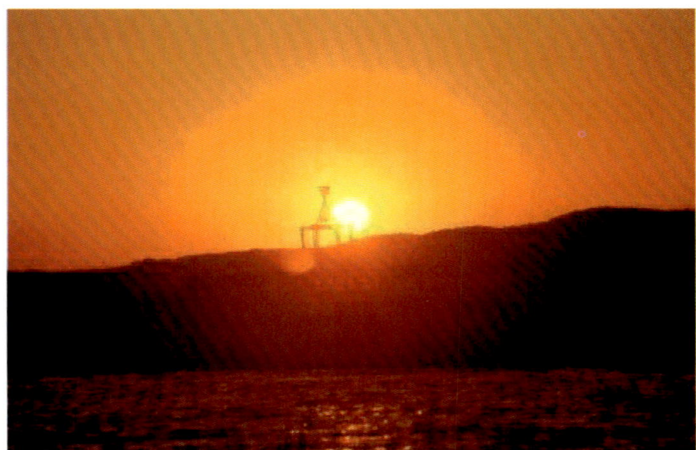

Abbildung 59: ehemalige Barke auf Wangerooge

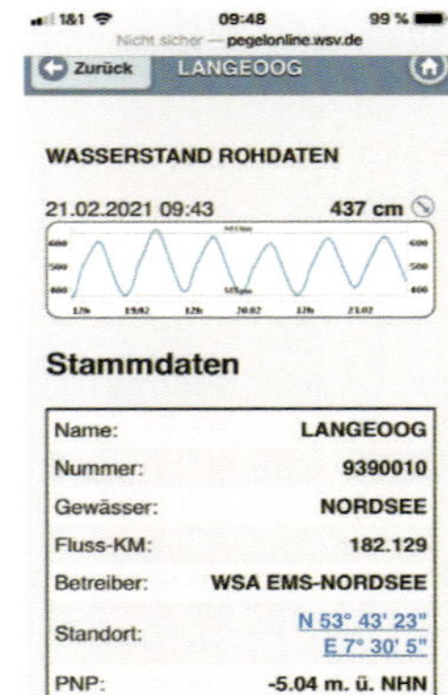

Abbildung 60: App Pegelstand

Quelle: WSV

In den letzten Jahren hat sich für mich das Arbeiten mit Pegelständen zum Befahren der Flachwasserbereiche als sehr vorteilhaft herausgestellt. Denn Pegel zeigen einem zu jeder Zeit an, wie viel Wasser an einem bestimmten Bezugsort jetzt gerade steht. Diese Pegeldaten können mehr oder weniger auf unsere Watthochs übertragen werden, vorausgesetzt, man weiß bei welchem Pegelstand dieses Watthoch befahrbar ist.

Pegelstände sind an der ganzen Küste vorhanden und alle lassen sich heutzutage per App direkt abfragen. Die gebräuchlichsten Pegel im Ostfriesischen Wattenmeer sind für mich die Pegel von Wangerooge, Langeoog (Abbildung 60) und Norderney, und ich beziehe mich dann meist auf den am nächsten liegenden Pegel zum Watthoch. Die Wasserstraßen-und Schifffahrtsverwaltung (WSV) bietet den Pegelservice Online auf Ihrer Pegel-Online-Seite an[27]

Um ein Watthoch überqueren zu können ohne dort noch auf Grund zu kommen, müssen wir wissen, ab welchem Pegelstand ein Passieren möglich ist. Ein großer Vorteil des Arbeitens mit Pegeln ist die Tatsache, dass wir „unabhängig“ von möglichen Wasserstandsschwankungen sind. Denn der Pegel zeigt immer den Wasserstand an, der *gerade jetzt* da ist. Somit lässt sich leicht

27 In Netz: www.pegelonline.wav.de

vorausberechnen, wann man mit dem Tiefgang seines Schiffes über ein Watthoch kommt.

Diese Pegeldaten habe ich für die Watthochs ermittelt und sie in Kapitel 7. Wasserstände, Tidekurven und Pegelstände an den Watthochs ab Seite 109 beigefügt.

Nehmen wir als Beispiel eine Fahrt von Spiekeroog nach Langeoog. Dabei müssen wir ein Watthoch überqueren, und wir entscheiden uns für das Langeooger Wattfahrwasser. Bevor wir nun aus dem Spiekerooger Hafen auslaufen, erkundigen wir uns Online nach dem Pegelstand. Auf der Homepage vom WSA finden wir für den aktuellen Pegelstand für Langeoog. Dieser zeigt z.B. in dem Augenblick einen Pegelstand von 332 cm an.

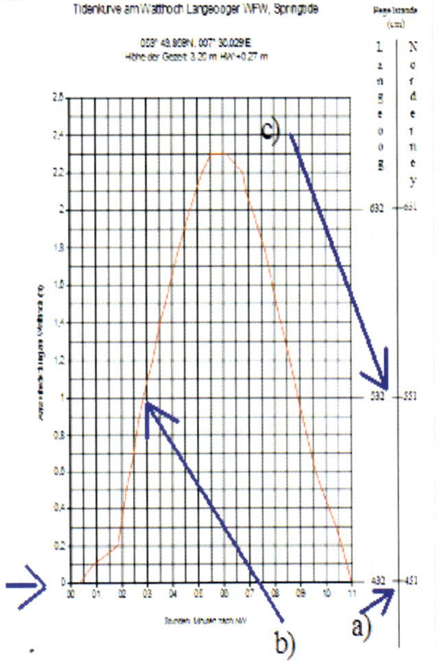

Abbildung 61: Tidekurve und Pegel des Langeooger WFW

Auf Seite 129 im Kapitel 7.8 Watthoch Langeooger WFW finden wir für unser Beispiel die Tidekurve und den Pegelstand für das Watthoch. Eine Erläuterung zur Handhabung dieser Darstellung ist in Abbildung 61 auf Seite 95 dargestellt. Im Laufe der nächsten Zeit überprüfe ich den Pegelstand regelmäßig Online und weiß dann, wann das Watthoch mit Wasser bedeckt ist. Der Pegelwert, an dem gerade der Boden mit Wasser benetzt ist, liegt im Mittel bei 432 cm (Abbildung 61a)). Dann erst steht an der höchsten Stelle des Watthochs so viel Wasser, dass gerade der Meeresboden mit Wasser bedeckt ist. Was dann natürlich noch fehlt, ist das Steigen der Flut um die Höhe des Tiefgangs meines Schiffes plus Sicherheit plus Wellenhöhe, um das Watthoch grundlos zu überqueren. Nehmen wir einen Tiefgang inklusive Sicherheit von einen Meter und keine Welle an, so muss das Wasser noch einen Meter weiter gestiegen sein, um über das Watthoch zu kommen. Der Pegel muss dann 432cm+100cm= 532cm betragen (Abbildung 61c)). Ist der gerade ermittelte Pegelwert mit 332 cm angegeben, so fehlt noch ein Meter Wasser am Watthoch, bis das Wasser den Boden dort bedeckt. Also sollten wir mit unserem Schiff noch nicht auslaufen, denn über das Watthoch kommen wir in nächster Zeit nicht. Im Laufe der Zeit wird der Pegelstand regelmäßig Online überprüft.

Eine Fahrt von Spiekeroog zum Watthoch Langeooger WFW dauert bei einer

Durchschnittsgeschwindigkeit von 4 Knoten etwa eine Stunde, und ich rechne damit, dass die Flut hier etwa um 1 cm pro Minute steigt. Das wiederum kann ich ja übrigens mit den aktuellen Pegelständen jederzeit Online überprüfen und mit meiner Kalkulation abgleichen. Daraus folgt, dass ich in anderthalb Stunden wohl genug Wasser am Watthoch haben werde, und lege in etwa einer halben Stunde im Hafen Spiekeroog ab. An eine kontinuierliche Kontrolle des Pegelstandes passe ich meine Fahrt an. Sollte der Pegelstand im Laufe der Fahrt zum Watthoch die Marke 532 cm überschritten haben, so kann die Fahrgeschwindigkeit erhöht werden. Am Watthoch ist ausreichend Wasser vorhanden. Sollte der Pegelstand im Laufe der Fahrt deutlich weniger als 532 cm betragen, so muss die Fahrt über Grund entsprechend reduziert werden, um ein zu frühes Eintreffen am Watthoch zu vermeiden. Da die Flut das Schiff mitzieht, ist es nicht das Schlechteste, zunächst im tiefen Wasser kurzfristig vor Anker zu gehen und abzuwarten. Idealerweise kommen wir am Watthoch gerade so rüber....

Mit etwas Übung lassen sich damit alle Wasserstände an den Watthochs vorausberechnen. Der Vorteil des Arbeitens mit Pegelständen gegenüber Tidekurven ist vielfältig. Durch die Möglichkeit der ständigen Online-Kontrolle des Pegelstandes, der für das Watthoch nötig ist und dem Wissen, wie viel Wasser man unter dem Schiff benötigt, um grundlos das Watthoch zu passieren, kann bis zum letzten Augenblick der Wasserstand am Watthoch jederzeit kontrolliert werden.

5.5 Ankern und Trockenfallen im Watt

5.5.1 Die Wahl des Ankerplatzes

Zunächst muss ich noch einmal darauf hinweisen, dass nicht überall im Ostfriesischen Wattenmeer das Ankern und Trockenfallen erlaubt ist. Wie schon unter Kapitel 3.4, Seite 18 erläutert, darf das Watt in der Schutzzone I drei Stunden vor bis drei Stunden nach Niedrigwasser nicht befahren bzw. betreten, geschweige denn dort geankert oder trockengefallen werden. Die RSG's und VSG's sind für uns Wattstrieker ebenfalls absolut Tabu.

Es bleiben aber im gesamten Nationalpark Niedersächsisches Wattenmeer genügend Möglichkeiten zu ankern oder trockenzufallen (siehe dazu Tabelle 9, Seite 98). Da die Ankerplätze im Wattenmeer doch zumeist relativ nah an Schutzgebieten liegen, empfehle ich stets eine Kontrolle des Ortes, an dem geankert wird. Sollten nämlich Zweifel an der genauen Verortung des Ankerplatzes vorhanden sein, so kann man zur Sicherheit noch einmal Ankerauf gehen und einen anderen Ankerplatz wählen. Dazu empfehle ich, die Positionsbestimmung des Ankerplatzes in die Seekarte einzutragen. Das hat den Vorteil, dass man sofort sieht, wo das Schiff liegt, und außerdem hat man somit eine Kontrolle darüber, ob das Schiff eventuell vom Ankerplatz versetzt wird. Die einfachste Form der Positionsbestimmung kann über das GPS oder einen Kartenplotter erfolgen. Will man diese Position vor Ort ohne elektronische Hilfsmittel kontrollieren, empfehle ich die Doppelhorizontalwinkelmessung. Diese Art der Ortsbestimmung ist sehr genau und bedarf nur drei eindeutig identifizierbarer Peilobjekte.

In Kapitel Fehler: Referenz nicht gefunden auf Seite Fehler: Referenz nicht gefunden wird diese Methode der Ortsbestimmung näher beschrieben. Bei der Wahl des Ankerplatzes sollte auch bedacht werden, dass der Meeresboden nicht überall gleich ist. In Kapitel "Aufbau und Struktur des Wattenmeeres" werden die unterschiedlichen Bodentypen dargestellt. In Tabelle 9, Seite 98 sind ausgewählte Ankerplätze mit ihren Sedimenteigenschaften dargestellt, die ich mit der PiDo immer wieder gerne ansteuere. Ich persönlich liege lieber im Sand- oder Mischwatt. Dort hat man die Gelegenheit, von Bord zu gehen ohne tief im Schlick zu versinken. Es lässt sich im Sandwatt wesentlich besser gehen. Beim Wattwandern und dem anschließenden Zurückkehren an Bord nimmt man nebenbei nicht so viele Sedimente mit wie aus dem Schlickwatt.

Ankerplätze	**Position (Breite, Länge)**		**Sedimentart**	**Eigenschaften**
Südlich Minseneroog	053°44,404'N	008°01,602'E	Sandwatt	Ungeschützt bei östlichen und südöstlichen Winden
Wangerooge Ost	053°46,5'N	007°58,5'E	Sandwatt, Schlickwatt	Ruhiger, trockenfallender Ankerplatz, außer bei südöstlichen Winden
Wangerooge („Ort") südwestlich vom Ort Wangerooge	053°46,9'N	007°53,0'E	Sand- und Mischwatt	Ruhiger, trockenfallender Ankerplatz, außer bei südöstlichen Winden
Nördlich von Harlesiel	053°44,0'N	007°49,0'E	Schlick- und Mischwatt	Sehr ruhiger, trockenfallender Ankerplatz bei Wind aus Süd.
Am Harlesieler Watt-fahrwasser (West)	053°44,043'N	007°47,387'E	Misch- und Schlickwatt	Ruhiger, trockenfallender Ankerplatz. Guter Ankergrund.
Am Harlesieler Watt-fahrwasser (Ost)	053°44,199'N	007°48,260'E	Misch- und Schlickwatt	Ruhiger, trockenfallender Ankerplatz bei W und N Winden. Unruhiger Platz bei NW Wind. Guter Ankergrund.

Steckbrief

Ankerplätze	Position (Breite, Länge)		Sedimentart	Eigenschaften
Am Alte Harle Watt-fahrwasser	053°44,635'N	007°47,617'E	Schlickwatt	Schöner Ankerplatz bei ruhiger Wetterlage. Sehr weicher Untergrund. Schiff sackt tief in den Boden ein.
Nordöstlich von Neuharlingersiel	053°42,597'N	007°40,580'E	Mischwatt	Trockenfallender Ankerplatz. Ungeschützt bei NW Winden. Sehr unruhig bei Hochwasser, ansonsten ruhiges Trockenfallen. Weicher Untergrund, viel Muschelschill.
Langerooger Wattfahrwasser	053°43,761'N	007°39,977'E	Schlick- und Mischwatt	Unruhiger, trockenfallender Ankerplatz bei Nordwest Wind. Sehr ruppig bei Flut, bei Ebbe angenehm ruhig.
Baltrumer Watthoch	053°42,407'N	007°25,0'E	Sandwatt	Ruhiger trockenfallender Ankerplatz, außer bei östlichen Winden.
Norderney Watthoch	053°41,966'N	007°19,20'E	Schlick- und Mischwatt	Trockenfallender, ruhiger Ankerplatz dicht am Fahrwasser. Weiter südlich vom Fahrwasser starke Höhenschwankungen des Grundes.
Juister Wattfahrwasser	053°40,0'N	007°03,6'E	Mischwatt	Ruhiger, trockenfallender Ankerplatz, außer bei Ostwind. Starker Fluglärm bei landenden und startenden Flugzeugen auf Juist.
Osterems Wattfahrwasser	053°29,875'N	006°56,373'E	Sandwatt	Ruhiger, trockenfallender Ankerplatz, Ungeschützt bei NW bis NE Winden.

Tabelle 9: Trockenfallende Ankerplätze

5.5.2 Kriterien zum Gelingen des Trockenfallens

Das Trockenfallen ist eines der faszinierendsten Erlebnisse im Wattenmeer. Es gibt kaum andere Orte auf der Welt, wo es vergleichbar großflächig möglich ist, sein Schiff auf dem Meeresboden aufzusetzen, und die Natur, das Schauspiel von Ebbe und Flut und die Einzigartigkeit dieses Lebensraumes, zu genießen. In der grenzenlosen Weite und Ruhe des Meeres verliert der Alltag an Bedeutung. Wir Wattstrieker erfahren hautnah den Gezeitenrhythmus, den Einfluss von Wind und Wellen. Mit den Gezeiten erschafft sich die Wattlandschaft ständig neu. Bei Ebbe werden die reich verzweigten Prielsysteme deutlich.

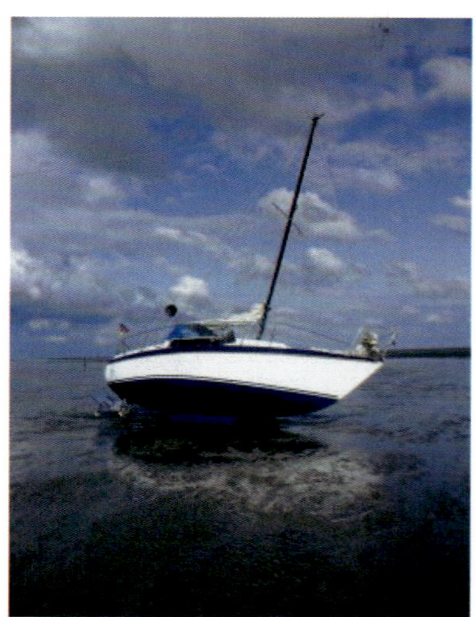

Abbildung 62: Tockengefallen mit Kurzkieler

Wer einmal in den Genuss des Erlebnisses „Trockenfallen“ gekommen ist, wird es immer wieder dem Anlegen im Hafen vorziehen. Allerdings sollte man das Trockenfallen nicht leichtfertig dem Zufall überlassen. Bestimmte Voraussetzungen sollten erfüllt sein, um keine unnötigen Überraschungen zu erleben. Wenn das Schiff erst einmal auf Grund sitzt, wird es die nächsten Stunden auch da bleiben müssen. Daher sollte der Wetterbericht nicht vernachlässigt werden, denn der

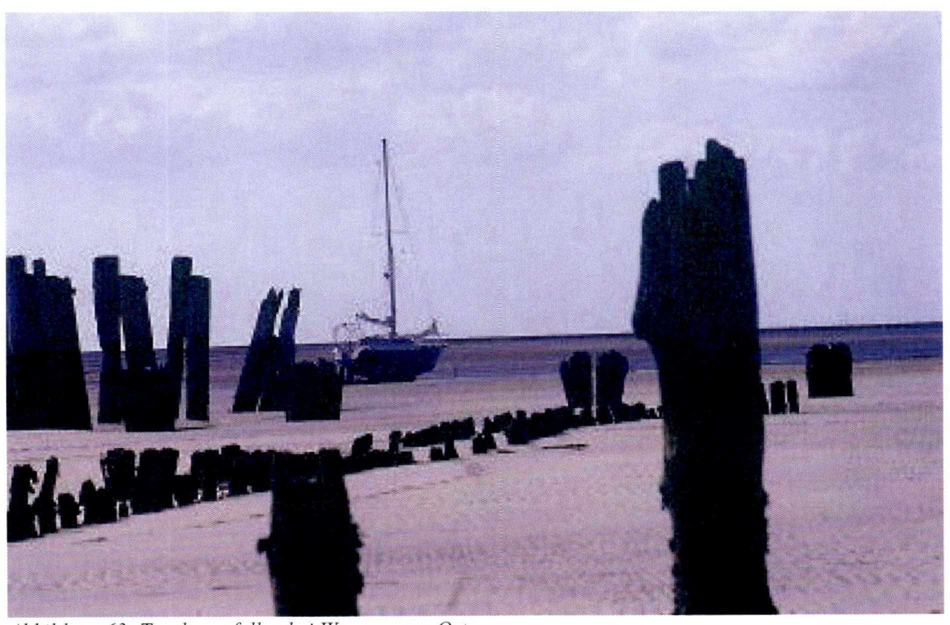

Abbildung 63: Trockengefallen bei Wangerooge Ost

Wind könnte unterdessen zunehmen und so drehen, dass sich eine große Welle bildet, die das Schiff kräftig auf den Boden aufsetzen lässt, wenn es gerade aufschwimmen will. Eine verlässliche Vorausschau ist unabdingbar für ein erfolgreiches Trockenfallen.

Eine wesentliche Voraussetzung für das Gelingen des Trockenfallens hat die Form des Schiffsrumpfes. Ideale Schiffe sind Plattbodenschiffe, Schwertkieler, Twin- und Kimmkieler, sowie Schiffe mit speziellen Vorrichtungen, wie Wattstützen für Mittelkieler. Der Tiefgang eines Schiffes, welches im Watt segelt, sollte einen Tiefgang von 1,20 m nicht überschreiten. Bei allen Fahrzeugen, die trockenfallen sollen, muss das Ruder ausreichend geschützt sein. Die Last des Schiffes darf beim Trockenfallen nicht auf dem Ruder liegen. Zu schnell kann es zu Schäden kommen, die das Schiff manövrierunfähig machen.

Darüber hinaus ist das Ankergeschirr von entscheidender Bedeutung. Auf Seite 24 wird aufgezeigt, was zu einem guten Gelingen des Ankerns und damit sicheren Trockenfallens gehört.

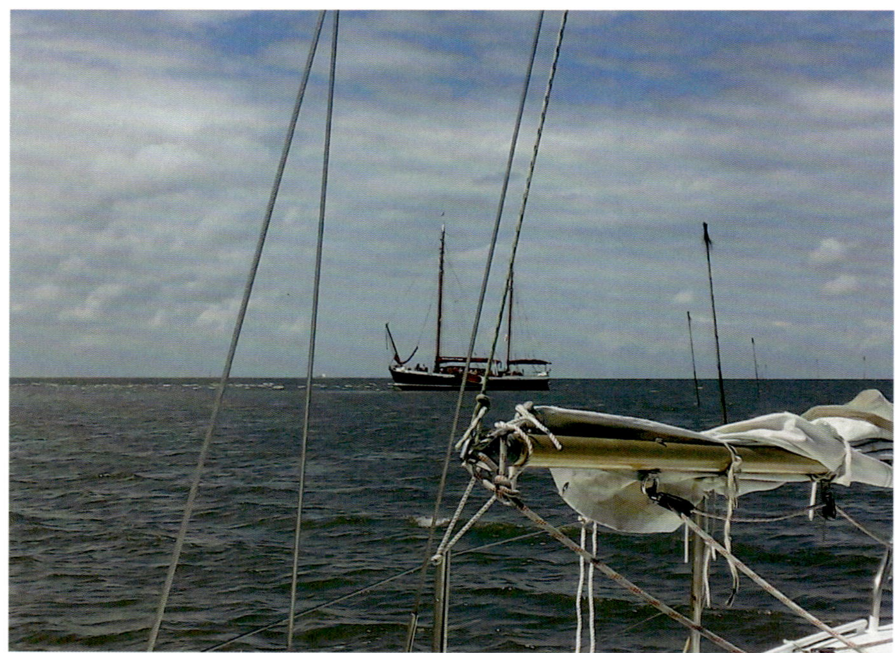

Abbildung 64:Elbe-Weser Wattfahrwasser

5.5.3 Der optimale Zeitpunkt des Trockenfallens

Der Zeitpunkt, sich mit seinem Schiff trockenfallen zu lassen, sollte immer mit Sorgfalt gewählt werden. Wer zur falschen Zeit am falschen Ort sein Schiff auf Grund setzt, kommt vielleicht mit dem Schrecken davon, wird jedoch das Trockenfallen wohl nie wieder erwägen. Dies ist umso mehr von Bedeutung, wenn man die Bodenverhältnisse vor Ort nicht kennt. Oft erreicht man den Ankerplatz erst bei einsetzender Ebbe, da man sich um Hochwasser herum meist an einem Watthoch befindet. Es bleibt dann kaum Zeit, das Manöver in Ruhe zu fahren, geschweige denn alle Maßnahmen, die zum Trockenfallen dazu gehören, vernünftig durchzuführen.

Auch entscheidend für ein erfolgreiches Trockenfallen ist die sorgfältige Analyse des Wetterberichtes und der Prognosen. Es gibt viele Wege, einen Wetterbericht zu erhalten. Wichtig ist, dass es sich um einen Seewetterbericht handelt, der die südliche Nordsee abdeckt. Man kann beispielsweise direkt über das Internet auf der Homepage vom Bundesamt für Seeschifffahrt und Hydrographie (BSH) Informationen zum Wetter erhalten (siehe dazu auch in Kapitel 6.2 *Reiseplanung*). Diese Informationen beinhalten für die südliche Nordsee Daten zum aktuellen Wetter, den Vorhersagen und Aussichten der nächsten 24 Stunden und zu den Wasserständen (siehe dazu auch den Kapitel 5.2.1 auf Seite 53 *Bundesamt für Seeschifffahrt und Hydrographie)*.

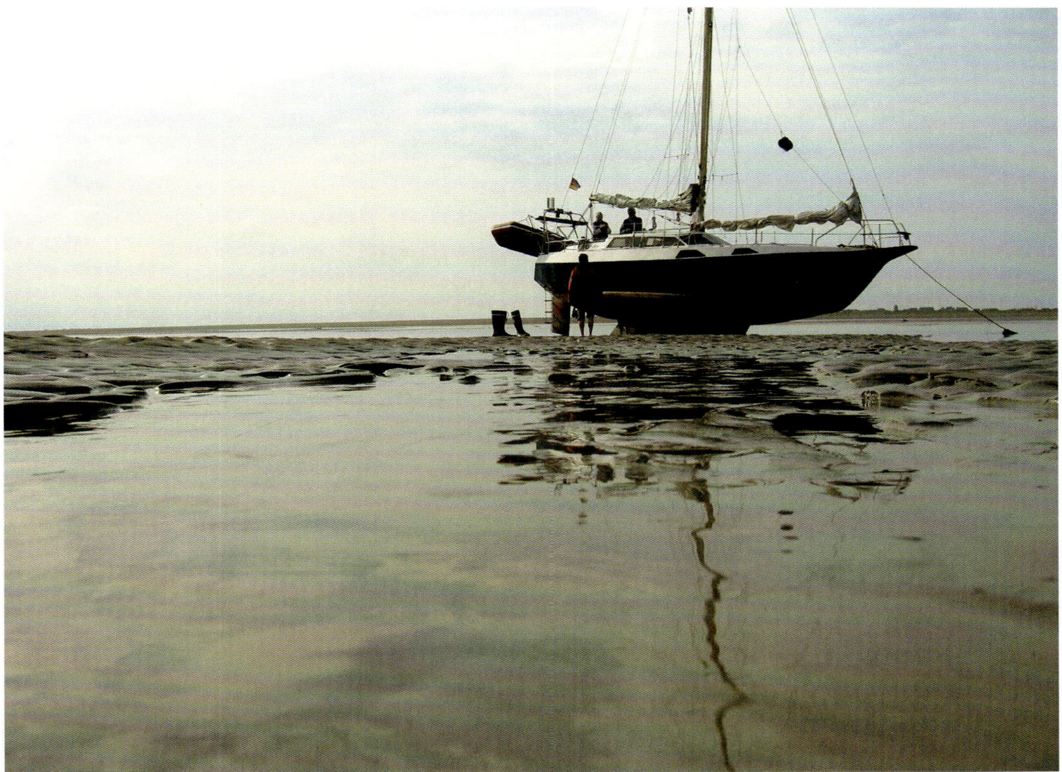

Abbildung 65: Trockengefallen im Watt

Wer am Ankerplatz angekommen ist, verfügt meist über einen „nicht mehr aktuellen" Wetterbericht. Aus meiner Sicht ist die Kenntnis über die kurzfristige Veränderung der Wasserstände wichtig. Daher empfehle ich, stets die aktuelle Lagemeldung der nächstgelegenen Revierzentrale abzuhören. Auf Seite 55 sind die wichtigsten Küstenfunkstellen aufgeführt. Sehr zu empfehlen ist die Lagemeldung von Jade Traffic. Dort erhalten auch wir die umfangreichsten Informationen über den aktuellen Wind, die Vorhersagen und die zu erwartenden Niedrig- bzw. Hochwasserstände.

Es sollte unbedingt darauf geachtet werden, woher der Wind weht. Die meiste Zeit herrschen an der Ostfriesischen Küste westliche Winde vor. Dann ist ein Trockenfallen unbedenklich, zumal wir durch die Inseln im Wesentlichen gut geschützt sind, falls es doch einmal unerwartet auffrischen sollte.

Falls der Wind aber längere Zeit schon aus Ost weht, sollte man mit dem Trockenfallen vorsichtig sein. Es ist dann ratsam, das Schiff nicht ganz so weit in den Flachwasserbereich zu fahren. Wenn dass Schiff bei der nächsten Flut wieder aufschwimmen soll, kann es sein, dass nicht genug Wasser kommt. Sollten sich ungünstige Faktoren häufen, kann es passieren, dass unser Schiff mehrere Tage bis Wochen nicht vom Platz zu bewegen ist.

Ich selbst habe die Erfahrung vor Jahren machen müssen, als ich vor Spiekeroogs Watt trockenfallen wollte. Bei wunderbarem gerade einsetzenden Ostwind sind wir mit der PiDo quer über das Watt gesegelt. Und weil es so schön war, dachte ich mir, möglichst weit zur Insel zu segeln, um sich den Fußweg zur Insel zu verkürzen. Leider habe ich in diesem Zusammenhang nicht berücksichtigt, dass wir zur Springzeit zum Ankerplatz segelten. Verschärft wurde die Situation dadurch, dass ich mich im Tidenkalender um einen Tag versehen hatte. Wir sind also anstatt zwei Stunden vor Hochwasser eine Stunde vor Hochwasser bei Springzeit und einsetzendem Ostwind bei Spiekeroog trockengefallen mit dem Ergebnis, dass die PiDo drei Tage dort festhing. Das Wasser kam immer nur bis zum Wasserpass des Schiffes und lief wieder ab, ohne das Schiff anzuheben. Am vierten Tag hat uns dann die Tjalk "Dankbaarheid", ein Plattbodenschiff mit sehr wenig Tiefgang, an langer Leine vom Sand herunter gezogen. Die Crew der PiDo war - bis auf die Rudergängerin und meine Bordhündin Ayla - außenbords und schob fleißig mit. PiDo kam frei, und das war unser Glück. Denn es folgte eine Phase mit langanhaltendem Ostwind, wo die Wasserstände doch erheblich unter den mittleren Hochwasserständen blieben.

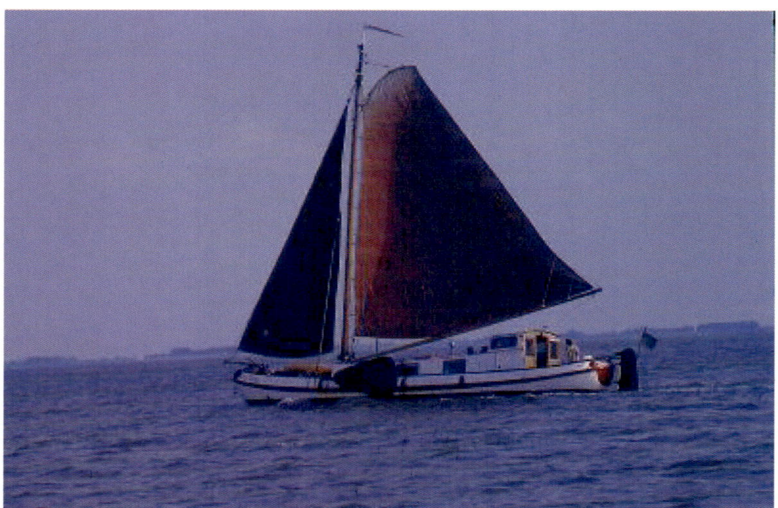

Abbildung 66: Dankbaarheid

Fazit: Beim Trockenfallen sollte berücksichtigt werden, ob wir das in der Spring- oder Nippzeit machen. In der Springzeit kann man relativ weit hoch auf das Watt fahren. Dabei ist immer darauf zu achten, ob bei der nächsten Flut genug Wasser unter dem Kiel sein wird. Bei Nippzeit hingegen hat man kaum die Gelegenheit, weit aufs Watt zu kommen und muss nahe am Priel vor Anker gehen, um trockenzufallen.

5.5.4 Das Ankermanöver, das Trockenfallen

Als Wattstrieker ziehe ich es vor, unter Segel vor Anker zu gehen. Kurz vor dem Ankerplatz bergen wir das Vorsegel, wenn der Wind und der Strom dies zulassen. Bei weiterer Annäherung an den Ankerplatz wird mit Hilfe des Echolotes eine Stelle gesucht, die uns günstig erscheint und keine großen Schwankungen der Meeresbodenoberfläche anzeigt.

Ist der Ankerplatz erreicht, muss dort das Schiff in den Wind gedreht, die Schoten losgeworfen und sofort der Anker fallen gelassen werden. Die Ankerkette lässt man zunächst so weit ausrauschen bis der Anker den Grund berührt. Erst wenn der Strom oder der Wind das Schiff weiter zieht, Kette und nachfolgendes Ankertau nachgeben, bis das Ankertau so lang wie etwa die dreifache Wassertiefe ist. Dann das Tau belegen und prüfen, ob der Anker hält. Man spürt es in der Hand, ob der Anker springt oder sich eingräbt. Sollte der Anker am Grund nicht greifen, einfach mehr Ankertau geben und wieder belegen. Wenn sich das Schiff nicht mehr weiter nach Achtern bewegt, kann das Großsegel eingeholt werden.

Es ist wichtig, den Halt des Ankers zu prüfen, indem wir beispielsweise die Maschine noch einmal anwerfen und zunächst vorsichtig Fahrt zurück geben. Den Druck auf den Anker immer weiter erhöhen, bis man sich sicher ist, dass der Anker auch hält, wenn der Strom kentert. Der Ankerball, bzw. das Ankerlicht wird gesetzt und der Ankerplatz in die Seekarte eingetragen, damit man diese Ankerposition jederzeit mit den aktuellen GPS-Werten vergleichen kann. Gerade in der Nacht sieht es am Ankerplatz immer anders als am Tage aus, und da gelangt man schnell zu dem Eindruck, dass der Anker nicht hält. Ein Blick auf das GPS oder den Kartenplotter kann da beruhigen.

Kurz bevor das Schiff auf Grund aufsetzt, kommt die Lotleine ins Spiel, die ich im Kapitel Lotleine mit Gewicht erwähnt habe. Mithilfe dieses Lots lässt sich überprüfen, wie die Bodenverhältnisse dort sind, wo wir aufsetzen werden. Dafür geht man an Deck mit der Lotleine einmal um das ganze Schiff herum und prüft die Wassertiefen. Falls sich dabei herausstellt, dass der Boden extrem uneben ist, sollte besser wieder Ankerauf gegangen und ein neuer Ankerplatz gewählt werden. Denn sitzt das Schiff erst einmal auf Grund, muss man sich mit der Position und Lage des Schiffes über Stunden abfinden.

Was nun in den darauffolgenden Stunden passiert, sind in meinen Augen die schönsten Momente beim Trockenfallen. Nachdem die Kiele Bodenkontakt erlangt haben, liegt das Schiff still da, und um uns herum verändert sich die Umwelt im Minutentakt. Wo eben noch befahrbares Wasser war, taucht, erst vereinzelt, dann großflächiger, der Meeresboden auf und mit ihm immer mehr Watvögel auf der Suche nach Nahrung.

5.5.5 Maßnahmen bei unerwarteten Schwierigkeiten beim Trockenfallen

Das Trockenfallen bleibt ein dynamischer Prozess, auch wenn das Schiff schon längst auf Grund sitzt und nur noch wenig Wasser an den Kielen steht. Ständig werden Sedimente durch das ablaufende Wasser weiter verfrachtet.

Bei einem Twinkieler oder Kimmkieler kann es vorkommen, dass sich einer der Kiele durch das vorbei strömende Wasser in den Boden eingräbt. Die Folge ist, dass sich das Schiff immer mehr zur Seite neigt, bis es auf der Bodenplatte aufliegt. Das kann sehr unangenehm für die Crew sein. Deshalb rate ich in diesem Fall dazu, mit der Grabeforke oder dem Spaten, wie in Kapitel 4.1.13 Grabeforke, Seite 33 beschrieben, den anderen Kiel ebenfalls freizugraben. Läuft das Wasser noch ab, ist die Arbeit nicht so aufwendig, da das Wasser die Sedimente mitnimmt. Ist keine Strömung mehr da, kann diese Arbeit sehr mühselig sein. In beiden Fällen ist es einem nach getaner Arbeit wohler, und man kann dann entspannen.

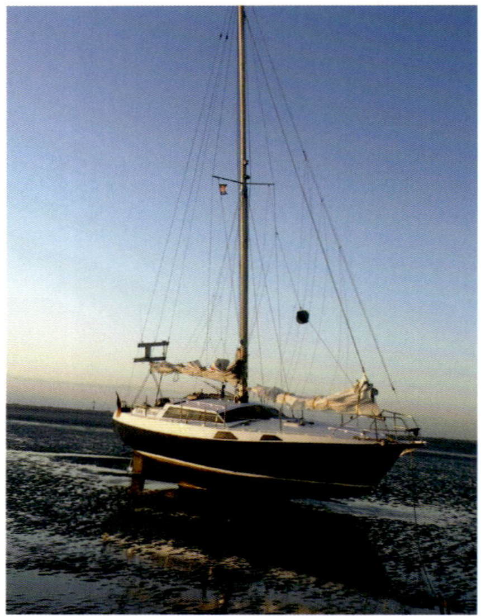

Abbildung 67: Schräglage durch Querstrom

5.5.6 Klassische Ankerpositionsbestimmung mittels Horizontalwinkelmessung

Das Prinzip der Doppelhorizontwinkelmessung besteht darin, mit einer Peilscheibe oder einem Peilkompass die Winkel zwischen drei fixen bekannten Objekten zueinander zu ermitteln. Man unterscheidet zwei Gruppen bei der Horizontalwinkelmessung: Objektpeilungen, die kleiner als 90° sind und Peilungen, die größer als 90° sind. In jeweils eine dieser Gruppen passt unsere Peilung und entsprechend der unten aufgeführten Bedingung ist diese zu handhaben (siehe dazu Abbildung 68) .

Bedingung I:

Horizontalwinkel kleiner als 90°: 90° minus Gemessener Winkel = Gesuchter Winkel (X). Beispiel: Zwei Peilobjekte (A&B) werden mit einem Peilwinkel von 62° ermittelt. Das ergibt folgende Berechnung für den Winkel (X): 90°-62°= 28°.

Der Betrachter ist dem Beobachtungsort (M) zugewendet.

Bedingung II:

Horizontalwinkel größer als 90°: Gemessener Winkel minus 90° = Gesuchter Winkel (Y).

Beispiel: Zwei Peilobjekte (B&C) werden mit einem Peilwinkel von 115° ermittelt. Das ergibt folgende Berechnung für den Winkel (Y): 115°-90°= 25°.

Der Betrachter ist vom Beobachtungsort (M) abgewendet.

Vorgehensweise:

1. Den Horizontalwinkel zwischen den gepeilten Objekten AB und zu BC ermitteln.
2. Gesuchten Winkel gemäß der Bedingungen I und II ermitteln.
3. Eine Verbindungslinie zwischen den gepeilten Objekten herstellen (Diese Linie über beide Seiten der Objekte deutlich verlängern. Das vereinfacht nachher die Ortsbestimmung).
4. Den ermittelten Winkel X oder Y an den beiden beobachteten Peilobjekten antragen, sodass sich beide Linien am Schnittpunkt kreuzen. Wenn also Bedingung I zutrifft, muss der Schnittpunk M zum Betrachter zeigen. Trifft Bedingung II zu, dann ist der Schnittpunk M der beiden Linien vom Betrachter abgewandt.
5. Einen Kreisbogen auf den Mittelpunkt M ansetzen zwischen den Orten AB. Der Radius ergibt sich aus dem

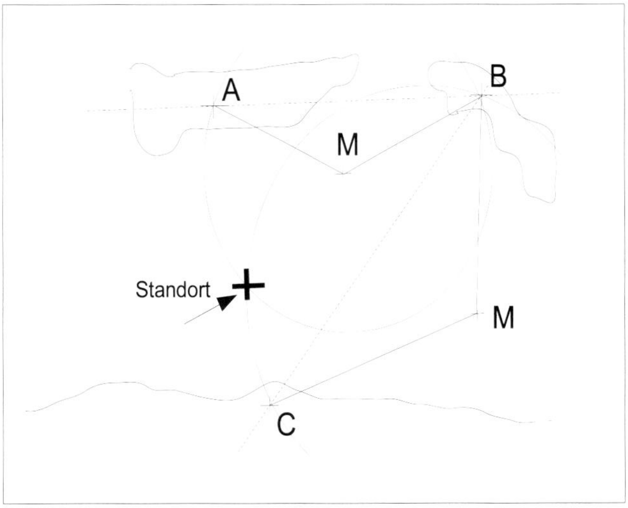

Abbildung 68: Darstellung der Doppelhorizontalwinkelmessung

Mittelpunkt zum beobachteten Ort A oder B. Dasselbe muss für die beide Peilobjekte BC durchgeführt werden. Hier ergibt sich der Radius aus dem Mittelpunkt M zum beobachteten Ort BC (oder AC). Auf den Schnittpunkt der Kreise befindet sich dann unser Schiff. In Abbildung 68 ist dargestellt, wie der Ort des Schiffes mit Hilfe der Horizontalwinkelmessung ermittelt werden kann. Der Vorteil der Doppelhorizontwinkelmessung besteht darin, dass die Ortsbestimmung sehr genau ist und der Ort ohne Kompass ermittelt werden kann[28].

6. Entfernungen der Watthochs zueinander

Entfernungen in Seemeilen (SM)	Mittel-priel WFW	Kaiser-balje Watt-hoch	Hoher Weg WFW	Minse-neroo-ger WFW	Tele-gra-phen-balje	Hohe Bank WFW	Harle-sieler WFW	Alte Harle WFW	Sw inn-plate Watt-hoch	Neuhar-linger-sieler WFW	Lange-ooger WFW	Baltru-mer WFW	Nor-derney WFW	Mem-mert WFW	Nord-deich WFW	Borkum WFW	Os-terems WFW
Mittelpriel WFW	0,0																
Kaiserbalje Watthoch	3,4	0,0															
Hoher Weg WFW	5,0	2,6	0,0														
Minsenerooger WFW	18,9	15,5	13,9	0,0													
Telegraphenbalje	22,5	19,1	17,5	3,6	0,0												
Hohe Bank WFW	25,1	21,7	20,1	6,2	2,6	0,0											
Harlesieler WFW	28,3	24,9	23,3	9,4	5,8	3,2	0,0										
Alte Harle WFW	28,4	25,0	23,4	9,5	5,9	3,3	0,1	0,0									
Sw innplate Watthoch	29,0	25,0	19,0	11,7	8,0	4,8	2,5	1,3	0,0								
Neuharlingersieler WFW	33,6	30,2	28,6	14,7	11,1	8,5	5,3	5,2	6,2	0,0							
Langeooger WFW	40,9	36,4	31,4	20,1	15,6	13,7	9,9	11,1	7,1	6,4	0,0						
Baltrumer WFW	47,7	43,2	38,2	26,9	22,4	20,5	16,7	17,9	13,8	11,0	6,8	0,0					
Norderney WFW	52,7	48,2	43,2	31,9	27,4	25,5	21,7	22,9	18,0	14,1	11,8	5,0	0,0				
Memmert WFW	62,4	57,9	52,9	41,6	37,1	35,2	31,4	32,6	29,4	24,9	21,5	14,7	10,6	0,0			
Norddeich WFW	58,9	54,4	49,4	38,1	33,6	31,7	27,9	29,1	31,9	22,2	18,0	11,2	14,1	8,0	0,0		
Borkum WFW	74,7	70,2	65,2	53,9	49,4	47,5	43,7	44,9	41,7	38,0	33,8	27,0	22,0	12,3	15,8	0,0	
Osterems WFW	77,7	71,9	69,4	53,8	49,9	48,3	44,0	44,4	44,6	38,7	35,6	27,8	23,9	13,4	9,6	8,6	0,0

Tabelle 10: Gemittelte Watthochentfernungen

Die aufgeführten Entfernungen der Watthochs begrenzen den Bereich zwischen der Ems und dem Ostfriesischen Wattenmeer. Es sind empirische Daten, die im Durchschnitt ermittelten Werte sind durch eine Vielzahl von Reisen in den Jahren zwischen 1998 bis 2021 erhoben worden. Diese Durchschnittsentfernungen wurden zwischen zwei Watthochs ermittelt (siehe Tabelle 10). Dabei muss unterschieden werden zwischen Fahrten in West nach Ost Richtung und Ost nach West Richtung. Aufgrund der hier oft vorherrschenden Westwindzone und der "Flutberge" ist beispielsweise eine Fahrt unter Segeln in West nach Ost Richtung unter zeitlichen Aspekten meist effektiver als umgekehrt, da bei Westwind weniger gekreuzt werden muss. Hinzu kommt in diesem Fall der Effekt, dass der "Flutberg" das Schiff über einen längeren Zeitraum trägt. Deutlich wird

28 Quelle: Klassische Navigation II

dieses, wenn ein Fahrzeug im Wattenmeer in entgegengesetzter Richtung fährt. Dann läuft der von Nordwesten kommende "Flutberg" schneller unter dem Schiff hindurch und oft muss mehr gekreuzt, bzw. der Motor gestartet werden, um noch rechtzeitig über ein Watthoch zu kommen oder einen Hafen zu erreichen.

7. Wasserstände, Tidekurven und Pegelstände an den Watthochs

7.1 Allgemeine Informationen zu den Watthochs

Der Aufbau dieses Abschnitts wurde so gestaltet, dass er hoffentlich wertvolle Hilfestellung bei der praktischen Anwendung leistet. Abbildung 69 zeigt zunächst den räumlichen Überblick unseres Segelreviers. Detailübersichtskarten der entsprechenden Watthochs werden in einzelnen Kapiteln dargestellt. Jedes betrachtete Watthoch ist durch eine numerische Ziffer in rot gekennzeichnet. Die Reihenfolge der Betrachtung erfolgt fortlaufend in Ost-West-Richtung. Diese Karten sind nicht für Navigationszwecke geeignet! Ein kurzer Text gibt Informationen zu den Gegebenheiten am jeweiligen Watthoch.

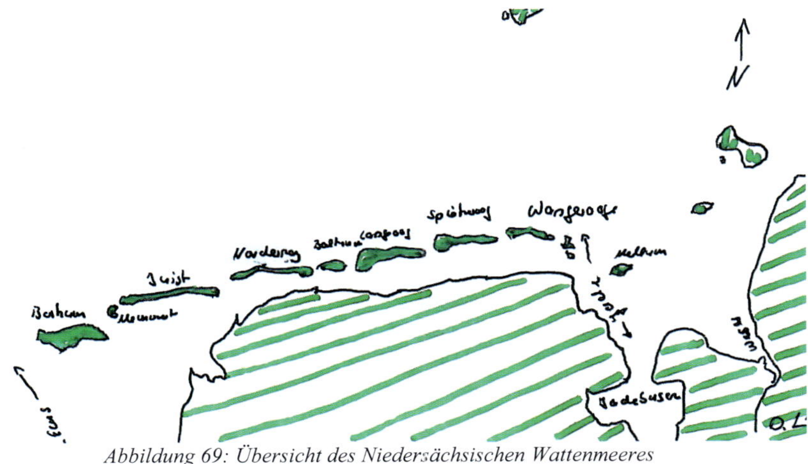

Abbildung 69: Übersicht des Niedersächsischen Wattenmeeres

Daran schließen sich Abbildungen an, die Auskunft über die Beschaffenheit des Meeresgrundes am Watthoch geben. Diese leisten Entscheidungshilfe, wie weit man sich vom Fahrwasser (Priel) entfernen kann. Denn manche Wattflächen unterscheiden sich in der Oberflächenstruktur nicht wesentlich von der Struktur und Höhe am Watthoch selbst. Abschließend werden Hintergrundinformationen zur Bodenbeschaffenheit und zu Besonderheiten des Meeresbodens aufgezeigt. Es gibt verschiedene Methoden zur Bestimmung der Wasserstände an den Watthochs. Im Folgenden werden wegen der praktischen Handhabung nur noch Tidekurven und/oder Pegelstände für die Überquerung der Watthochs betrachtet.

7.1.1 Die Wasserstände am Watthoch ermitteln

7.1.1.1 Mittels Tidekurven:

Watthochs sind zur Spring- und/oder Nippzeit untersucht worden. Durch wetterbedingte Einflüsse oder aus der Tatsache heraus, dass sich ein Watthoch in der Schutzzone I befindet, war es nicht immer möglich, an allen untersuchten Watthochs Tidekurven zu erstellen. Wie sind die Tidekurven entstanden? Ich habe für die Ermittlung der Tidekurven auf dem jeweiligen Watthoch ab dem Augenblick, wo das Wasser die Meeresbodenfläche an der höchsten Stelle des Watthochs mit Wasser benetzt, bis zu dem Augenblick, bis es wieder von dieser Fläche abgelaufen ist, beobachtet und dokumentiert. Mit Hilfe eines Peilstabes auf dem Watthoch und einer Uhr konnte ich die Zeit ermitteln, die das Wasser braucht, um 10 cm zu steigen oder zu fallen. Sowohl für die Flut als auch für die Ebbe sind die Daten ermittelt und in Form einer Kurve aufgeführt. Äußere Bedingungen wie Windeinfluss und die Höhe der Gezeit sind zur Zeit der Messung in die Daten eingeflossen. Dies ist beim Arbeiten mit den Tidekurven zu berücksichtigen. Ist beispielsweise der aktuelle Windeinfluss ein anderer, als der in der Tidekurve dargestellte, muss man interpolieren. Dabei kann die Steigung der Kurve sich ändern. Weitere Information zum Arbeiten mit den Tidekurven finden Sie im Kapitel 5.4.3 Tidekurven der Watthochs auf Seite 91.

7.1.1.2 Mittels Pegelständen:

Eine andere und sehr praktikable Methode, die Wasserstände an den Watthochs zu erhalten, ist die Ermittlung anhand von Pegelständen auf den Watthochs. Das Ostfriesische Wattenmeer ist flächendeckend mit Messstationen ausgestattet. Meist befinden sie sich in Häfen, und die Daten können direkt Online abgefragt werden. Will man ein bestimmtes Watthoch überqueren, so benötigt man eine oder mehrere aktuelle Online-Abfragen der Pegelstände des nächstgelegenen Bezugspunktes und den Tiefgang des Schiffes plus Sicherheitszugabe. Eine Anleitung zur Verwendung von Pegelständen findet sich in Kapitel 5.4.4 Pegelstände der Watthochs auf Seite 94.

7.2 Watthoch Minsenerooger Wattfahrwasser

Das Minsenerooger Wattfahrwasser ist der Weg, um von der Ostseite ins Ostfriesische Wattenmeer zu gelangen oder es wieder zu verlassen. Man erspart sich die Durchfahrt durch das Seegatt Blaue Balje. Allerdings ist das Zeitfenster zum Befahren des hoch trockenfallenden Watthochs eingeschränkt. Die flachste Stelle befindet sich etwa auf Postion φ053°44,600' N und γ 008°00,500'E. Fast die gesamte Fläche des Watthochs liegt in der Schutzzone I.

Dieses Fahrwasser ist im westlichen Teil navigatorisch anspruchsvoll, denn dort ragen Buhnen von der Insel bis zum Fahrwasser heraus. Diese Wasserstraße ist von Osten kommend zunächst durch Backbord-Tonnen, im trockenfallenden Bereich durch Backbord-Pricken und am Watthoch Minsenerooger WFW durch Doppelpricken gekennzeichnet. In Abbildung 71 ist das Fahrwasser zu erkennen. Es führt direkt an der Insel vorbei. Der Anfang und das Ende des Prickenweges ist durch drei eng beieinanderstehende Pricken, den *Triple-Pricken*, aufgezeigt. Beim Befahren dieses Wattfahrwassers aus Richtung Ost kommend, bleiben alle roten Tonnen und Pricken auf unserer Steuerbordseite. Im späteren Verlauf auftretende grüne Tonnen bleiben dann auf unserer Backbordseite. Vorsicht Buhnen vor der Insel! Die Buhnen sind durch Buhnentonnen ausreichend markiert (siehe Abbildung 72) und sollten gut beobachtet werden, denn hier herrscht ein sehr starker Gezeitenstrom, der ein Schiff schnell quer versetzen kann. Von Westen kommend ist das Fahrwasser durch grüne Tonnen auf unserer Steuerbordseite und später durch rote Tonnen und Pricken auf unserer Backbordseite bezeichnet.

Eine Tidekurve konnte für das Watthoch Minsenerooger Wattfahrwasser nicht erstellt werden. Die Bezugspegel für das Watthoch ist Wangerooge-Nord. Bei einem Pegelstand für Wangerooge-Nord von 390 cm bei Flutstrom ist die höchste Stelle des Watthochs gerade mit Wasser bedeckt. Bei einem Pegelstand für Wangerooge-Nord von 490 cm kommt ein Schiff mit einem Tiefgang von einem Meter gerade über das Watthoch. In Abbildung 70 sind die Pegelstände für das Watthoch aufgezeigt. In Abbildung 73 befindet sich das Watthoch an Punkt 2. Eine Tidekurve am Watthoch konnte nicht erstellt werden, da ein Trockenfallen im Schutzgebiet in der Ruhezone I nicht erlaubt ist.

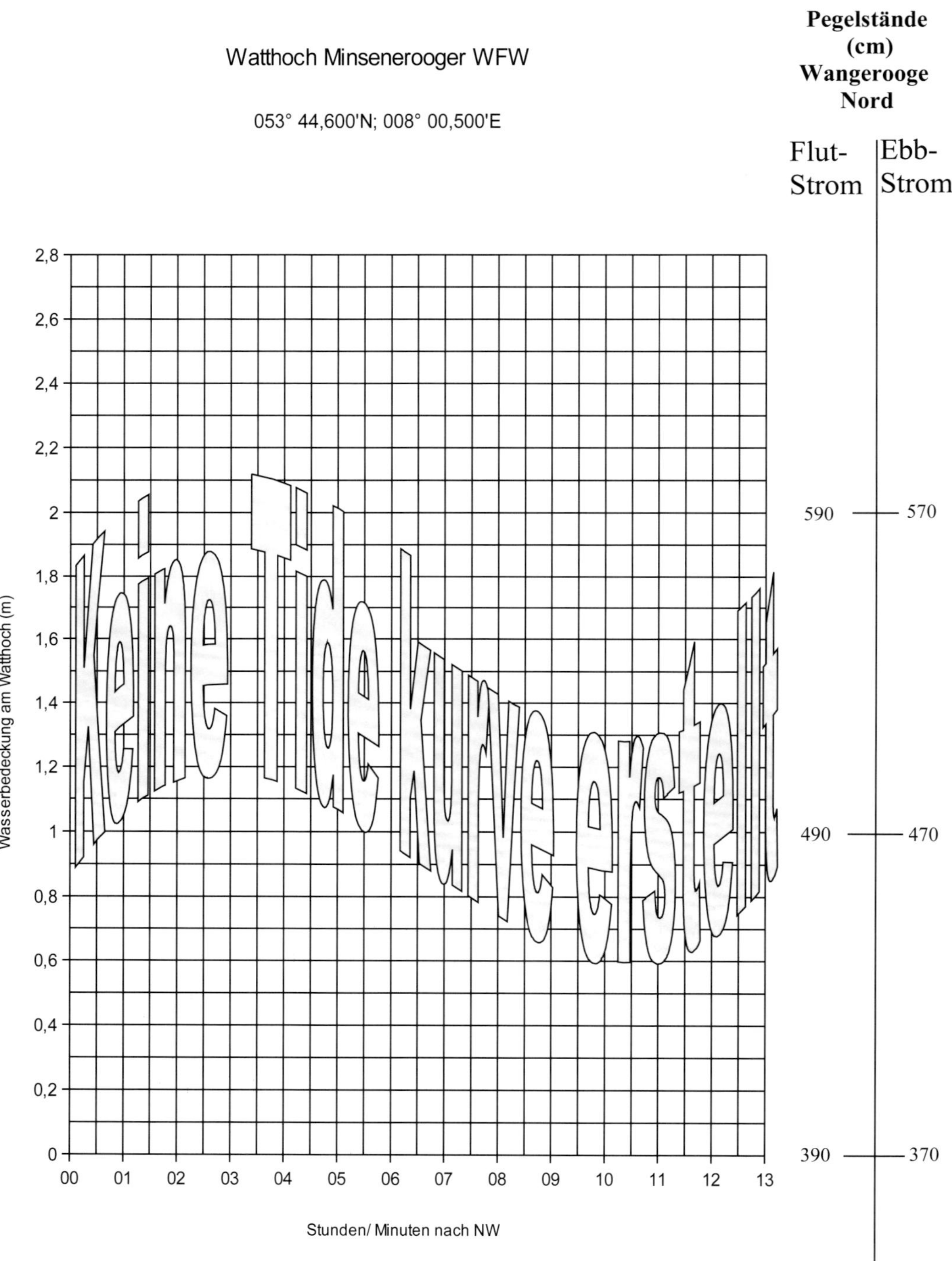

Abbildung 70: Pegel am Watthoch Minsenerooger WFW

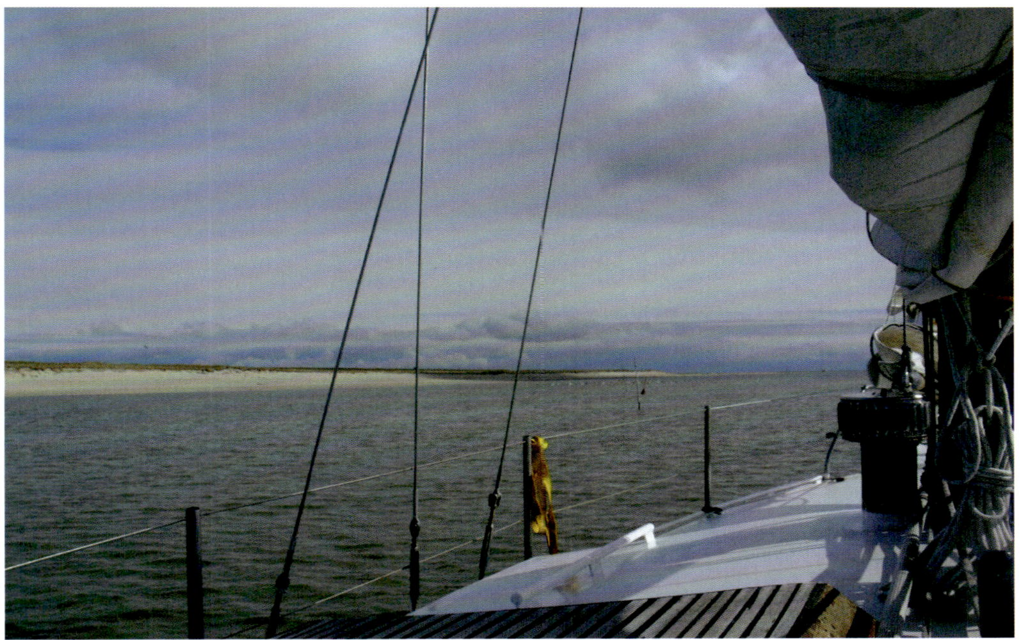

Abbildung 71: Östliches Minsenerooger WFW

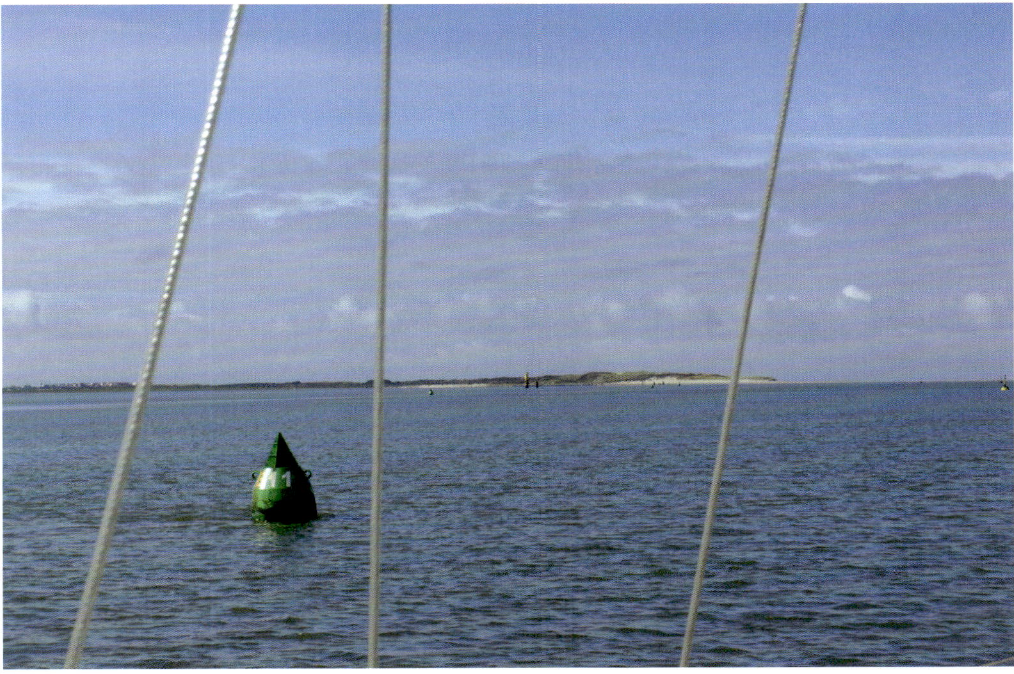

Abbildung 72: Westliches Minsenerooger WFW

7.3 Watthoch Telegraphenbalje

Das Fahrwasser am Watthoch Telegraphenbalje-WFW ist von Osten kommend bei Wangerooge-Ost (Abbildung 75) zunächst durch wenige rote Tonnen bezeichnet. Kurz darauf folgt die Ansteuerung des Priels, die durch die Triple-Pricken und im weiteren Verlauf des Fahrwassers mit Backbord-Pricken aufgezeigt wird. Es führt dann zum Watthoch, welches durch Doppelpricken zweimal gekennzeichnet ist. Bei diesem Watthoch handelt es sich um ein langgestrecktes Plateau. In der Darstellung 73 ist das Watthoch durch die Nummer 3 gekennzeichnet. Die Tidekurve am Watthoch konnte nicht ermittelt werden, da ein Trockenfallen im Schutzgebiet nicht erlaubt ist. In Abbildung 74 ist die Position des Hochs in Breite und Länge angegeben und der Anschlussort zum Pegel Wangerooge-Ost aufgeführt.

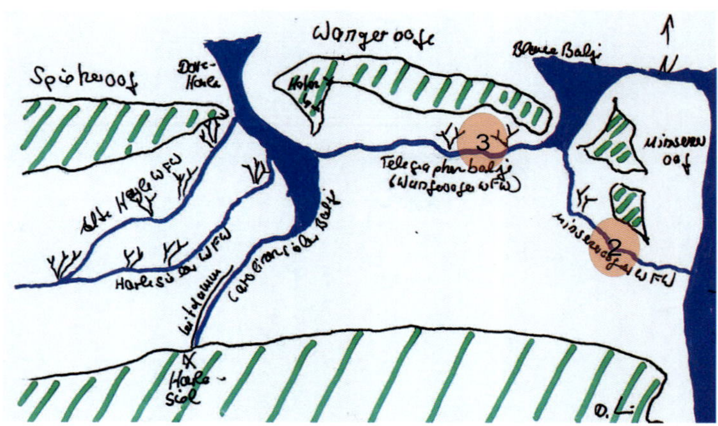

Abbildung 73: Watthoch Minsenerooge WFW und Telegraphenbalje

Von Westen kommend beginnt die Telegraphenbalje auf Höhe der Hafenzufahrt nach Wangerooge. Rote Tonnen kennzeichnen zunächst das Fahrwasser, die wir auf unserer Backbordseite lassen. Der Flachwasserbereich wird durch rote Triple-Pricken markiert, und der Weg bis zum Watthoch mit einfachen Backbord-Pricken fortgeführt. Das Wattfahrwasser setzt keine allzu großen navigatorischen Fähigkeiten voraus. Es ist aber ein sehr hohes Watt, das nur in einem kleinen Zeitfenster befahren werden kann. Bei einem Pegelstand für Wangerooge-Ost von 445 cm ist bei Flut die höchste Stelle des Watthochs gerade mit Wasser bedeckt. Bei einem Pegelstand für Wangerooge-Ost von 545 cm bei Flut kommt ein Schiff mit einem Tiefgang von einem Meter gerade über oder noch über das Watthoch. In Abbildung 74 sind die Pegelstände für das Watthoch aufgezeigt.

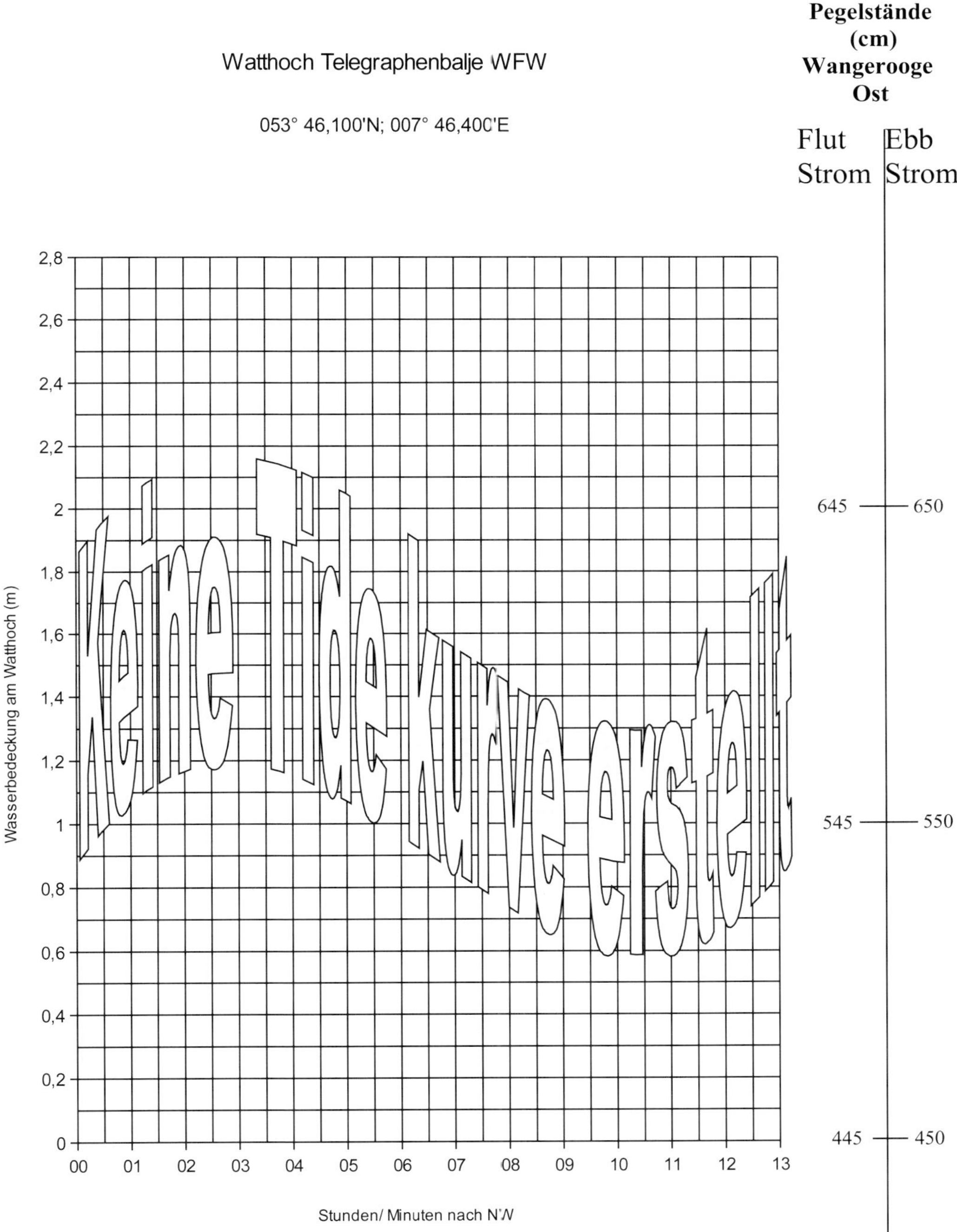

Abbildung 74: Pegel am Watthoch Telegraphenbalje

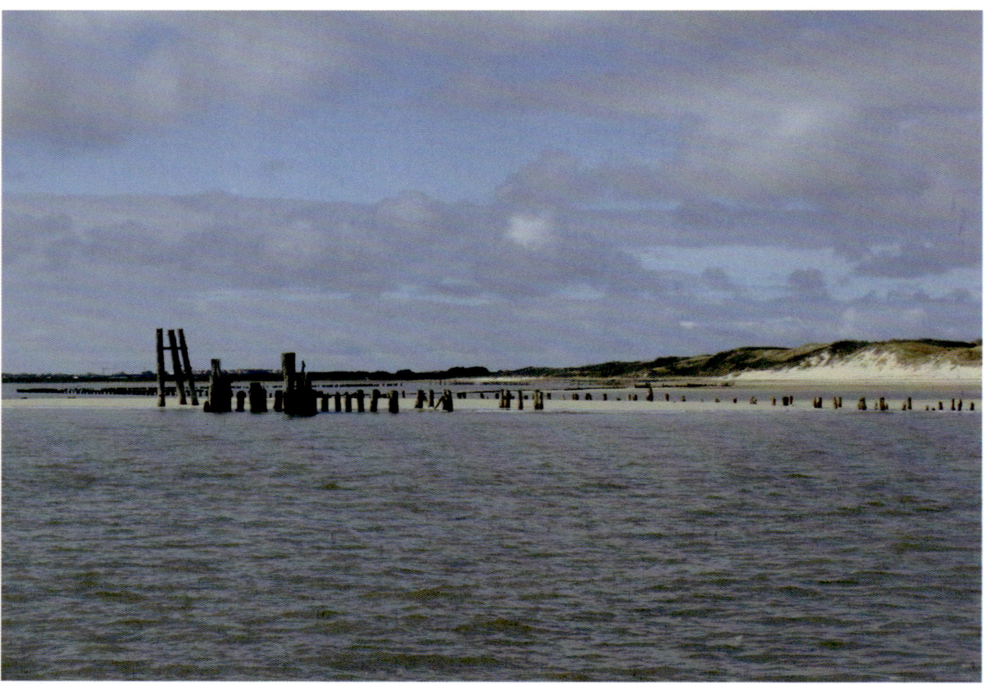

Abbildung 75: Wangerooge- Ost

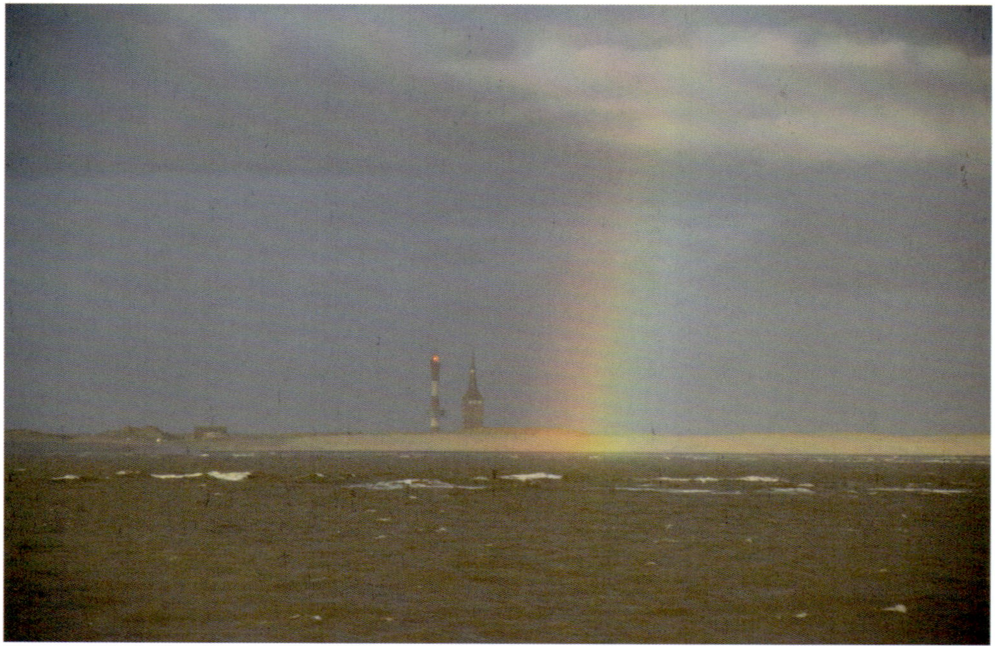

Abbildung 76:Leuchtturm und Westturm Wangerooge

7.4 Watthoch Harlesieler Wattfahrwasser

Das Watthoch Harlesieler Wattfahrwasser liegt nordwestlich von Harlesiel etwa auf Position φ053°44,100' N und γ 007°47,708' E. Es ist ein relativ hohes Watt, das nur in einem kleinen Zeitfenster befahren werden kann. In Abbildung 81 befindet sich das Watthoch bei Punkt 4.

Etwas weiter östlich liegt noch eine weitere Erhebung. Die Hohe Bank liegt nördlich von Harlesiel. Sie ist etwa so hoch wie wie das Watthoch Harlesieler Wattfahrwasser und liegt von Osten kommend außerhalb des Fahrwassers, kurz nach der Ansteuerung zum Fahrwasser nach Harlesiel.

Das Fahrwasser Harlesieler Wattfahrwasser ist zunächst durch rote Tonnen und später durch Backbord-Pricken gekennzeichnet, die wir von Osten kommend alle auf unserer Steuerbordseite lassen, wenn wir dem Verlauf des Fahrwassers folgen möchten. Das Watthoch wird durch Doppelpricken markiert.

Abbildung 79 zeigt das Watthoch im Harlesieler Wattfahrwasser bei Niedrigwasser in Blickrichtung Ost. Abbildung 80 zeigt ebenfalls das Watthoch, nur den Prielverlauf bei Nw in Blickrichtung West.

Man erkennt zudem eine einheitliche Oberflächenstruktur des Meeresbodens. Wer über dieses Watthoch segeln will, muss wissen, dass man auf diesem Watthoch weite Schläge kreuzen kann, wenn der Wind mal ungünstig steht. Ob man sich mit seinem Schiff dann dicht an den Pricken hält oder hier kreuzt, spielt keine Rolle, da die Bodenoberfläche einheitlich strukturiert ist. Abbildung 79 zeigt, dass ein Priel weit ab von der Fahrwassermarkierung liegt.

In den Abbildungen 77 und 78 sind die Kurven und die Pegelstände dargestellt. Die Pegelwerte dieses Watthochs beziehen sich auf den Pegel Wangerooge-Nord und sind am rechten Rand der beiden Abbildungen aufgeführt. Das Watthoch befindet sich nicht im Schutzgebiet Zone I und setzt keine allzu großen navigatorischen Fähigkeiten voraus. Bei Flutstrom und einem Pegelstand für Wangerooge-Nord von 460 cm ist die höchste Stelle des Watthochs gerade mit Wasser bedeckt. Bei einem Pegelstand für Wangerooge-Nord von 560 cm kommt ein Schiff mit einem Tiefgang von einem Meter gerade über das Watthoch.

<u>Strömungsverhalten am Watthoch zur Springzeit:</u> Die beginnende Flut am Watthoch Harlesieler WFW ist zur Springzeit in den ersten beiden Stunden nach Niedrigwasser nicht zu erkennen. Erst um die zweite Stunde nach Nw herum kommt die Flut und steigt dann sehr schnell mit etwa 1 cm

pro Minute dem Watthoch entgegen. Diese Fließgeschwindigkeit ändert sich hier am Watthoch kaum bis zum Hochwasser. Zur Springzeit steht das Wasser bei Hochwasser am Watthoch auf etwa 2,60m, um dann mit der nächsten Ebbe wieder rasch mit ähnlicher Fließgeschwindigkeit abzulaufen. Abbildung 77 zeigt den Tidenverlauf am Watthoch Harlesieler WFW zur Springzeit. Zu beachten ist, dass zur Zeit der Messungen am Watthoch das Wasser durch Windeinfluss etwa 0,40 m höher als normal angestiegen ist.

Strömungsverhalten am Watthoch zur Nippzeit: Zur Nippzeit ist auch die beginnende Flut am Watthoch in den ersten beiden Stunden nach Niedrigwasser nicht zu erkennen, wenn dort trockengefallen ist. Auch hier kommt erst um die zweite Stunde nach Nw die Flut und steigt dann mit etwa 1 cm pro Minute dem Watthoch entgegen. Die Fließgeschwindigkeit ändert sich nur unwesentlich bis zum Hochwasser. Die Flut steigt dann bei Hochwasser bis auf etwa 1,90 m, um mit der nächsten Ebbe wieder rasch mit ähnlicher Geschwindigkeit abzulaufen. Zur Nippzeit steht das Wasser bei Hochwasser am Watthoch weniger als eine Stunde. Abbildung 78 zeigt den Tidenverlauf am Watthoch Harlesieler WFW zur Nipptide. Zu beachten ist, dass zur Zeit der Messungen am Watthoch das Wasser durch Windeinfluss etwa 0,10m niedriger als normal angestiegen ist.

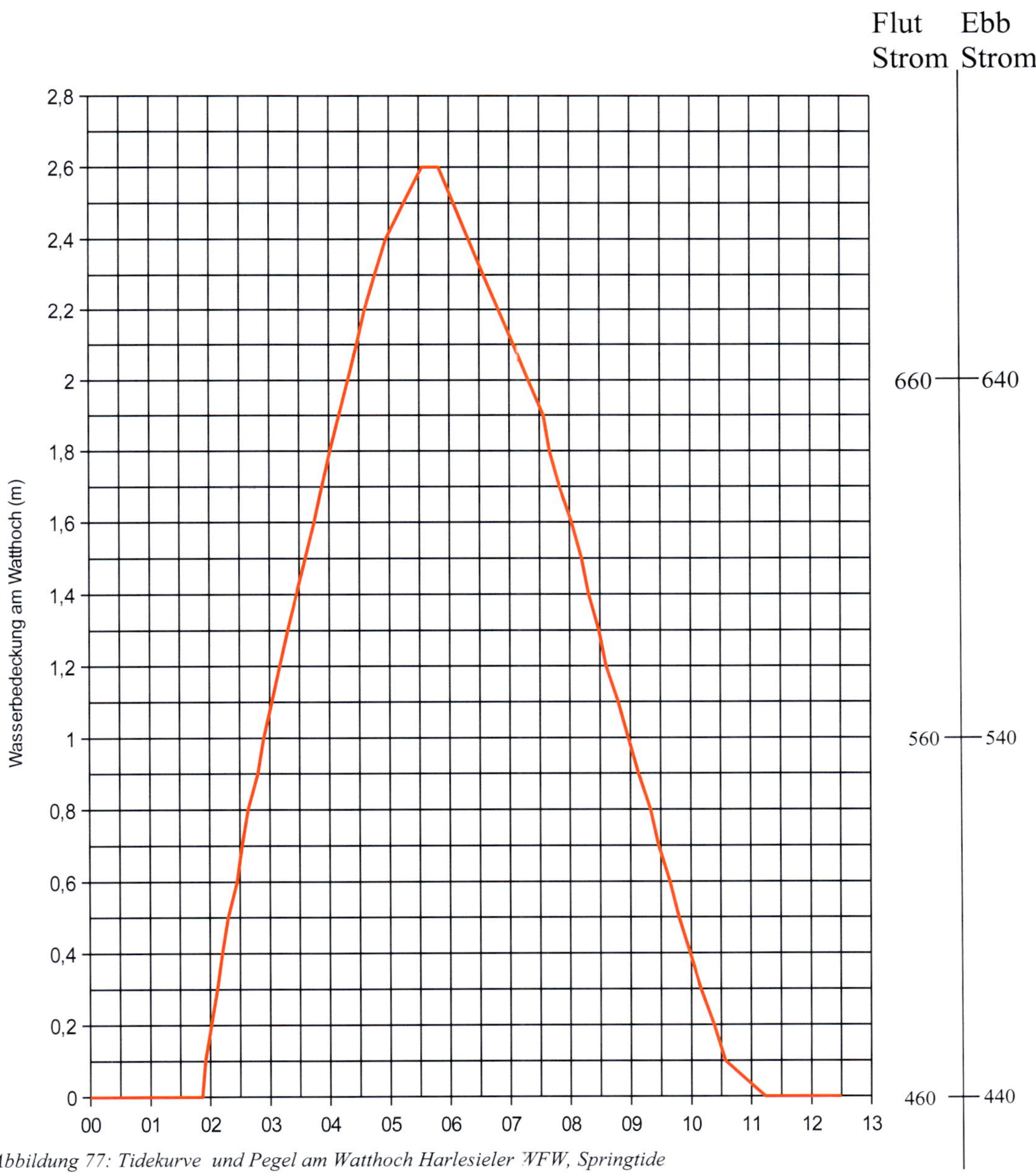

Abbildung 77: Tidekurve und Pegel am Watthoch Harlesieler WFW, Springtide

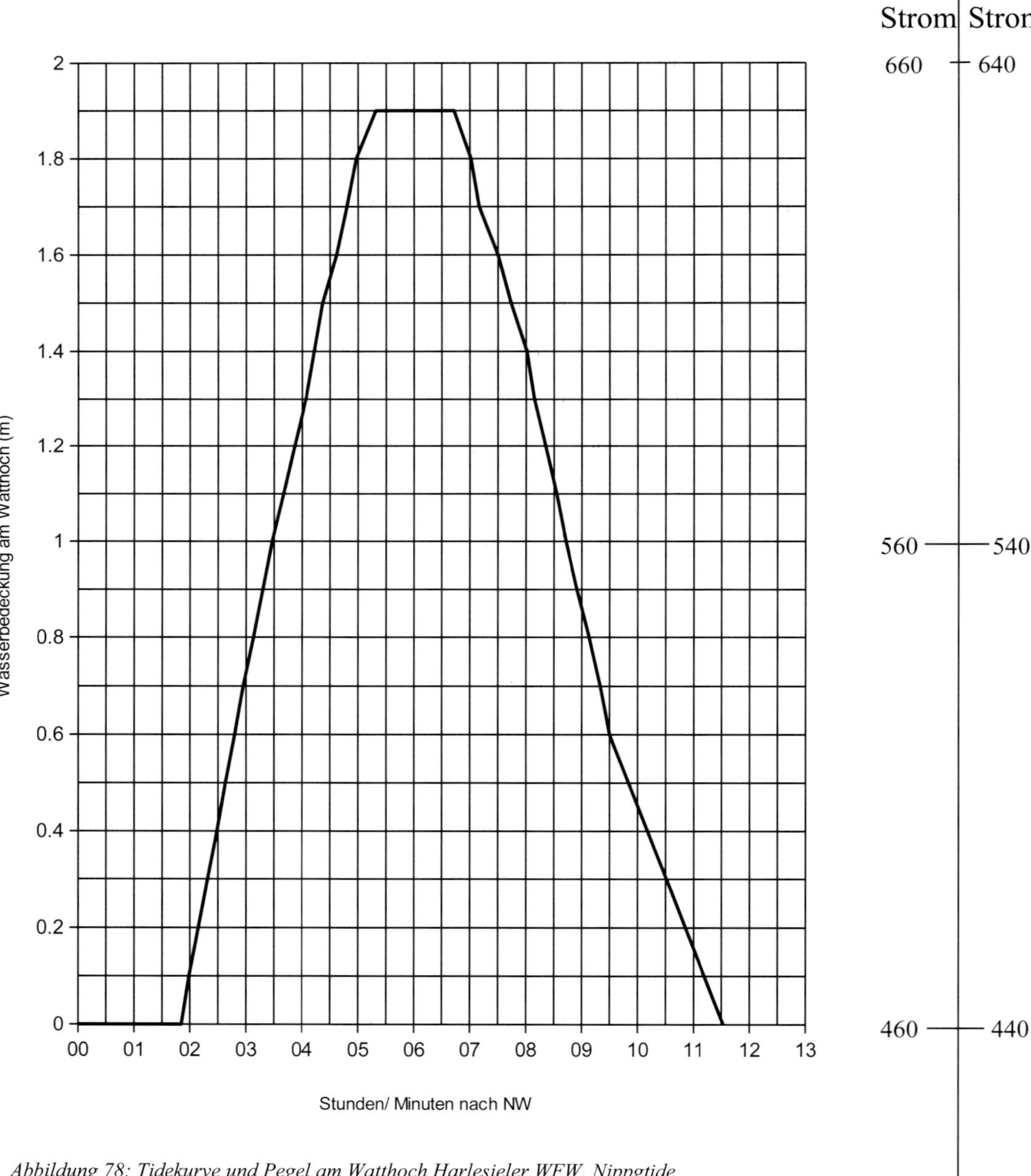

Abbildung 78: Tidekurve und Pegel am Watthoch Harlesieler WFW, Nippgtide

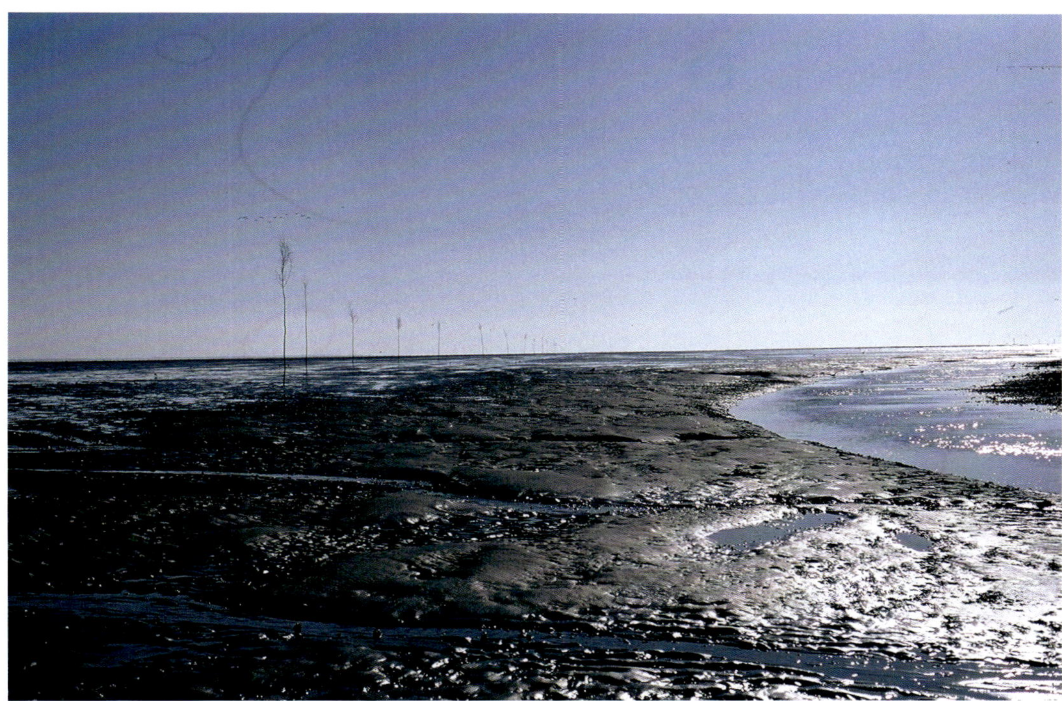

Abbildung 79: Fläche am Watthoch Harlesieler WFW Blickrichtung Ost

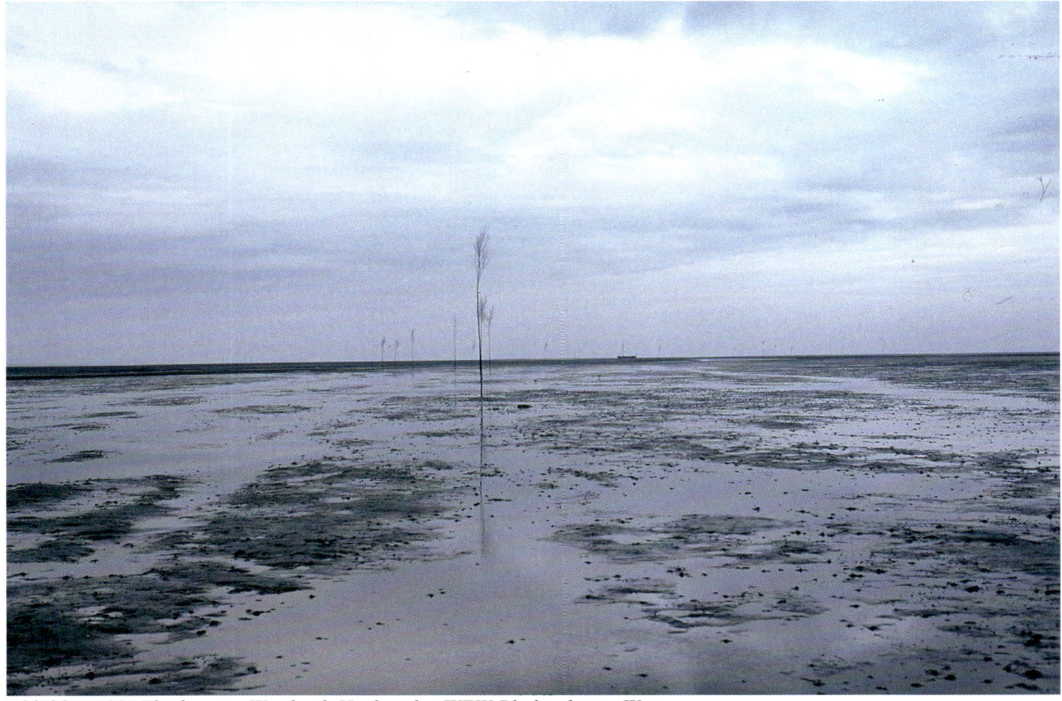

Abbildung 80: Flächen am Watthoch Harlesieler WFW Blickrichtung West

7.5 Watthoch Alte Harle

Das Watthoch Harlesieler Wattfahrwasser liegt nordwestlich von Harlesiel etwa auf Position φ053°44,100' N und γ 007°47,617' E. In Abbildung 81 befindet sich das Watthoch bei Punkt 5. Das Fahrwasser Alte Harle Wattfahrwasser kann tidenbedingt lange befahren werden. Es ist zwar ein relativ hohes Watt, das aber von einem tiefen Priel charakterisiert ist. Die Betonnung des Fahrwassers ist in Nord-West-Richtung steigend und die Backbord -Tonnen und -Pricken bleiben dann auf unserer Backbordseite.

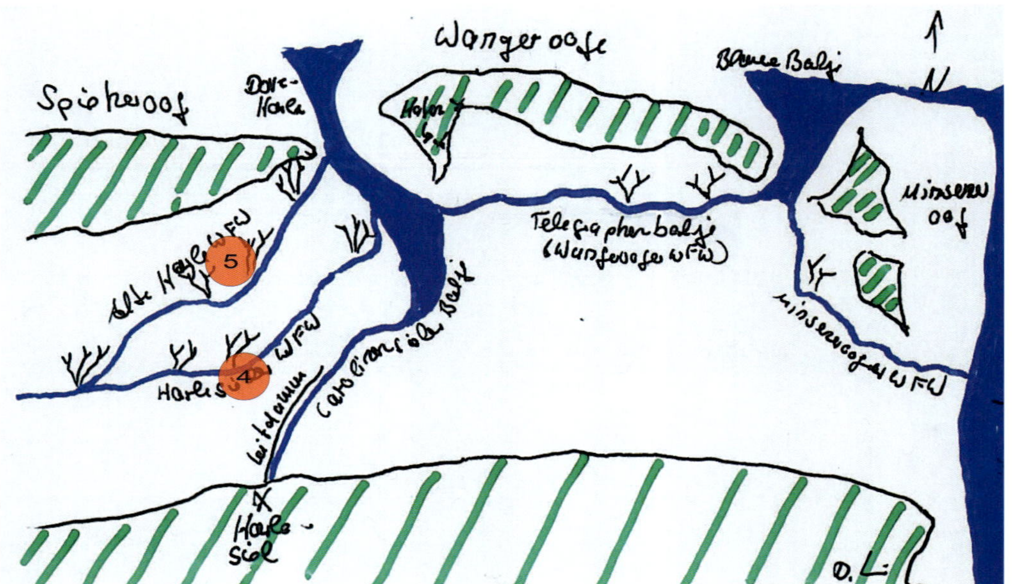

Abbildung 81: Watthoch Harlesieler WFW und Alte Harle WFW

Dieses Fahrwasser beginnt am Ende des Fahrwassers Otzumer Balje mit Triple-Pricken, wird mit einfachen Backbord-Pricken bis zum Watthoch fortgesetzt. Das Watthoch ist durch Doppelpricken gekennzeichnet.

In Abbildung 83 sind Kurve und Pegelstände dargestellt. Die Pegelwerte dieses Watthochs beziehen sich auf den Pegel Wangerooge-Nord und sind am rechten Rand der Abbildung aufgeführt. Das Watthoch befindet sich nicht im Schutzgebiet Zone I und setzt keine allzu großen navigatorischen Fähigkeiten voraus. Bei einem Pegelstand für Wangerooge-Nord von 420 cm ist bei Flut die höchste Stelle des Watthochs gerade mit Wasser bedeckt. Bei einem Pegelstand für Wangerooge-Nord von 520 cm kommt ein Schiff bei Flut mit einem Tiefgang von einem Meter gerade über das Watthoch. Abweichungen sind durch Sedimentversatz möglich. Im weiteren Verlauf des

Wattfahrwassers sind wieder einfache Backbord-Pricken zu finden, bis sie im tieferen Bereich durch rote Tonnen ersetzt sind. Diese Tonnen führen an Spiekeroog-Ost heran zum Fahrwasser Dove Harle.

Strömungsverhalten am Watthoch zur Springzeit: Abbildung 82 zeigt das Watthoch Alte Harle-Wattfahrwasser bei Niedrigwasser und die Bodenstruktur in Blickrichtung Nord auf. Wer hier in der Nähe des Fahrwassers ankert und trockenfällt, wird bei Flut aufpassen müssen. Auffällig ist hier, dass das Wasser zunächst von Norden kommend, plötzlich nach Süden dreht, um später wieder aus Norden zu kommen.

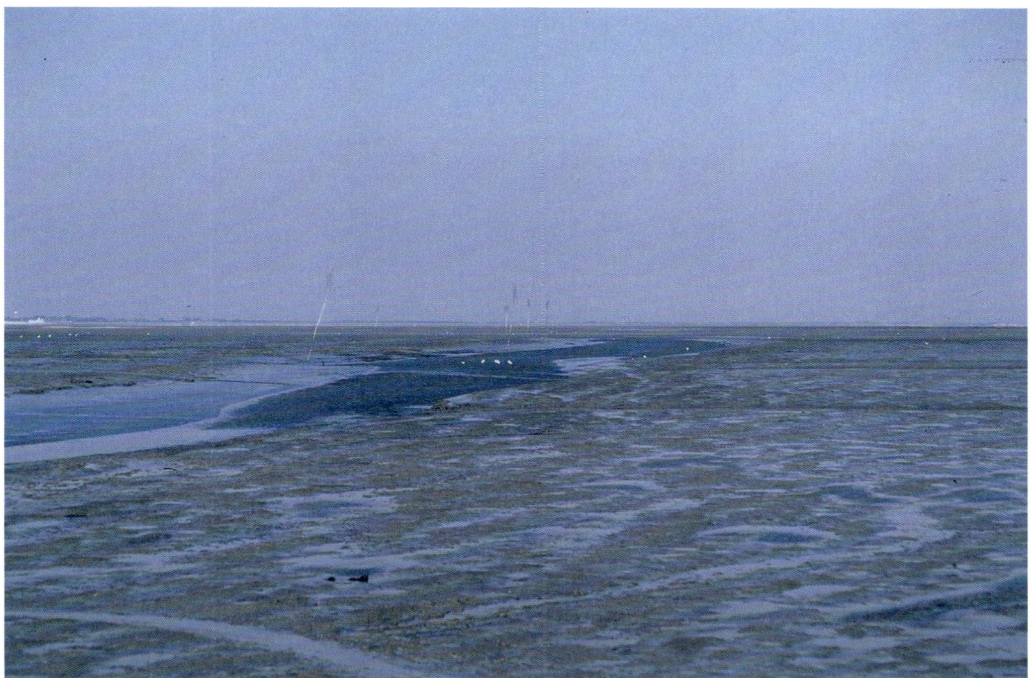

Abbildung 82: Prielverlauf Alte Harle Wattfahrwasser bei NW Blickrichtung Nord

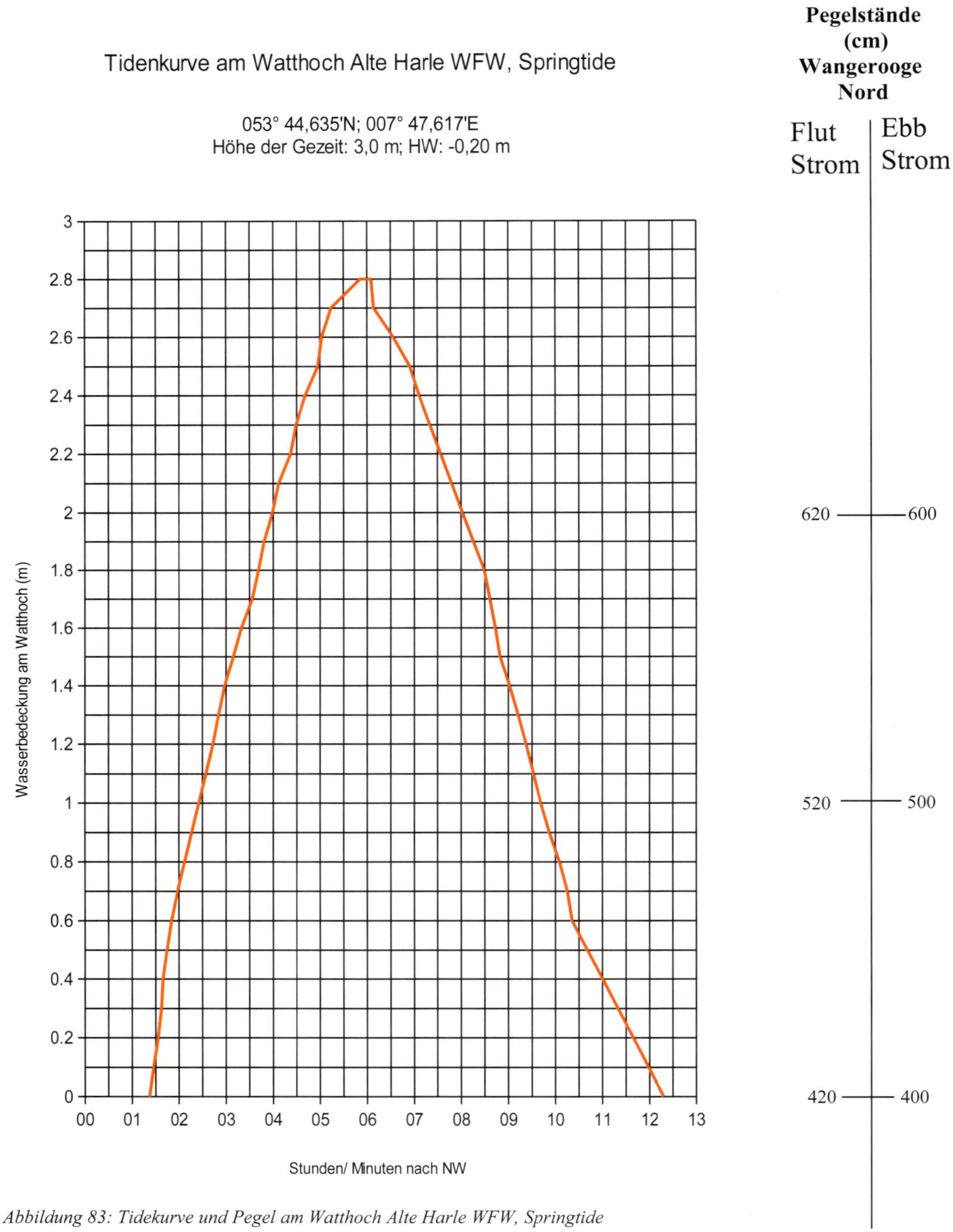

Tidenkurve am Watthoch Alte Harle WFW, Springtide

053° 44,635'N; 007° 47,617'E
Höhe der Gezeit: 3,0 m; HW: -0,20 m

Wasserbedeckung am Watthoch (m)

Stunden/ Minuten nach NW

Pegelstände (cm) Wangerooge Nord

Flut Strom	Ebb Strom
620	600
520	500
420	400

Abbildung 83: Tidekurve und Pegel am Watthoch Alte Harle WFW, Springtide

7.6 Watthoch Swinnplate

Das Watthoch auf der Swinnplate südlich von Spiekeroog ist zwischen den Positionen φ 053° 45,0' N bis 053° 45,0' N und γ 007° 47,5' E bis 007° 46,5' E' zu verorten und liegt in der Ruhezone I. Dieses Watthoch ist also nur in einem Zeitfenster von drei Stunden vor bis drei Stunden nach Hochwasser zu befahren. Auch ist die Passage durch ein nördlich gelegenes Vogelschutzgebiet und ein südlich liegendes Robbenschutzgebiet eingeengt. Der zu befahrende Korridor in westlicher, bzw. östlicher Richtung ist sehr schmal. Es ist ein relativ hohes Watt, der Wasserstand erlaubt das Befahren nur in einem kleinen Zeitfenster. In Abbildung 85 befindet sich das Watthoch bei Punkt 6.

Diese Wasserfläche am Watthoch ist nicht gekennzeichnet und setzt navigatorische Fähigkeiten voraus. Die Wasserbedeckung am Watthoch konnte nicht ermittelt werden, da ein Trockenfallen im Schutzgebiet in der Ruhezone I nicht erlaubt ist. Der Pegel für das Watthoch ist in Abbildung 84 rechts dargestellt. Die Pegelwerte dieses Watthochs beziehen sich auf den Pegel Langeoog und sind am rechten Rand der beiden Abbildungen aufgeführt. Bei einem Pegelstand für Langeoog bei Flut von 460 cm ist die höchste Stelle des Watthochs gerade mit Wasser bedeckt. Bei einem Pegelstand für Langeoog bei Flut von 560 cm kommt ein Schiff mit einem Tiefgang von einem Meter gerade über das Watthoch.

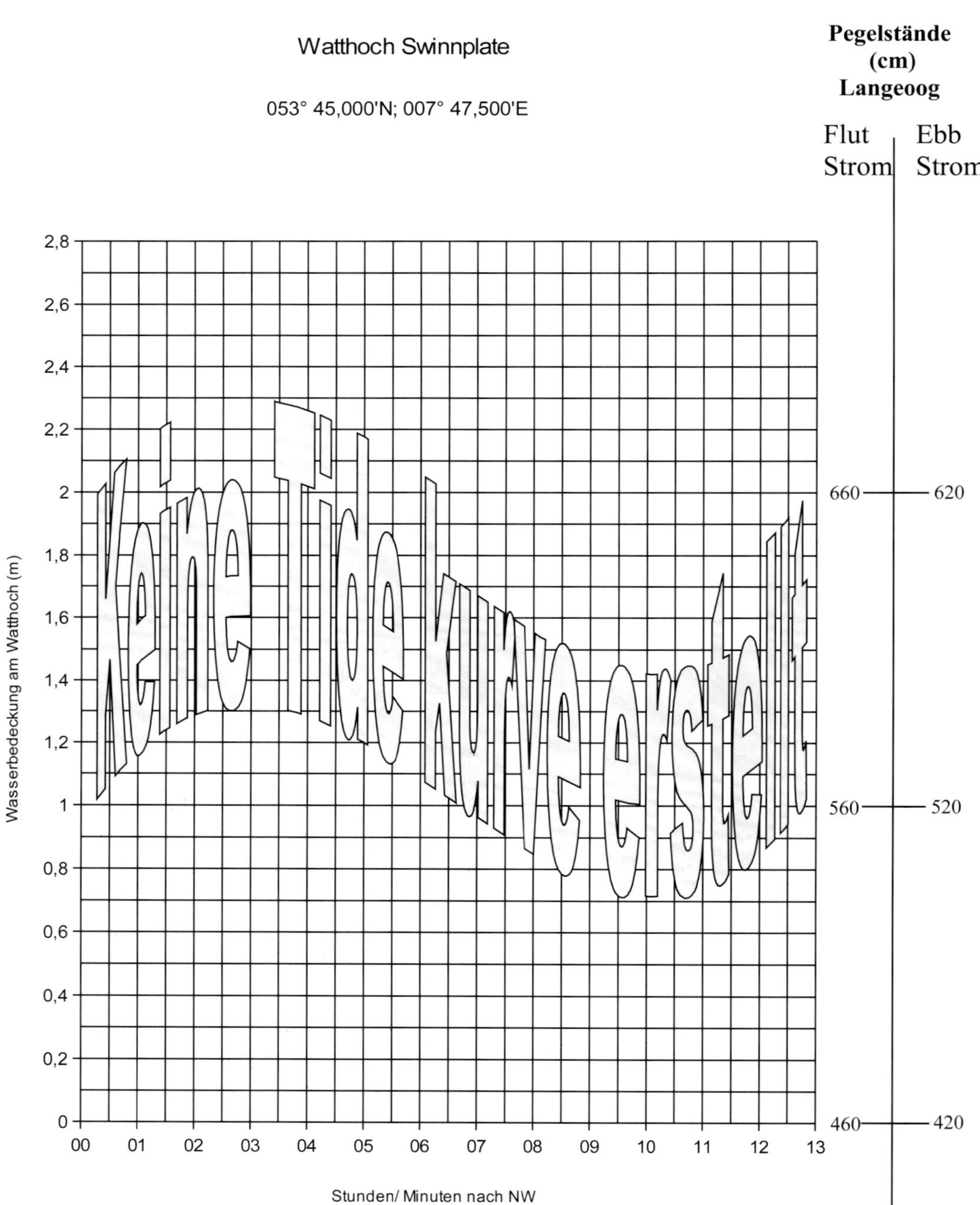

Abbildung 84: Pegel am Watthoch Swinnplate

7.7 Watthoch Neuharlingersieler Wattfahrwasser

Das Watthoch am Neuharlingersieler Wattfahrwasser ist nördlich von Neuharlingersiel auf Position φ 053°42,610' N und γ 007°40,586' E zu verorten. Vom Wasserstand her betrachtet ist es gut zu befahren. In Abbildung 85 befindet sich das Watthoch bei Punkt 7. Das Fahrwasser am Watthoch Neuharlingersieler-WFW ist durch Doppelpricken gekennzeichnet.

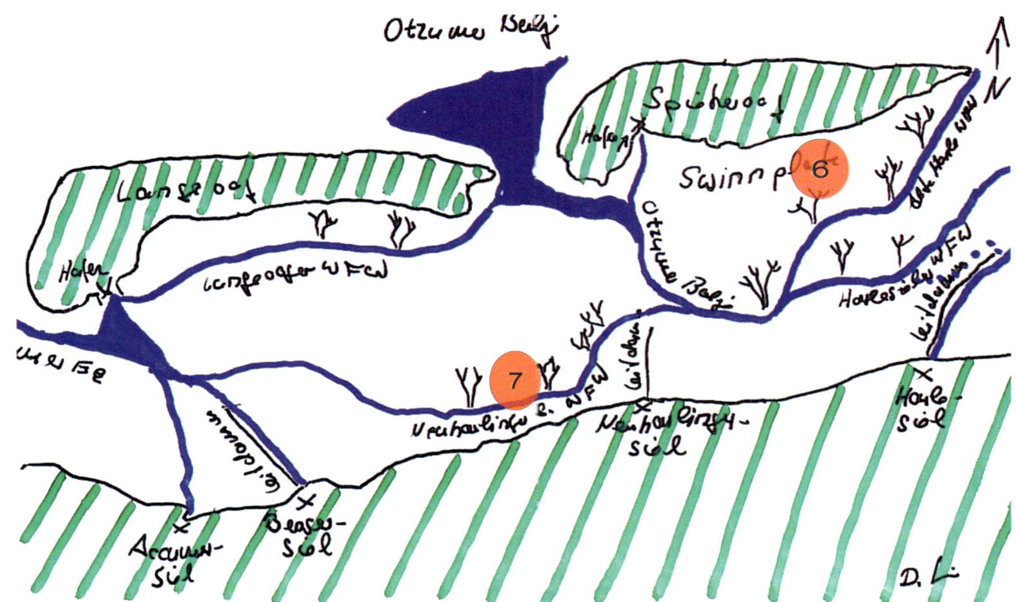

Abbildung 85: Watthoch Neuharlingersieler WFW und Swinnplate

In Abbildung 86 sind Kurve und Pegelstände dargestellt. Die Pegelwerte dieses Watthochs beziehen sich auf den Pegel Norderney oder Langeoog und sind am rechten Rand der beiden Abbildungen aufgeführt. Das Watthoch befindet sich nicht im Schutzgebiet Zone I und setzt keine allzu großen navigatorischen Fähigkeiten voraus. Bei einem Pegelstand für Langeoog bei Flut von 445 cm ist die höchste Stelle des Watthochs gerade mit Wasser bedeckt. Bei einem Pegelstand für Langeoog von 545 cm kommt ein Schiff mit einem Tiefgang von einem Meter bei Flut gerade über das Watthoch.

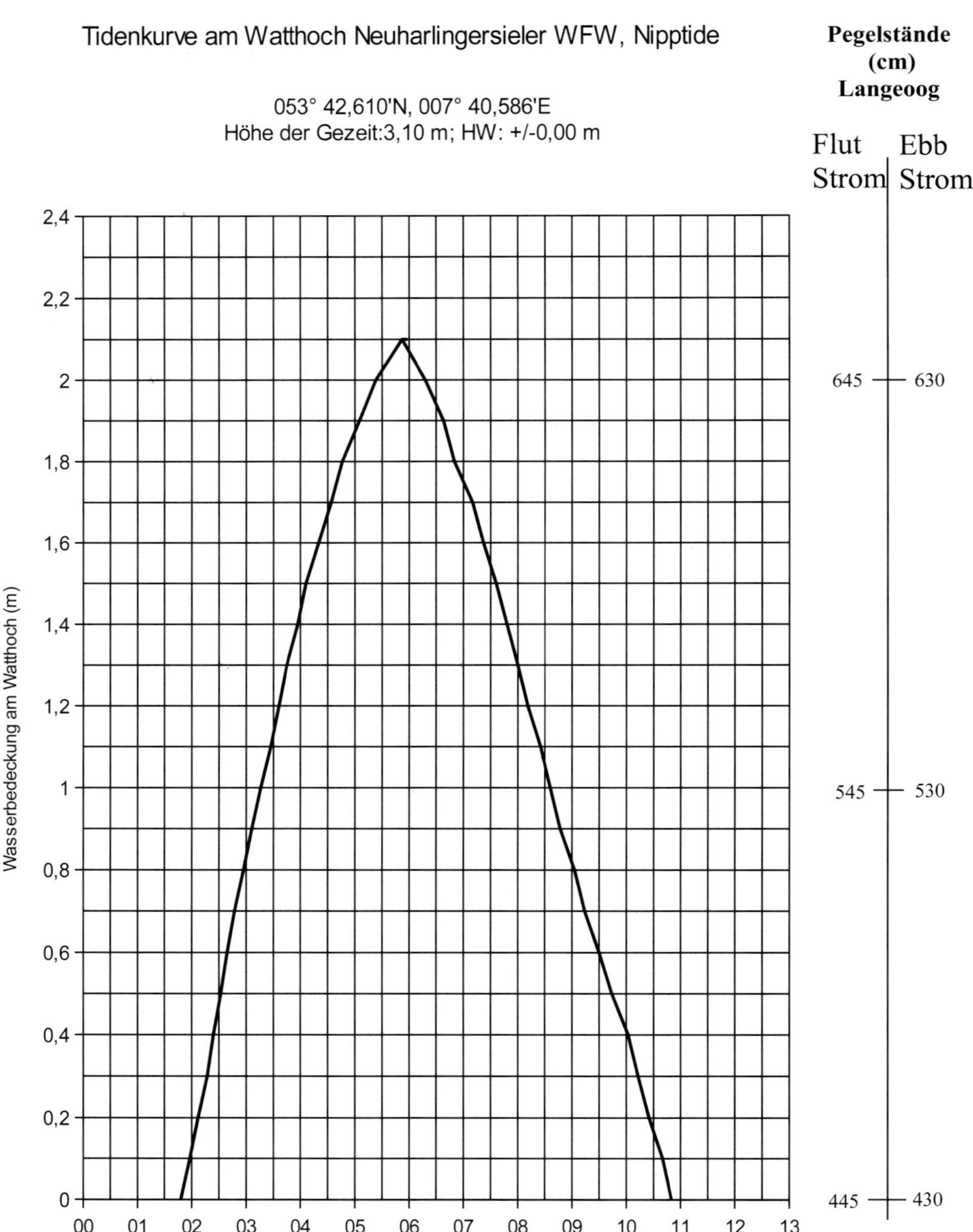

Abbildung 86: Tidekurve und Pegel am Watthoch Neuharlingersieler WFW, Springtide

Strömungsverhalten am Watthoch zur Nippzeit: Die beginnende Flut am Watthoch Neuharlingersiel WFW beginnt zur Nippzeit erst spät. Kurz vor der 2. Stunde nach Nw kommt die Flut am Watthoch an und steigt dann sehr schnell mit etwa 1 cm pro Minute dem Watthoch entgegen. Die Fließgeschwindigkeit ändert sich kaum bis zum Hochwasser. Zur Nippzeit steht das Wasser bei Hochwasser am Watthoch kaum. Es steigt auf etwa 2,10 m, um dann mit der nächsten Ebbe wieder sehr rasch mit ähnlicher Geschwindigkeit abzulaufen. Die Ebbe hier ist oft sehr kabbelig. Abbildung 86 zeigt den Tidenverlauf am Watthoch Neuharlingersiel WFW zur Nippzeit. Zur Springtide konnten wegen ungünstiger Wetterlagen keine Messungen durchgeführt werden.

Es folgen Abbildungen, die das Watthoch Neuharlingersiel Wattfahrwasser bei Niedrigwasser und seine Bodenstruktur widerspiegeln. In Abbildung 88 ist die Blickrichtung West. Abbildung 89 zeigt den Prielverlauf bei Niedrigwasser mit Blickrichtung Ost. Der Boden ist hier sehr weich, aber es gibt auch große Felder, die von Muschelschill übersät sind. Hier kann man mit seinem Segelschiff bei entsprechender Wasserbedeckung wieder weite Schläge kreuzen, wenn der Wind ungünstig steht. Ob man sich mit seinem Schiff dicht an den Pricken hält oder einfach hier kreuzt, spielt keine Rolle, da die Bodenoberfläche einheitlich strukturiert ist.

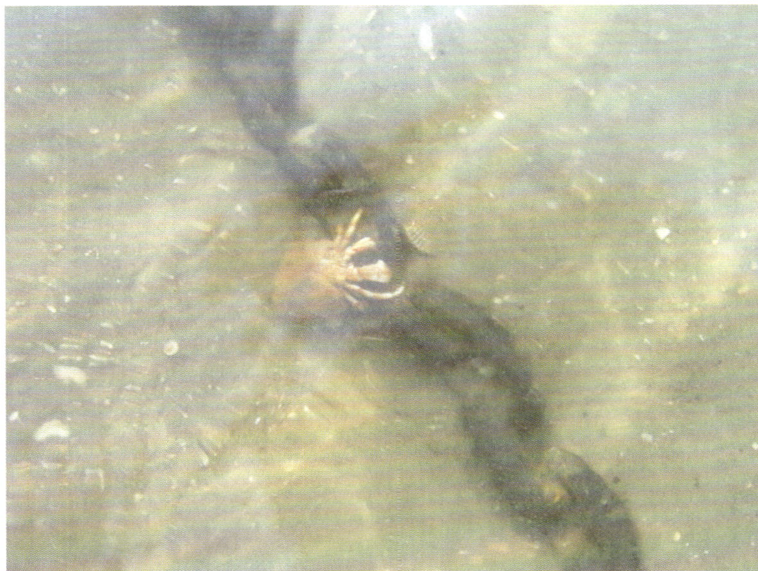

Abbildung 87: Ankerkette

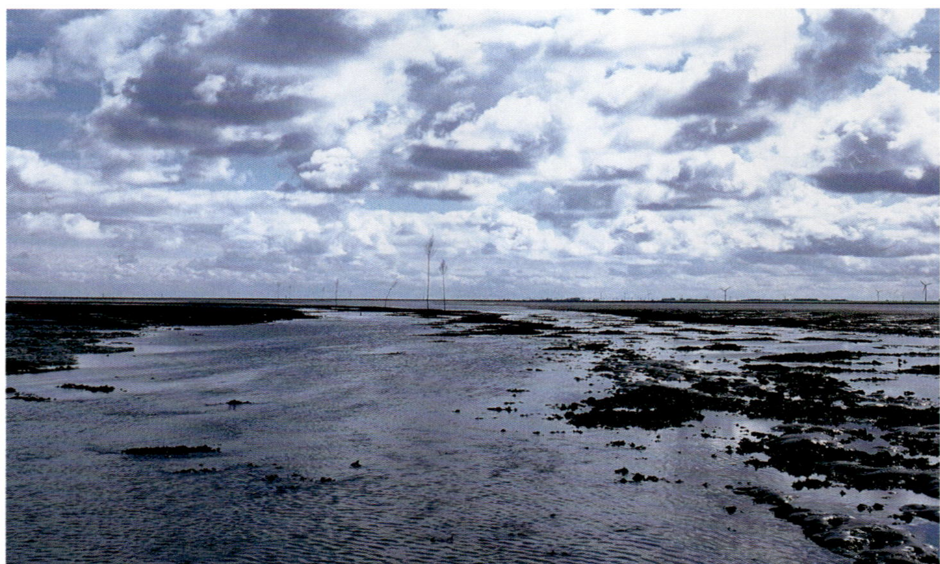

Abbildung 88: Prielverlauf am Neuharlingersieler Wattfahrwasser bei NW Blickrichtung Ost

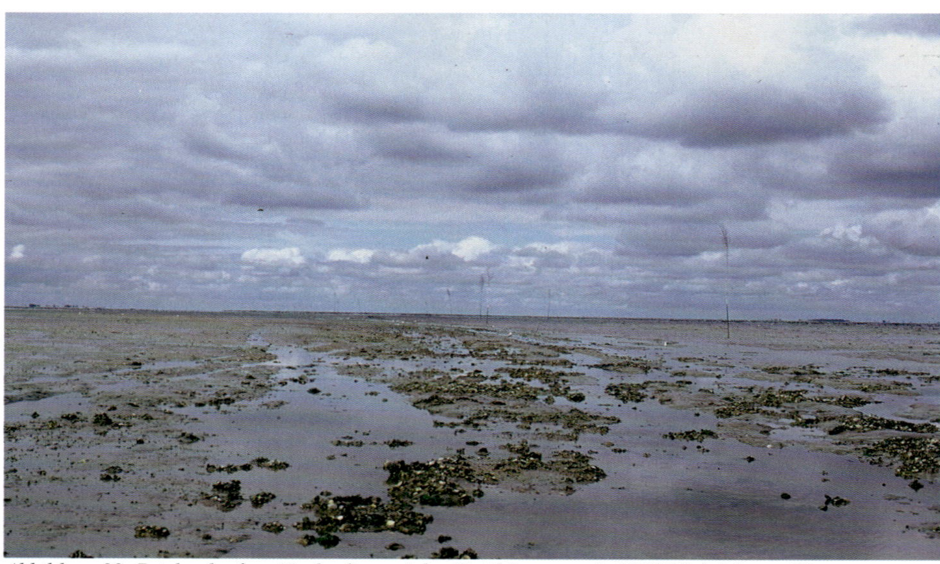

Abbildung 89: Prielverlauf am Neuharlingersieler Wattfahrwasser bei NW Blickrichtung West

7.8 Watthoch Langeooger WFW

Das Watthoch Langeooger Wattfahrwasser ist südlich der Insel Langeoog auf Position φ053°43,849'N und γ007°36,029'E zu verorten und ist durch Doppelpricken am Fahrwasser gekennzeichnet. Direkt nördlich des Fahrwassers befindet sich ein ausgedehntes Vogelschutzgebiet, das nicht befahren und betreten werden darf. In Abbildung 90 befindet sich das Watthoch bei Punkt 14.

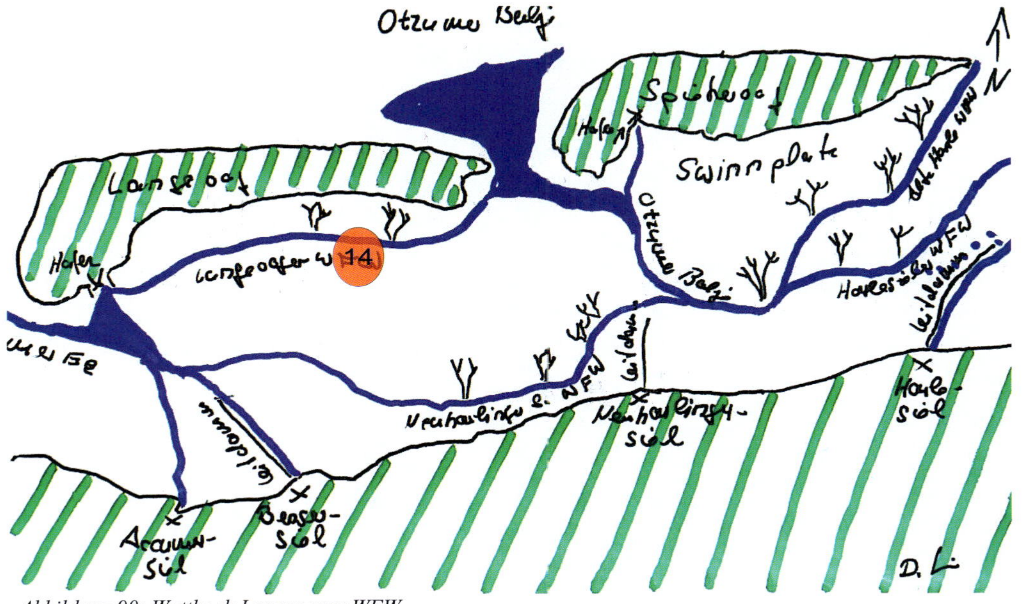

Abbildung 90: Watthoch Langeooger WFW

In den Abbildungen 91 und 92 sind Kurven und Pegelstände dargestellt. Die Pegelwerte dieses Watthochs beziehen sich auf den Pegel Langeoog und sind am rechten Rand der beiden Abbildungen aufgeführt. Das Watthoch befindet sich nicht im Schutzgebiet Zone I und setzt keine allzu großen navigatorischen Fähigkeiten voraus. Bei einem Pegelstand für Langeoog bei Flut von 460 cm ist die höchste Stelle des Watthochs gerade mit Wasser bedeckt. Bei einem Pegelstand für Langeoog von 560cm kommt ein Schiff bei Flut mit einem Tiefgang von einem Meter gerade über das Watthoch.

Nachfolgend Abbildungen, die das Watthoch Langeooger Wattfahrwasser bei Niedrigwasser und seine Bodenstruktur widerspiegeln. In Abbildung 95 ist die Blickrichtung West. Abbildung 94 zeigt den Prielverlauf bei Niedrigwasser mit Blickrichtung Ost.

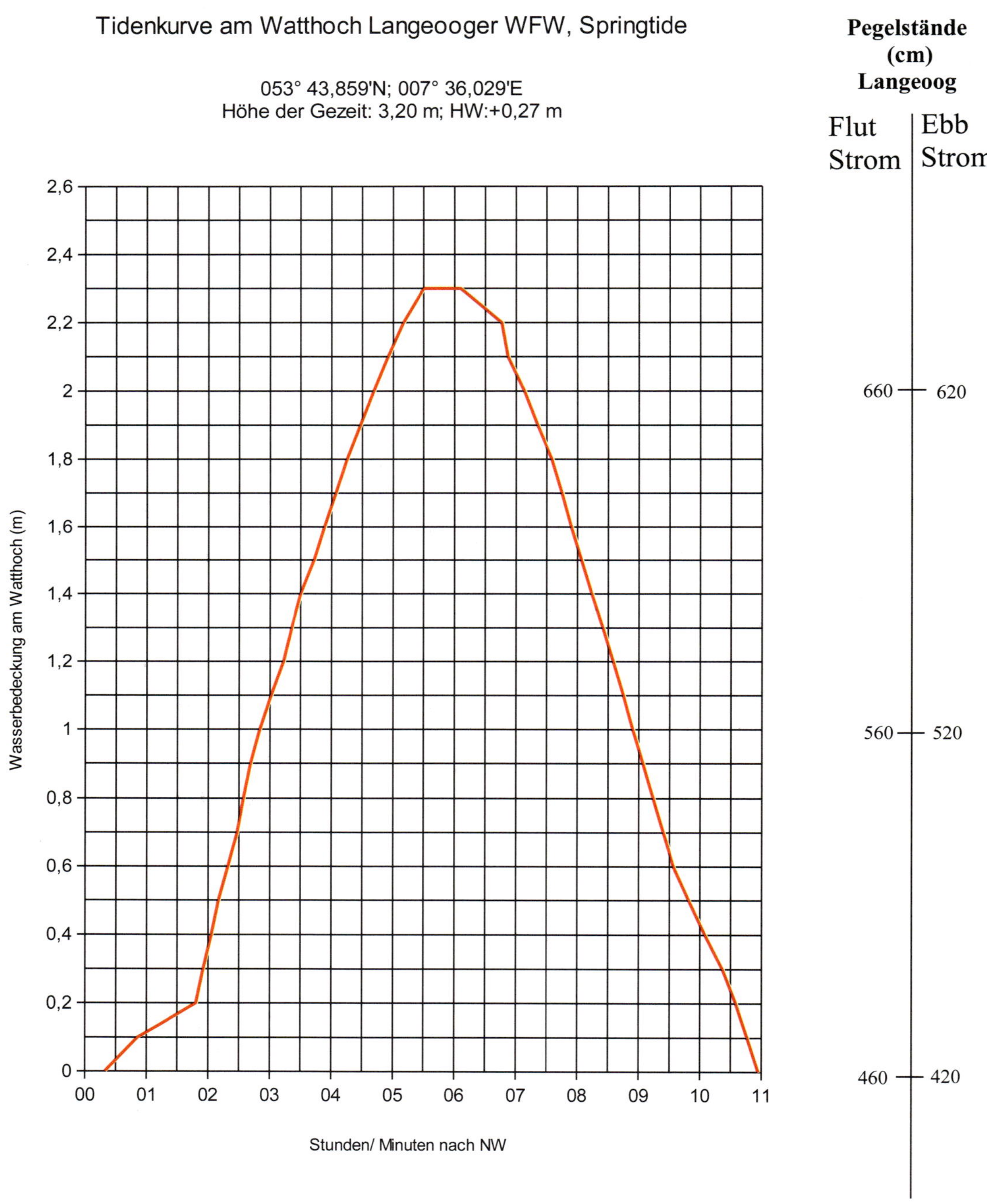

Abbildung 91: Tidekurve und Pegel am Watthoch Langeooger WFW, Springtide

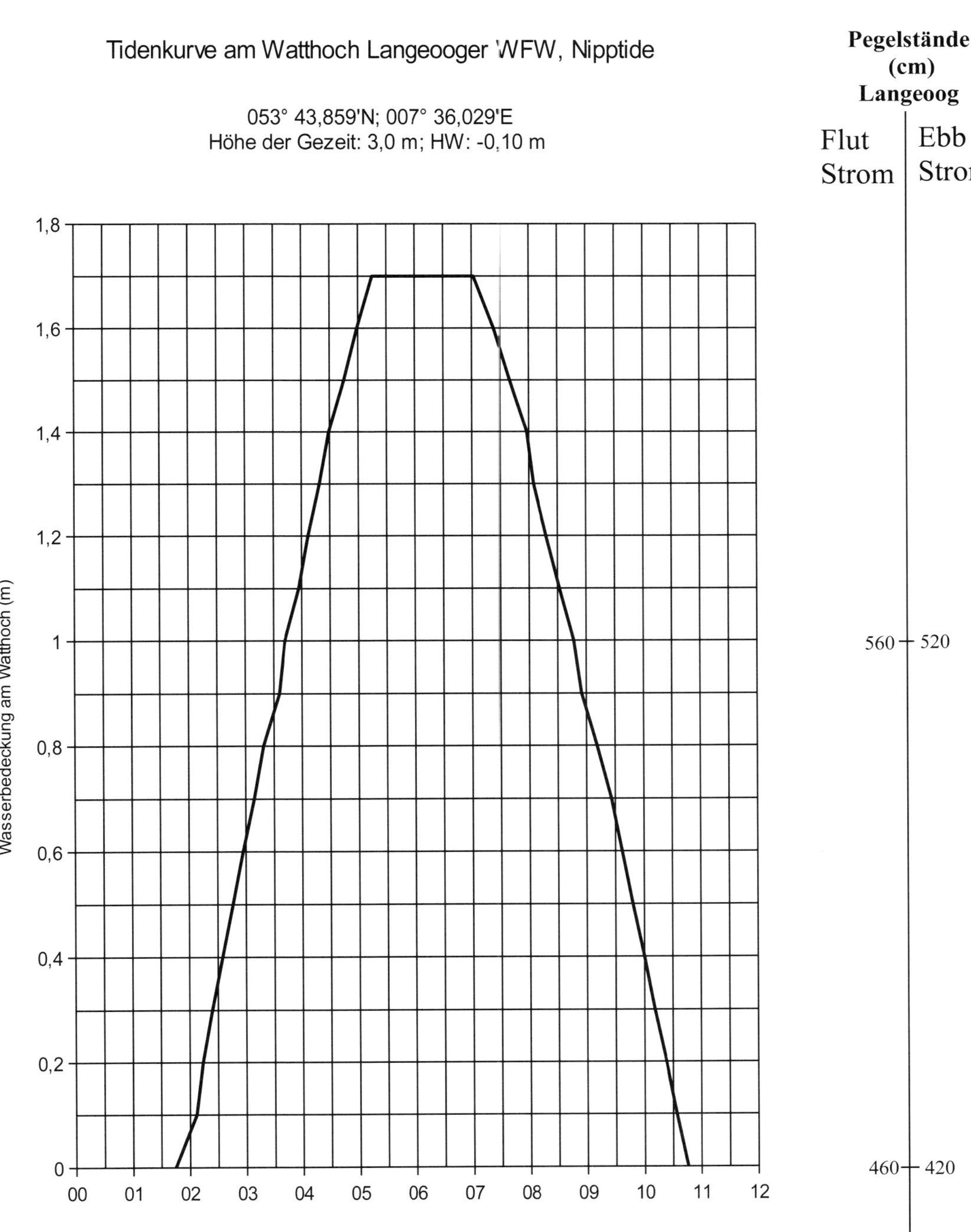

Abbildung 92: Tidekurve und Pegel am Watthoch Langeooger WFW, Nipptide

Strömungsverhalten am Watthoch zur Springzeit: Die beginnende Flut am Watthoch Langeooger-WFW ist zur Springzeit kurz nach Niedrigwasser schon im Kommen. Die ersten beiden Stunden läuft das Wasser relativ langsam auf und steigt dann später sehr schnell mit mehr als 1 cm pro Minute dem Watthoch entgegen. Das Wasser ist hier sehr unruhig und läuft von Ost und West auf das Watthoch gleichmäßig zu. Diese enorme Fließgeschwindigkeit ändert sich dann kaum bis zum Hochwasser. Zur Springzeit steht das Wasser bei Hochwasser am Watthoch eine knappe halbe Stunde auf etwa 2,30 m, um dann mit der nächsten Ebbe langsamer wieder abzulaufen. Abbildung 91 zeigt den Tidenverlauf am Watthoch Langeooger WFW zur Springzeit. Zu beachten ist, dass zur Zeit der Messungen am Watthoch das Wasser durch Windeinfluss etwa 0,27 m höher als normal angestiegen ist.

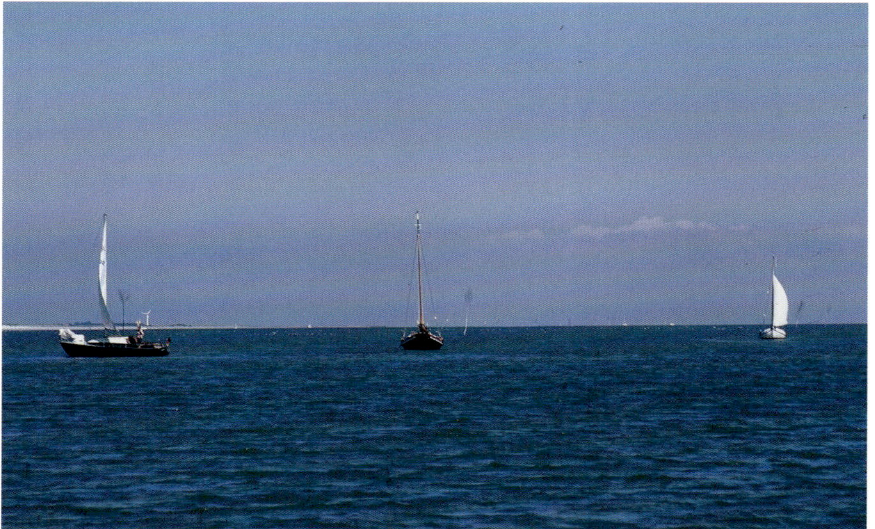

Abbildung 93: Drei treibende manövrierunfähige Fahrzeuge bei Flut am Watthoch Langeooger WFW

Strömungsverhalten am Watthoch zur Nippzeitzeit: Zur Nippzeit ist die beginnende Flut am Watthoch in den ersten beiden Stunden nach Niedrigwasser nicht zu erkennen. Hier kommt erst um die zweite Stunde nach Nw die Flut und steigt dann sehr schnell mit weniger als 1 cm pro Minute dem Watthoch entgegen. Diese hohe Fließgeschwindigkeit ändert sich auch nur unwesentlich bis zum Hochwasser. Zur Nippzeit steht das Wasser bei Hochwasser am Watthoch etwa zwei Stunden. Es steigt dann bis etwa 1,70 m, um mit der nächsten Ebbe wieder rasch mit ähnlicher Fließgeschwindigkeit abzulaufen. Abbildung 92 zeigt den Tidenverlauf am Watthoch Langeooger WFW zur Nipptide. Zu beachten ist, dass zur Zeit der Messungen am Watthoch das Wasser durch Windeinfluss etwa 0,10 m niedriger als normal angestiegen ist.

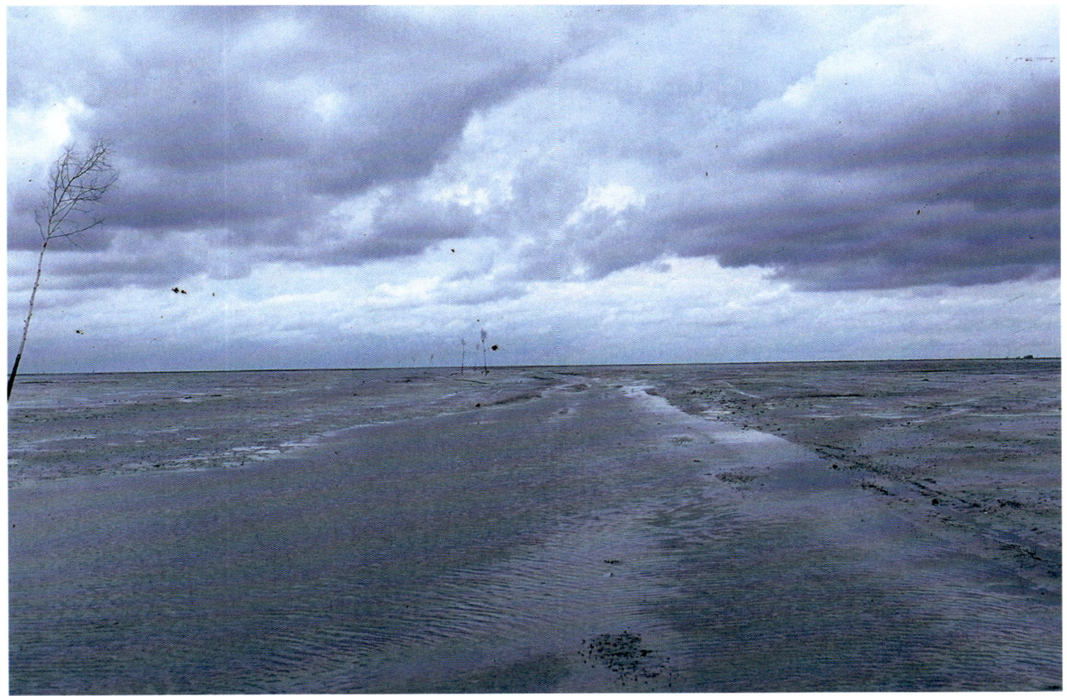

Abbildung 94: Prielverlauf am Langeooger Wattfahrwasser bei NW Blickrichtung Ost

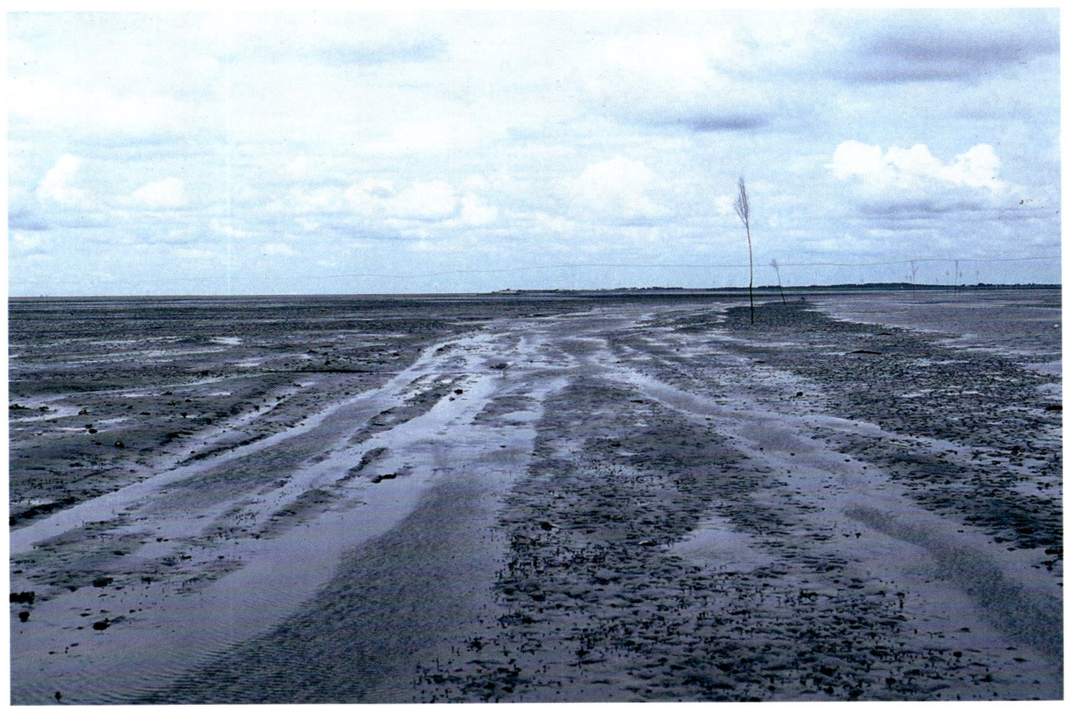

Abbildung 95: Prielverlauf am Langeooger Wattfahrwasser bei NW Blickrichtung West

7.9 Watthoch Baltrumer WFW

Das Watthoch Baltrumer Wattfahrwasser liegt südlich der Insel Baltrum. Die höchste Stelle befindet sich zur Zeit auf 053°42,45' N und γ 007°24,111' E und ist durch Doppelpricken gekennzeichnet. Direkt nördlich des Fahrwassers befindet sich ein ausgedehntes Schutzgebiet der Ruhezone I, das nicht befahren und betreten werden darf. In Abbildung 100 findet sich das Watthoch bei Punkt 15.

In den Abbildungen 96 und 97 sind Kurven und Pegelstände dargestellt. Die Pegelwerte dieses Watthochs beziehen sich auf den Pegel Norderney und sind am rechten Rand der beiden Abbildungen aufgeführt. Das Watthoch befindet sich nicht im Schutzgebiet Zone I und setzt keine allzu großen navigatorischen Fähigkeiten voraus. Bei einem Pegelstand für Norderney von 490 cm ist die höchste Stelle des Watthochs bei Flut gerade mit Wasser bedeckt. Bei einem Pegelstand für Wangerooge-West von 590 cm kommt ein Schiff mit einem Tiefgang von einem Meter bei Flut gerade über oder noch über das Watthoch.

Die Wattfläche des Baltrumer WFW ist wegen des Wasserstands nicht lange befahrbar. Zwar steht schon kurz nach Nw das Wasser auf den Watten, zu passieren ist das Watthoch jedoch erst viel später. Hier steigt das Wasser von allen beschriebenen Watthochs am wenigsten hoch an. Ein Schiff mit einem Tiefgang von einen Meter kann das Hoch bei Nipptide erst drei Stunden vor HW befahren. Im Priel hat man dann auch noch bis zu maximal 3 Stunden nach HW Zeit, das Hoch zu passieren. Allerdings muss man sich dann nah bei den Pricken halten, da die Wattflächen um den Priel doch erheblich hoch anwachsen.

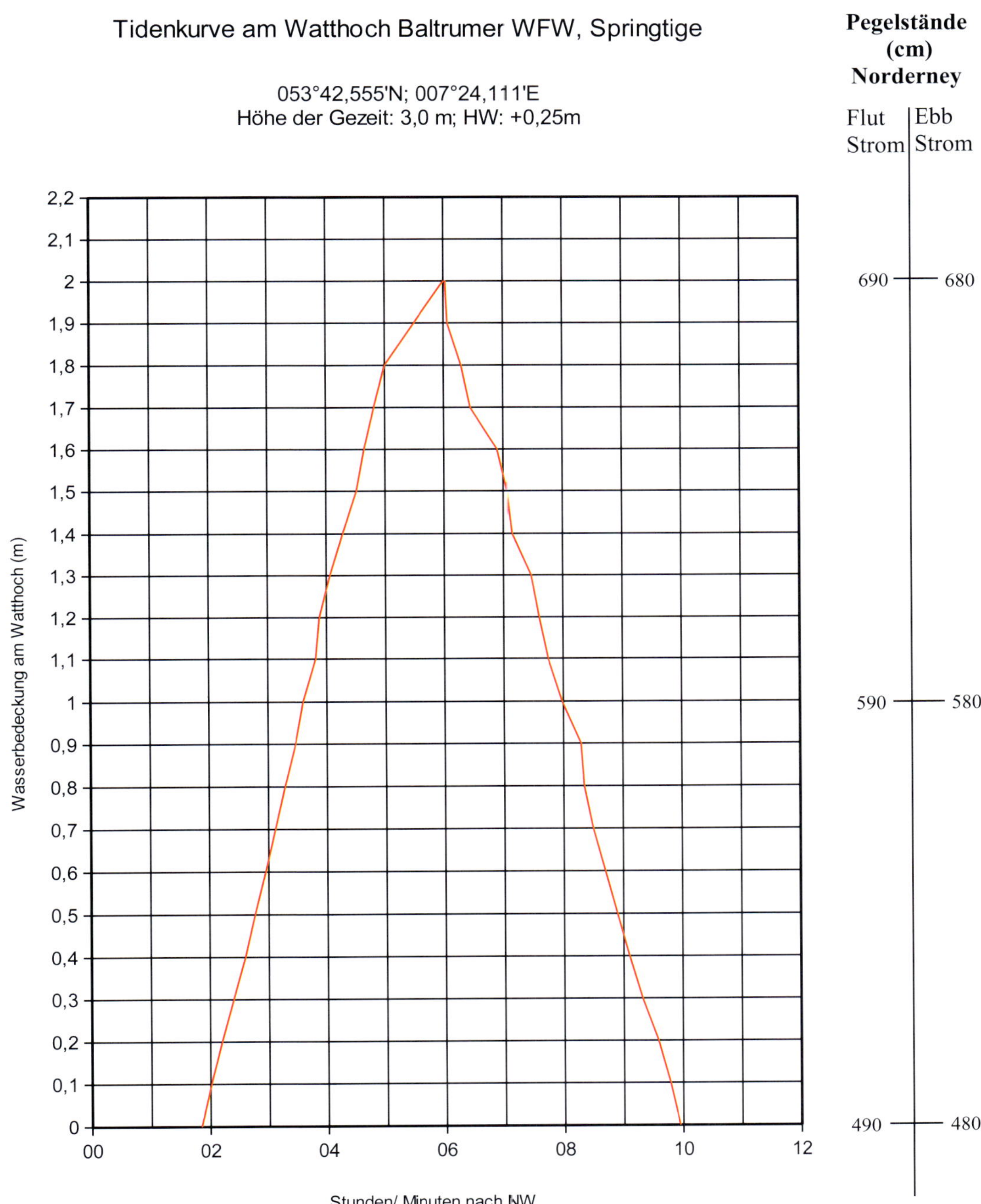

Abbildung 96: Tidekurve und Pegel am Watthoch Baltrumer WFW, Springtide

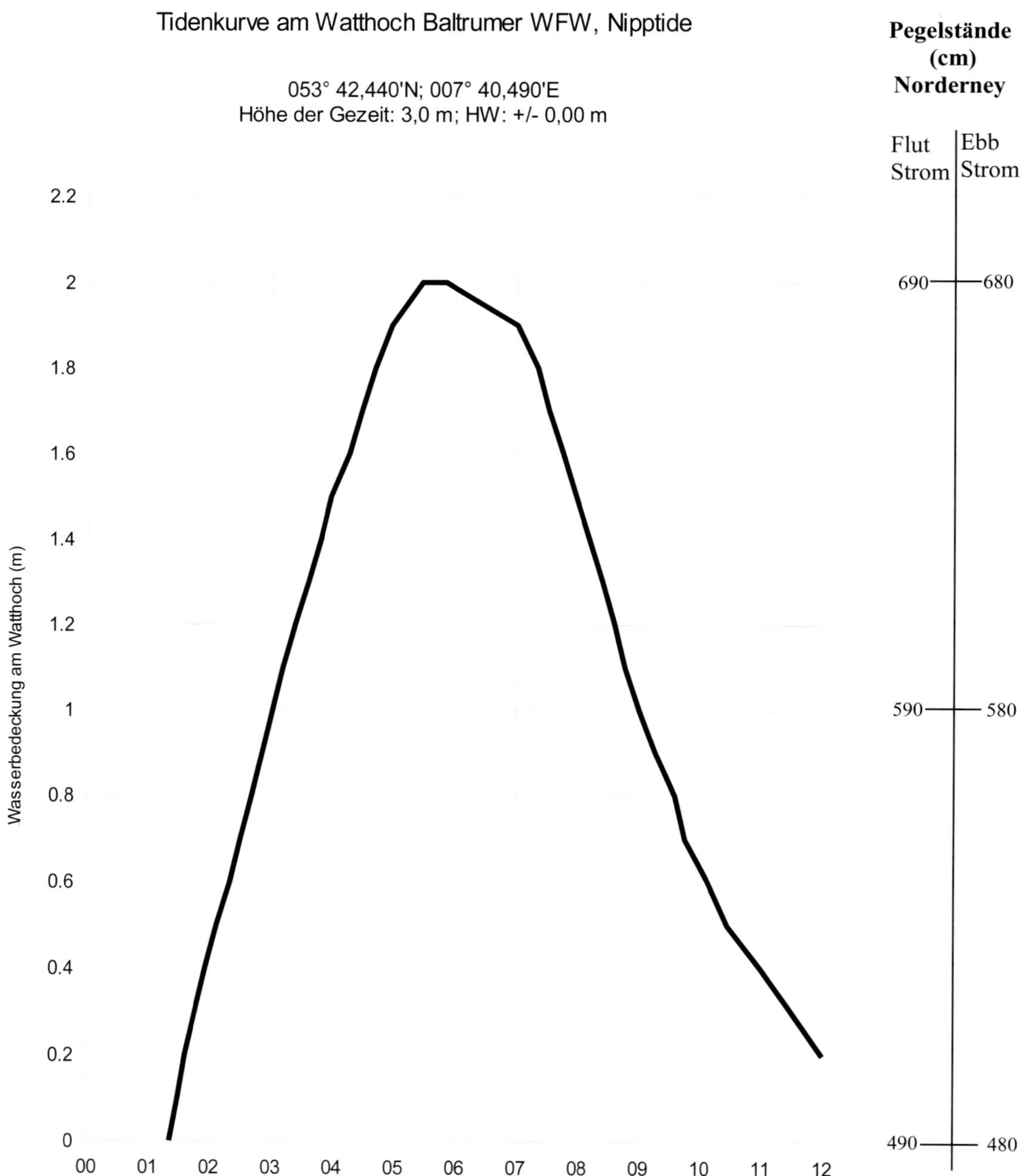

Abbildung 97: Tidekurve und Pegel am Watthoch Baltrumer WFW, Nipptide

Strömungsverhalten am Watthoch zur Nippzeit: Die beginnende Flut am Watthoch Baltumer-WFW ist zur Nippzeit um eine Stunde nach Niedrigwasser noch nicht zu erkennen. Erst kurz nach der 1. Stunde nach Nw kommt die Flut und steigt dann mit etwas weniger als 1 cm pro Minute dem Watthoch entgegen. Die Fließgeschwindigkeit ändert sich kaum bis zum Hochwasser. Zur Nippzeit steht das Wasser bei Hochwasser am Watthoch kaum. Es steigt auf etwa 2,00 m, um dann mit der nächsten Ebbe langsam wieder abzulaufen. Abbildung 97 zeigt den Tidenverlauf am Watthoch Baltrumer WFW zur Nippzeit. Ähnlich verhält es sich an diesem Watthoch zur Springzeit. Das Wasser steigt nicht wesentlich höher, die Verweildauer des Wassers am Watthoch ist aber kürzer. In Abbildung 96 ist die Tidekurve zur Springzeit dargestellt.

In Abbildung 98 erkennt man den Prielverlauf bei Nw in Ost-Richtung und in Abbildung 99 sieht man den Prielverlauf bei Nw in West-Richtung. Hier am Wattrücken kann man mit seinem Segelschiff bei Wasserbedeckung wenig weite Schläge quer zum Prickenweg machen, da das Watt um den Priel herum sehr hoch ansteigt. Wer hier gegen den Wind anzukreuzen hat, muss es mit sehr kurzen Schlägen tun. Auch das klappt im Baltrumer Watt ganz gut bei Strom gegen Wind.

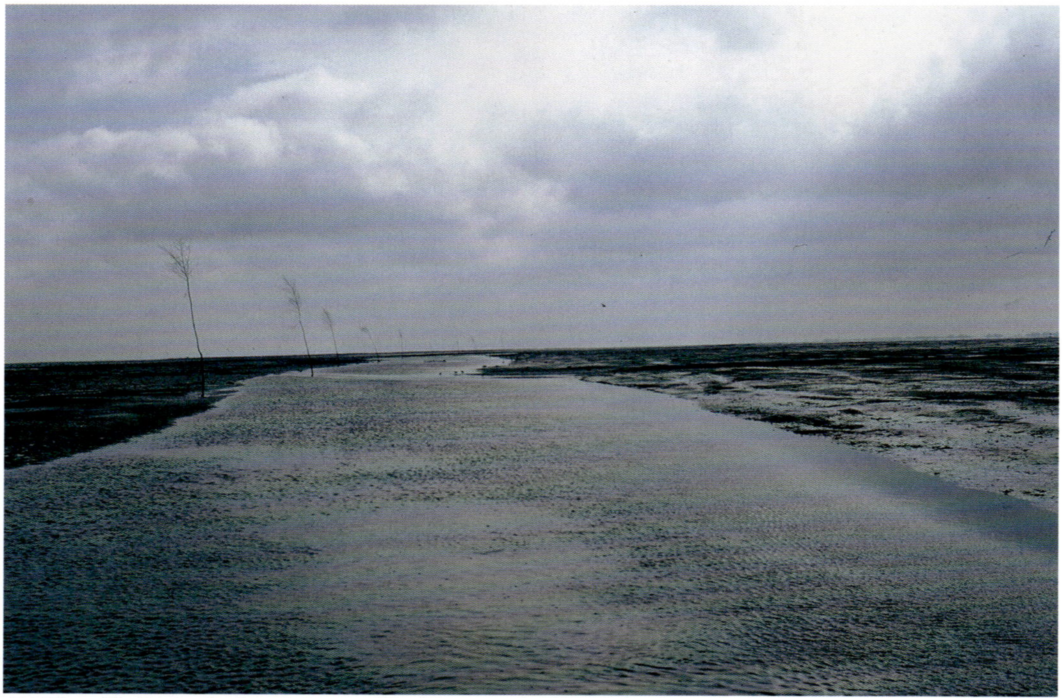

Abbildung 98: Prielverlauf am Baltrumer Wattfahrwasser bei NW Blickrichtung Ost

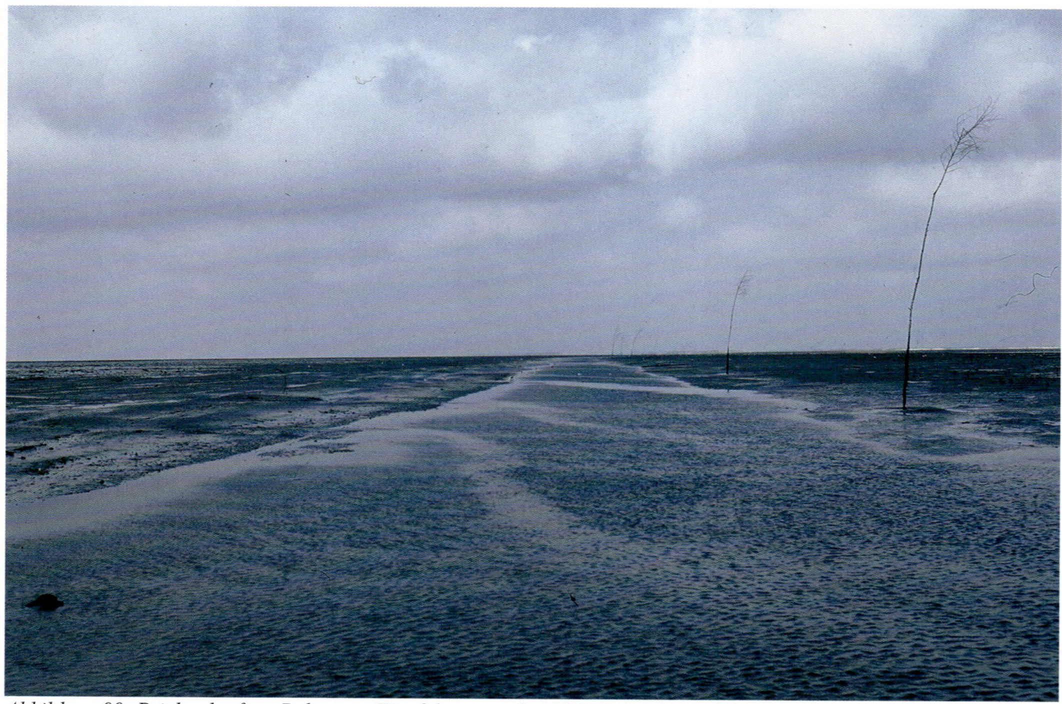

Abbildung 99: Prielverlauf am Baltrumer Wattfahrwasser bei NW Blickrichtung West

7.10 Watthoch Norderney WFW

Das Watthoch Norderney-Wattfahrwasser ist südlich der Insel Norderney auf Position φ 053°42,9' N und γ 007°19,400' E zu verorten und durch Doppelpricken am Fahrwasser gekennzeichnet. Direkt nördlich des Fahrwassers befindet sich ein ausgedehntes Schutzgebiet der Ruhezone I, das nur beschränkt befahren und betreten werden darf. In Abbildung 100 findet sich das Watthoch bei Punkt 16.

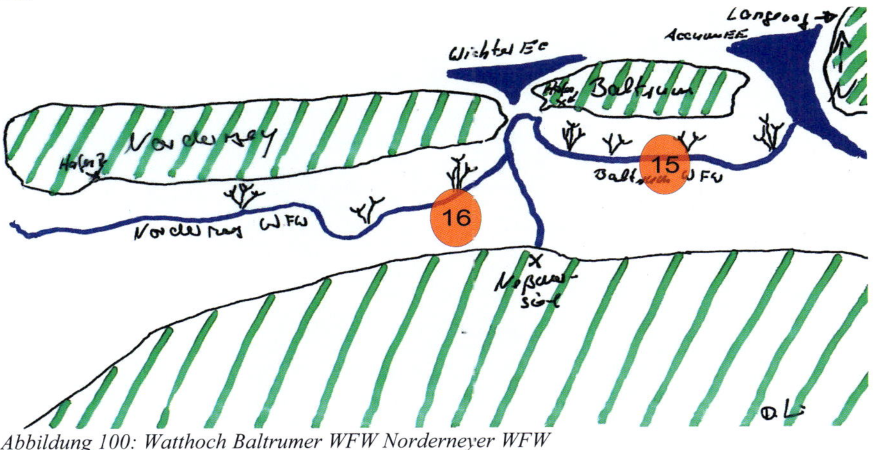

Abbildung 100: Watthoch Baltrumer WFW Norderneyer WFW

In der Abbildung 101 sind Kurve und Pegelstände dargestellt. Die Pegelwerte dieses Watthochs beziehen sich auf den Pegel Langeoog und sind am rechten Rand der beiden Abbildungen aufgeführt. Das Watthoch befindet sich nicht im Schutzgebiet Zone I und setzt keine allzu großen navigatorischen Fähigkeiten voraus. Bei einem Pegelstand für Langeoog bei Flut von 450 cm ist die höchste Stelle des Watthochs gerade mit Wasser bedeckt. Bei einem Pegelstand für Langeoog bei Flut von 550 cm kommt ein Schiff mit einem Tiefgang von einem Meter gerade über das Watthoch.

Das Norderney Watthoch fällt besonders dadurch auf, dass man hier einen sehr ruhigen Ankerplatz vorfindet. Außer bei südwestlichen Winden bleibt das Wasser sehr lange ruhig und ein Trockenfallen ist fast nicht spürbar. Plötzlich stellt man fest, dass das Schiff sich nicht mehr bewegt. Abbildung 57 auf Seite 91 zeigt den Ankerplatz mit Blick auf Norderney. Im Hintergrund erkennt man die ersten trockenfallenden Watten. Ein Schauspiel besonderer Art ist hier das "Wattknistern". Man hört bei Niedrigwasser Abertausende von Schlickkrebsen, die die Luft zum Schwingen bringen. Jeder Wattstrieker sollte einmal im Leben diese charakteristische Melodie vernommen haben.

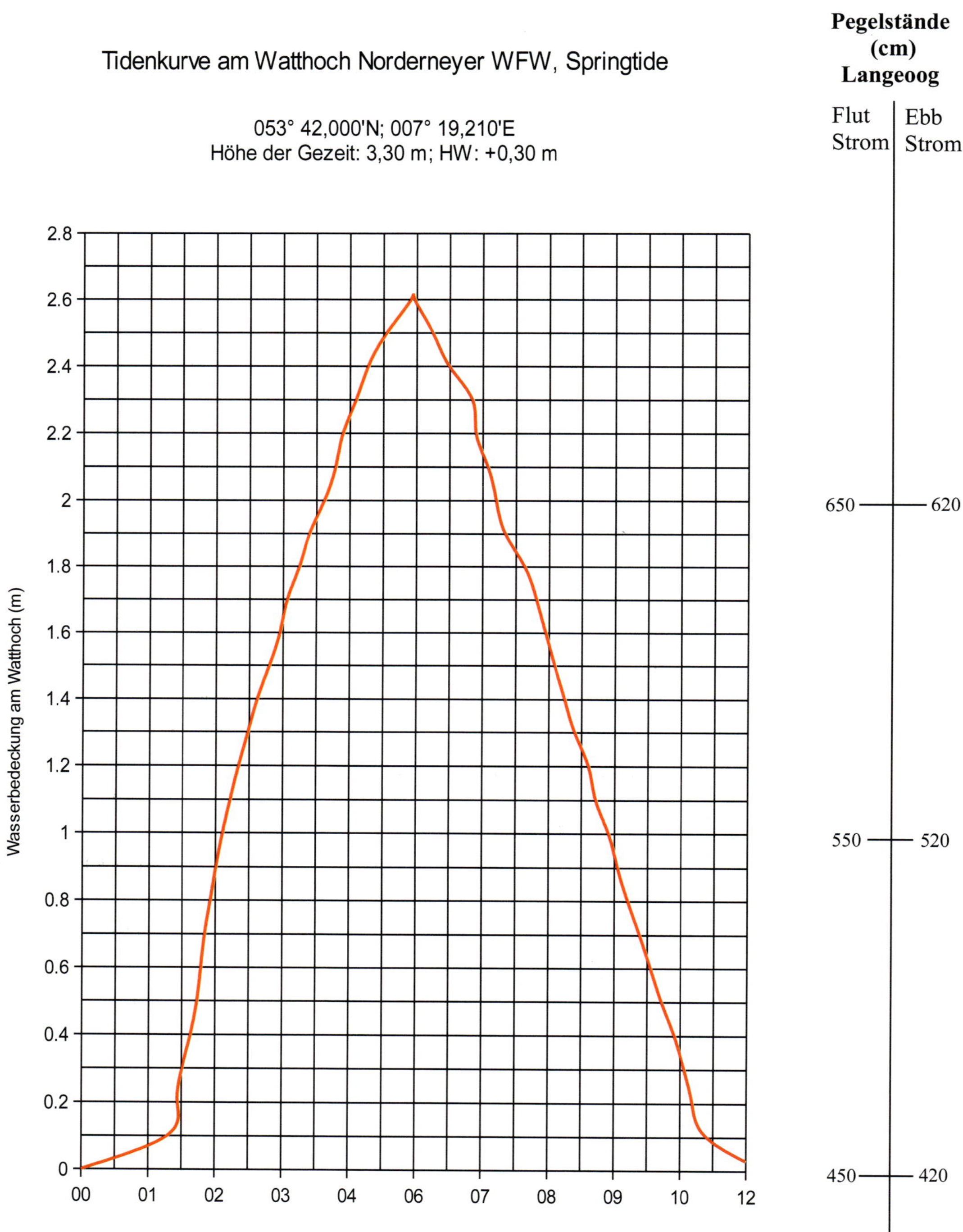

Abbildung 101: Tidekurve und Pegel am Watthoch Norderneyer WFW, Springtide

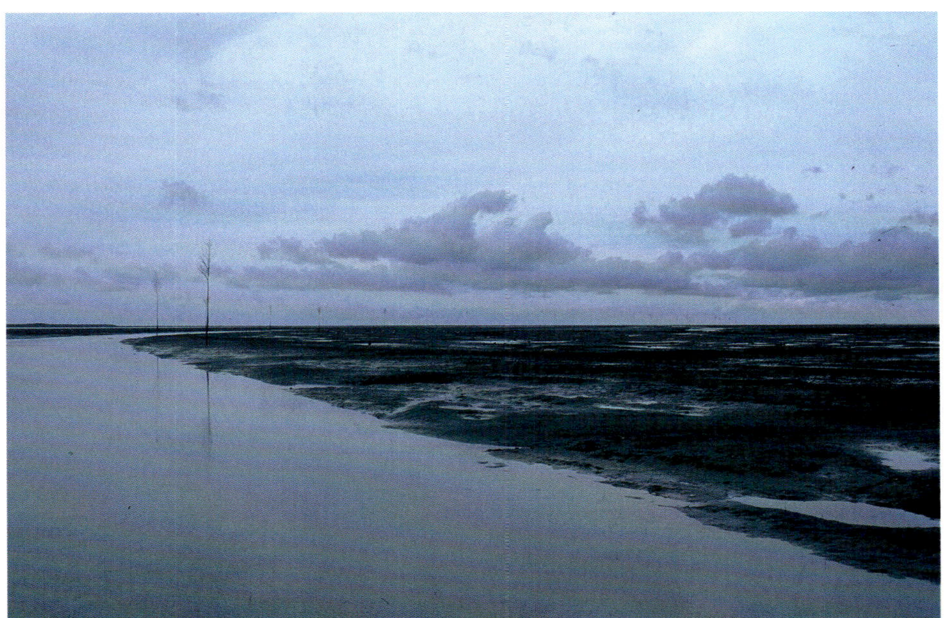

Abbildung 102: Prielverlauf am Norderneyer Wattfahrwasser bei NW Blickrichtung West

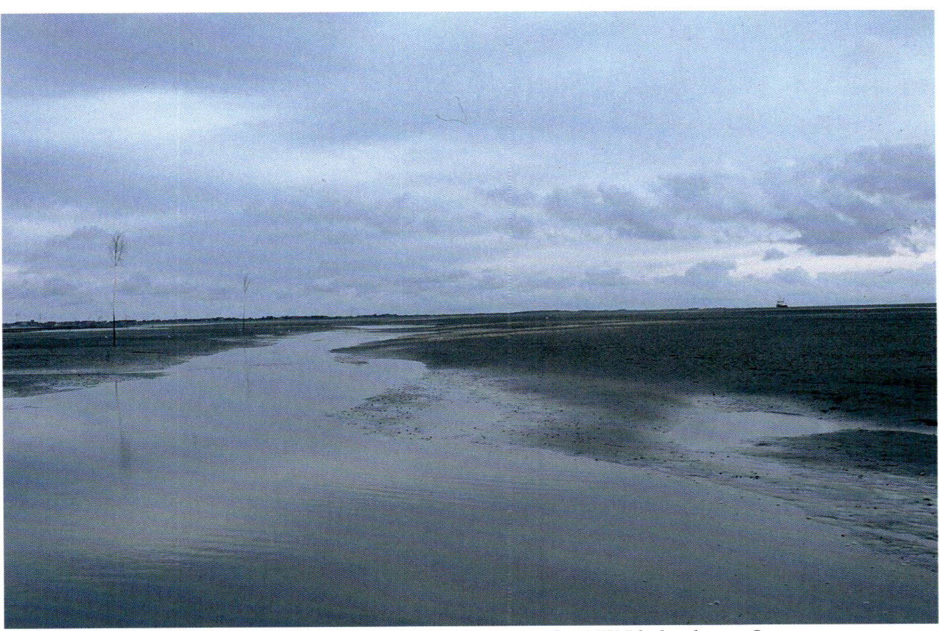

Abbildung 103: Prielverlauf am Norderneyer Wattfahrwasser bei NW Blickrichtung Ost

Strömungsverhalten am Watthoch zur Springzeit: Bezogen auf den Wasserstand ist diese Wattfläche lange befahrbar. Bei Spingzeit steht schon kurz nach Nw das Wasser auf den Watten und ist erst kurz vor dem nächsten Nw wieder abgelaufen. Oft steht das Wasser die ganze Tide hindurch im Priel. Die Wasserbedeckung am Watthoch zu Hochwasser ist bei Springzeit etwa 2,60 m. Die ersten anderthalb Stunden steigt das Wasser relativ langsam an und läuft anschließend sehr schnell mit mehr als 1 cm pro Minute dem Watthoch entgegen. Diese enorme Fließgeschwindigkeit ändert sich dann kaum bis zum Hochwasser. Zur Springzeit steht das Wasser bei Hochwasser am Watthoch fast gar nicht. Die Tide kentert bei HW fast sichtbar. Mit der nächsten Ebbe fällt der Wasserstand auf dem Watthoch kontinuierlich bis zur Nw-Zeit. Auffällig an dem Strömungsverhalten am Norderney WFW ist, dass das ablaufende Wasser fast ausschließlich in Richtung Westen läuft. Abbildung 101 zeigt den Tidenverlauf am Watthoch Norderney WFW zur Springzeit. Zu beachten ist hier, dass zur Zeit der Messungen am Watthoch das Wasser durch Windeinfluss etwa 0,30 m höher als normal angestiegen ist. Zur Nipptide konnten wegen ungünstiger Wetterlagen keine Messungen durchgeführt werden.

In der Abbildung 103 und Abbildung 102 erkennt man den Prielverlauf bei Nw in Ost- und West-Richtung. Alle Bilder zeigen das Watthoch Norderney Wattfahrwasser bei Niedrigwasser und spiegeln die Bodenstruktur wider. Man findet eine einheitliche Oberfläche des Meeresboden und einen tieferen Priel direkt an den Pricken vor. Hier kann man mit dem Segelschiff bei Wasserbedeckung lange, weite Schläge machen, da das Watt um den Priel herum nicht auffällig ansteigt.

7.11 Watthoch Memmert Wattfahrwasser

Das Watthoch Memmert Wattfahrwasser liegt südlich der Insel Juist und ist durch Doppelpricken gekennzeichnet. Direkt südlich des Fahrwassers befindet sich ein ausgedehntes Schutzgebiet der Ruhezone I und ein RSG, das nicht befahren und betreten werden darf. In Abbildung 108 befindet sich das Watthoch etwa bei Punkt 17.

Das Memmert WFW ist ein Fahrwasser dessen Wasserstand eine sehr langes Befahren gestattet. Es ist das "tiefste" Watthoch, also das Hoch mit der höchsten Wasserbedeckung von allen dargestellten Hochs. Selbst bei Niedrigwasser steht hier im Priel noch 0,60 m Wasser. Abbildung 107 zeigt die Messstange im Priel bei Niedrigwasser. Der Flachwasserbereich wird dann durch rote Triple-Pricken markiert und der Weg bis zum Watthoch mit einfachen Backbord-Pricken fortgeführt. Das Watthoch befindet sich nicht im Schutzgebiet Zone I und setzt keine allzu großen navigatorischen

Fähigkeiten voraus. Bei einem Pegelstand für Norderney bei Flut von 360 cm ist die höchste Stelle des Watthochs gerade mit Wasser bedeckt. Bei einem Pegelstand für Norderney von 460 cm kommt ein Schiff mit einem Tiefgang von einem Meter gerade über das Watthoch. In Abbildung 105 sind die Pegelstände für das Watthoch aufgezeigt.

Abbildung 106 zeigt den Prielverlauf bei Nw in West-Richtung. In Abbildung 107 erkennt man den Prielverlauf bei Nw in Ost-Richtung. Diese Bilder zeigen das Watthoch Memmert Wattfahrwasser bei Niedrigwasser und spiegeln die Bodenstruktur wider. Man erkennt eine einheitliche Oberflächenstruktur des Meeresboden und einen tieferen Priel direkt an den Pricken. Hier kann man mit seinem Segelschiff bei Wasserbedeckung weite Schläge machen, da das Watt um den Priel nur langsam ansteigt. Wer hier gegen den Wind anzukreuzen hat, kann mit langen Schlägen rechnen. Allerdings ist dann das erwähnte RSG zu berücksichtigen.

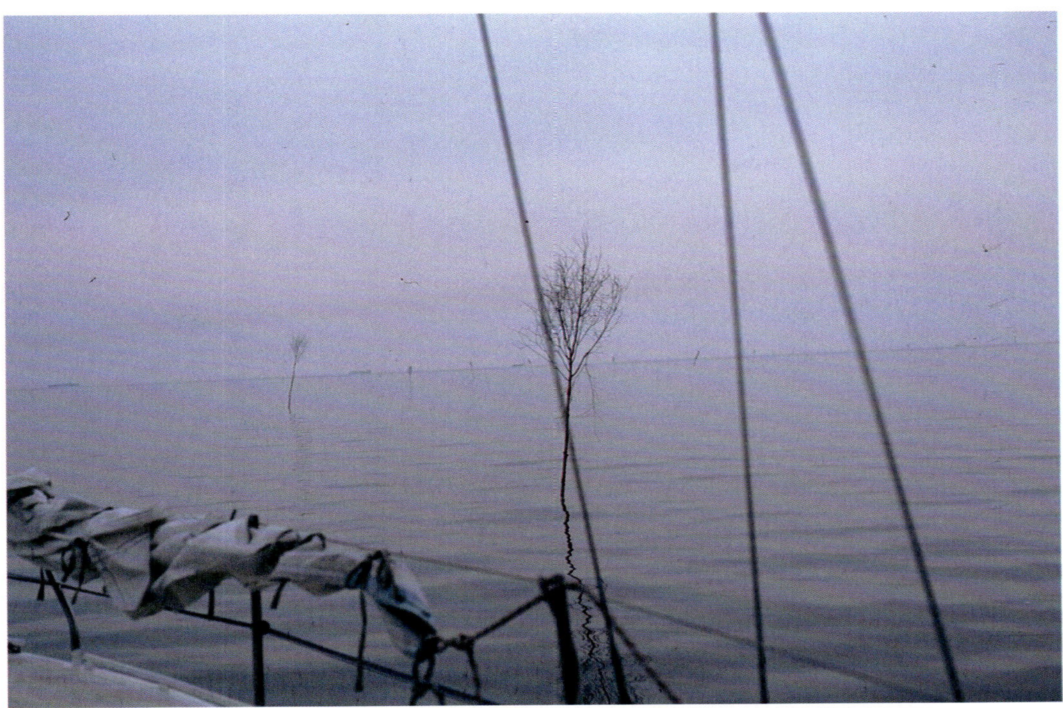

Abbildung 104: Verlauf eines Prickenweges

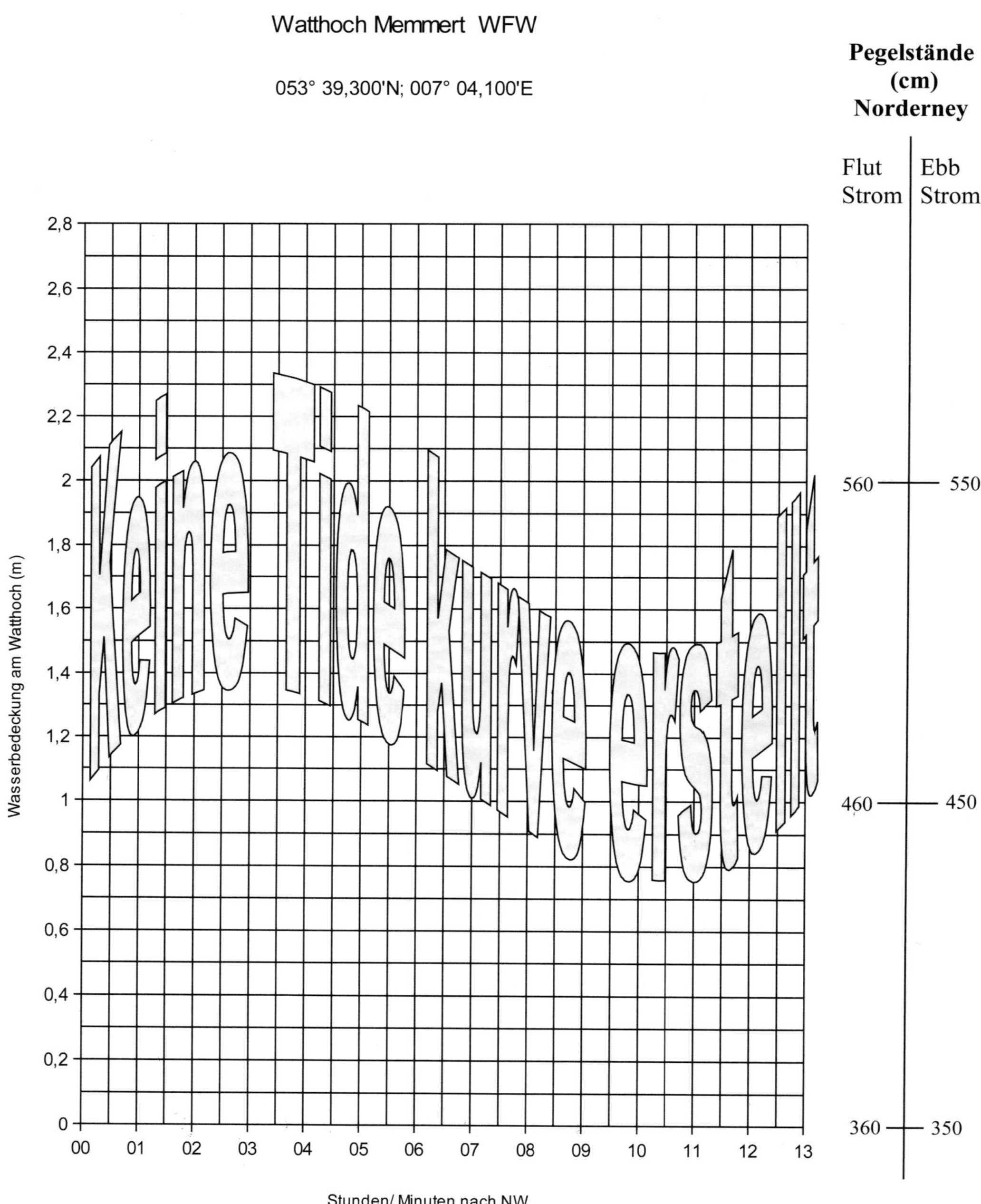

Abbildung 105: Pegel am Watthoch Memmert WFW

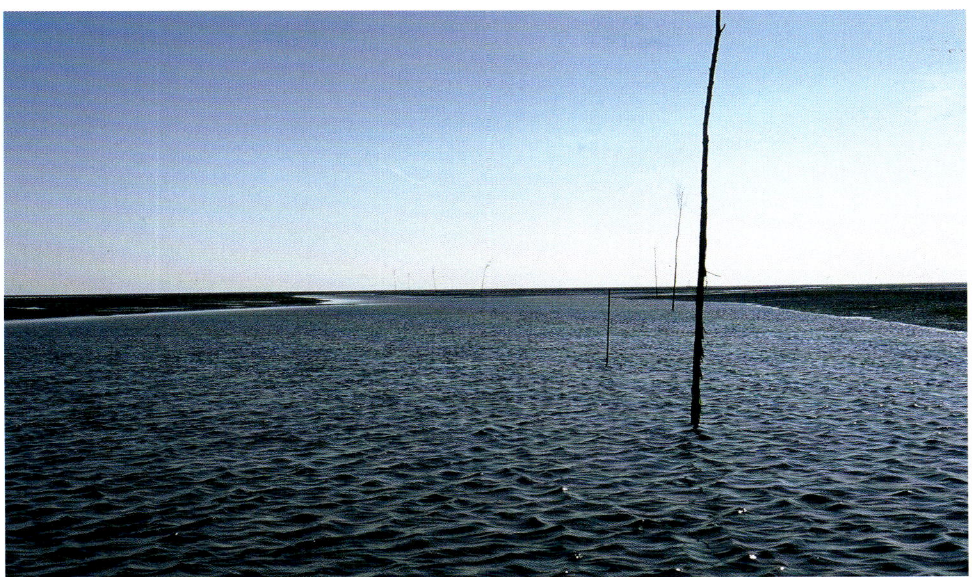

Abbildung 106: Prielverlauf am Memmert Wattfahrwasser bei NW, Blickrichtung West

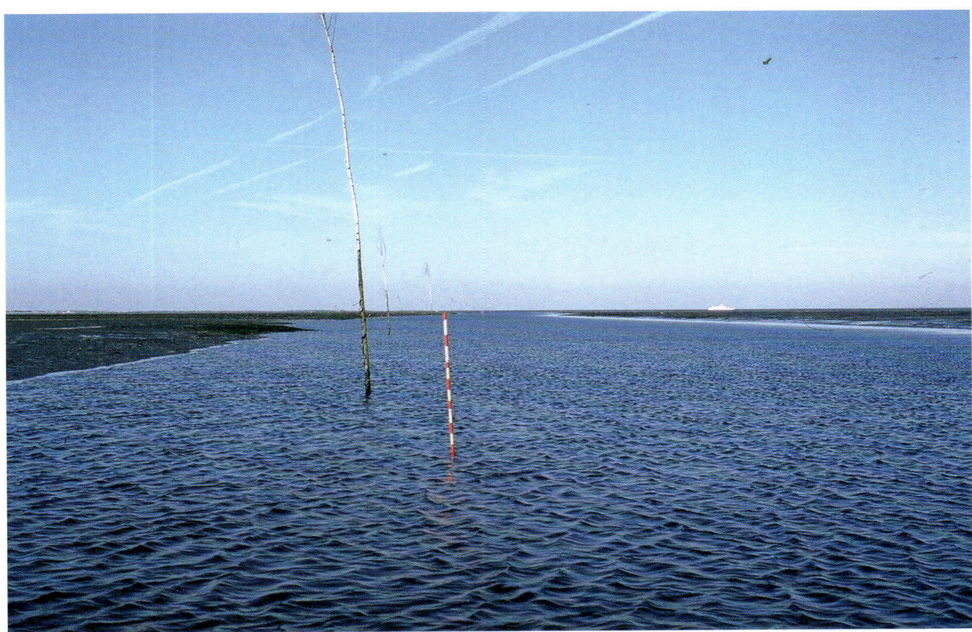

Abbildung 107: Prielverlauf am Memmert Wattfahrwasser bei NW, Blickrichtung Ost

7.12 Watthoch Kopersanderpriel (Bants Balje)

Das Bants Balje Wattfahrwasser, oder auch Kopersandpriel, ist die kürzeste Verbindung zwischen dem Memmert Wattfahrwasser, nahe der Zufahrt nach Juist, und der Leybucht mit der Schleuse nach Greetsiel. Dieses Fahrwasser ist durch Steuerbord-Tonnen gekennzeichnet und setzt keine großen navigatorischen Fähigkeiten voraus.

Weiträumig ist das Fahrwasser in die Ruhezone I eingebettet, und ist demzufolge nur in einem Zeitfenster von drei Stunden vor bis drei Stunden nach Hochwasser zu befahren. Die flachste Stelle bildet ein relativ hohes Watt, welches wegen des Wasserstandes nur in einem sehr kleinen Zeitfenster befahrbar ist. Das Hoch liegt etwa auf Position φ 053° 35,820' N und γ 007° 01,400' E'. In Abbildung 108 findet sich das Watthoch bei Punkt 12.

Bei einem Pegelstand für Norderney bei Flut von 430cm ist die höchste Stelle des Watthochs gerade mit Wasser bedeckt. Bei einem Pegelstand für Norderney von 530 cm kommt ein Schiff mit einem Tiefgang von einem Meter gerade über das Watthoch. In Abbildung 109 sind die Pegelstände für das Watthoch aufgezeigt.

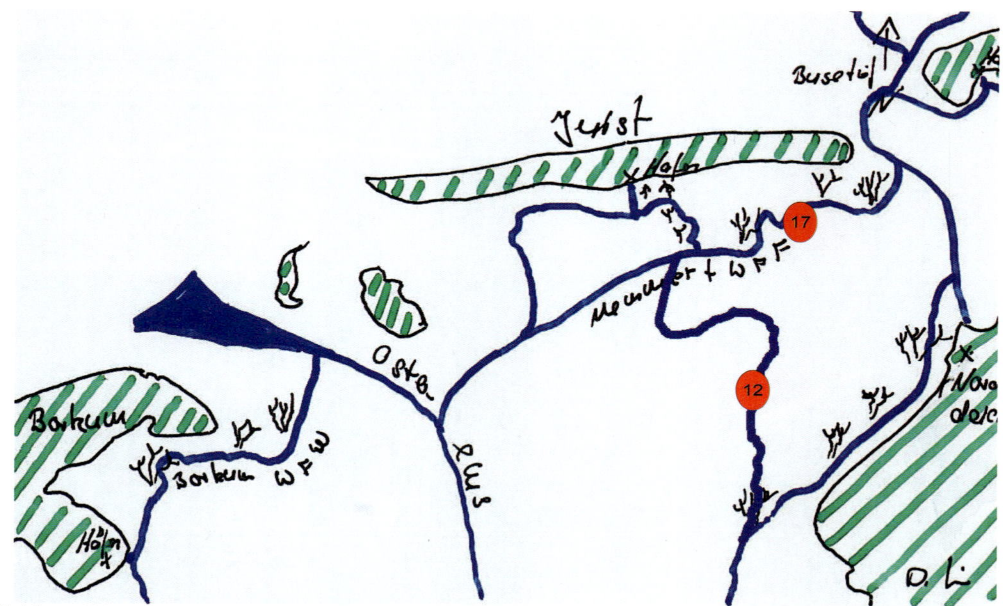

Abbildung 108: Bants Balje und Memmert WFW WFW

Die Wasserbedeckung am Watthoch konnte nicht ermittelt werden, da ein Trockenfallen im Schutzgebiet in der Ruhezone I nicht erlaubt ist.

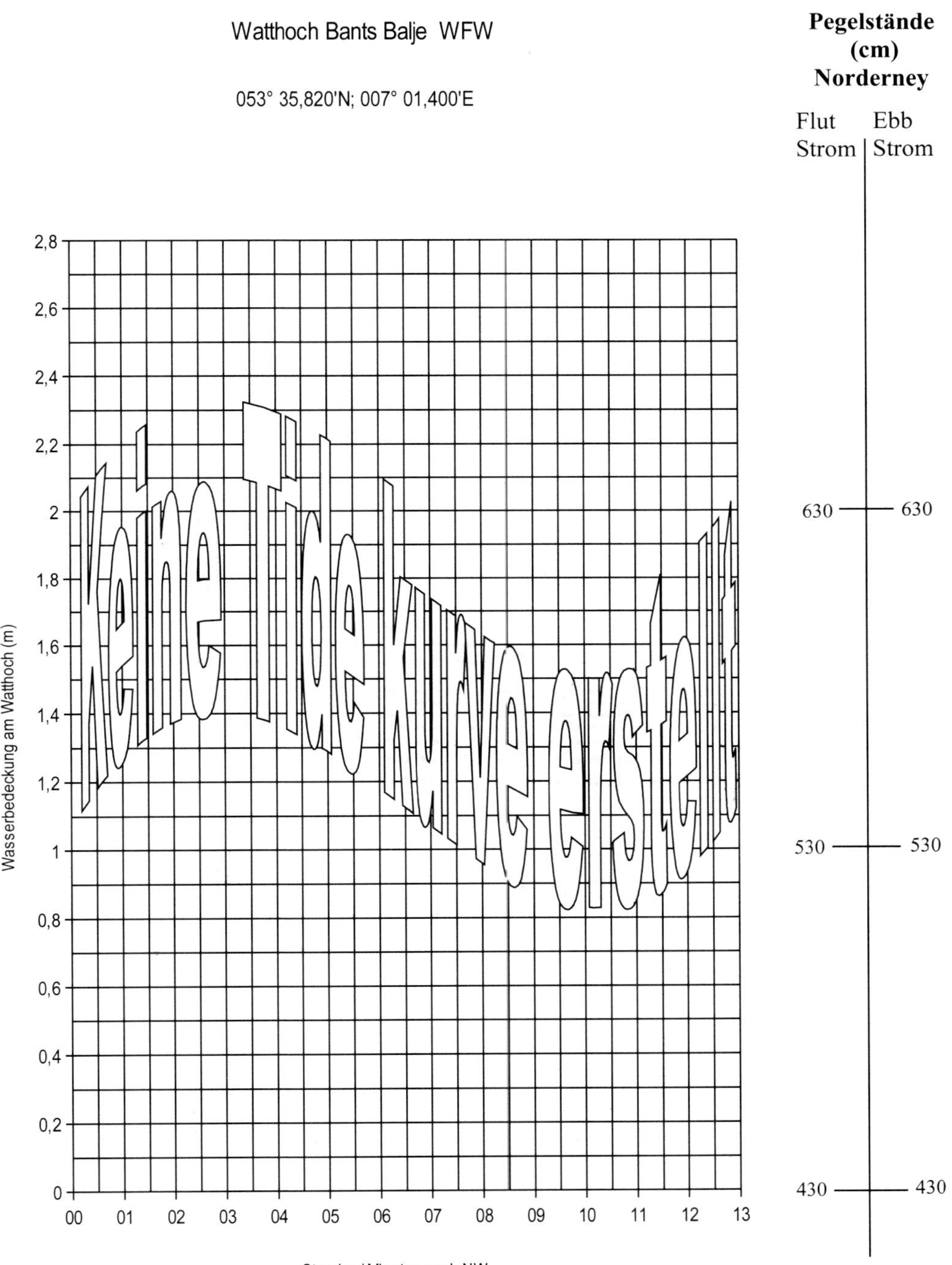

Abbildung 109: Pegel am Watthoch Bants Balje

7.13 Juister WFW

Das Watthoch Juister WFW liegt südlich der Insel Juist auf Position φ 053°39,6' N und γ 007°0,0' E und ist durch Backbord-Doppelpricken am Watthoch gekennzeichnet. Im weiteren Verlauf nach Juist werden die Backbord-Beprickungen durch grüne Tonnen und Pricken ersetzt. Navigatorisch ist die Ansteuerung von Juist, erst recht bei schlechter Sicht, herausfordernd. In Abbildung 110 findet sich das Watthoch bei Punkt 13.

Die Wattfläche ist wegen der vorherrschenden Wasserstände nicht lange befahrbar. Im Priel hat man um HW Zeit, das Hoch zu passieren. Das zeitgerechte Passieren dieses Watthochs wird von dem Tiefgang unseres Schiffes bestimmt. Die Wattflächen um den Priel wachsen erheblich an, und schnell sitzt man dort auf Grund. Bei länger andauerndem Ostwind ist das Hoch nicht mehr zu passieren, da dann kaum noch Wasser auf dem Watthoch vorhanden ist.

Bei einem Pegelstand für Norderney bei Flut von 420 cm ist die höchste Stelle des Watthochs gerade mit Wasser bedeckt. Bei einem Pegelstand für Norderney von 520 cm kommt ein Schiff mit einem Tiefgang von einem Meter gerade über das Watthoch. In Abbildung 111 sind die Pegelstände für das Watthoch aufgezeigt.

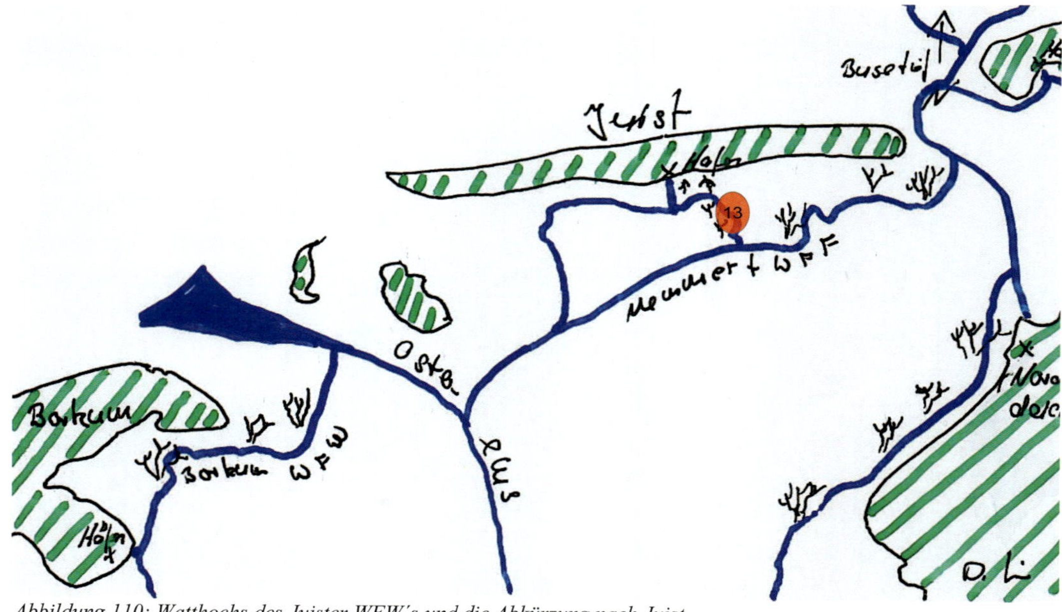

Abbildung 110: Watthochs des Juister WFW's und die Abkürzung nach Juist

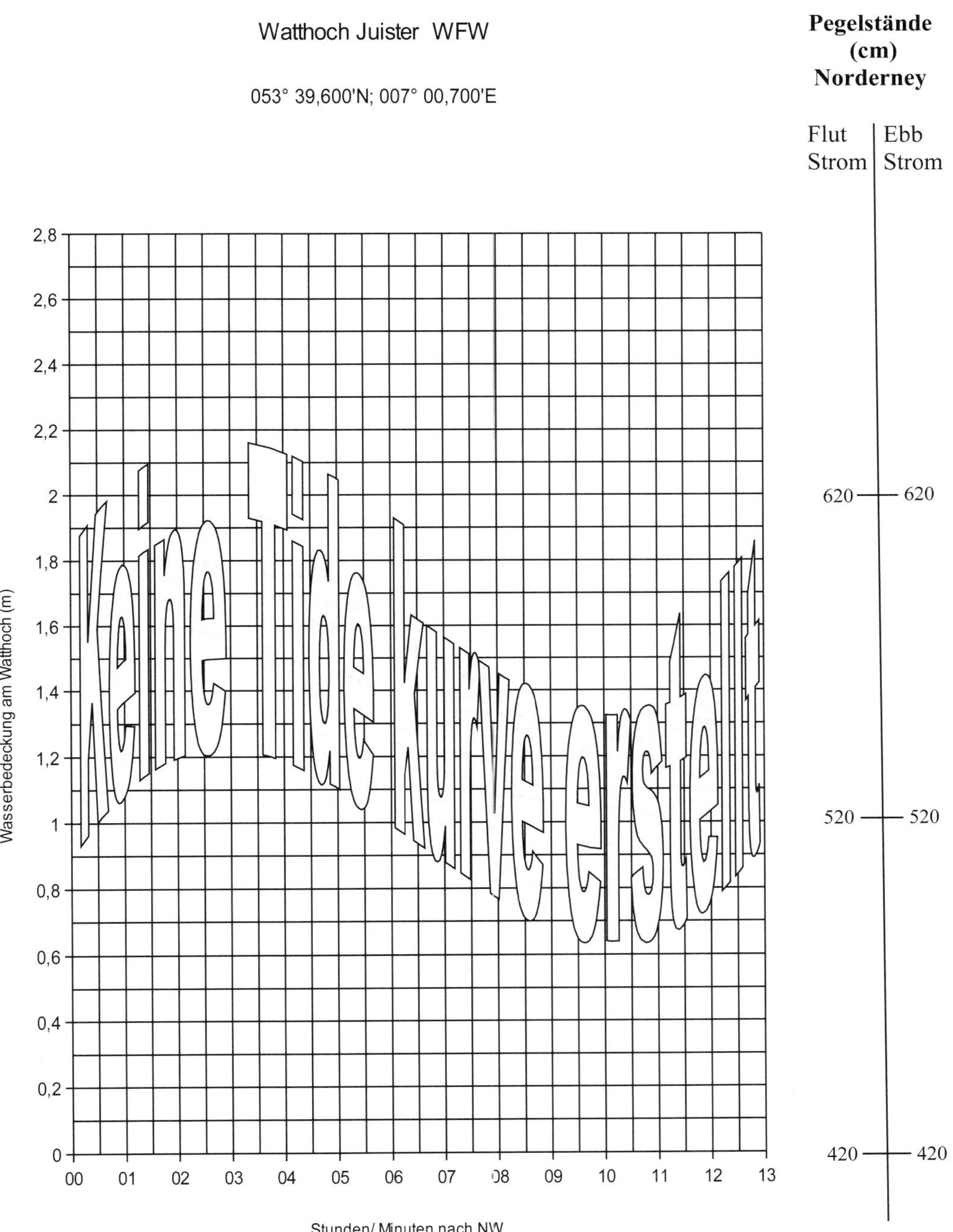

Abbildung 111: Pegel am Watthoch Juister WFW

7.14 Osterems

Das Watthoch Osterems Wattfahrwasser liegt mitten im Watt auf Position φ053°30,2'N und γ006°56,5'E und ist durch Fahrwassertonnen gekennzeichnet. In Abbildung 112 findet sich das Watthoch etwa bei Punkt 14.

Das Watthoch des Osterems WFW ist eine Wattfläche, die aufgrund der Wasserstände lange befahren werden kann. Bei Springzeit steht schon kurz nach Nw das Wasser auf den Watten und ist erst kurz vor dem nächsten Nw wieder abgelaufen. Abbildung 113 zeigt den Tidenverlauf am Watthoch Osterems WFW zur Springzeit.

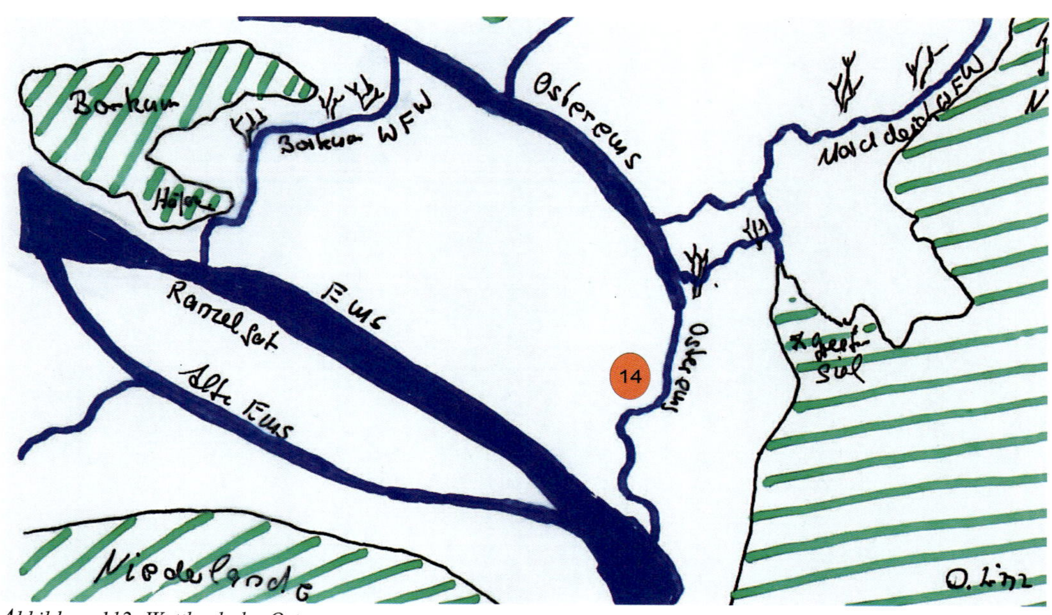

Abbildung 112: Watthoch der Osterems

In Abbildung 114 erkennt man das Watthoch Osterems Wattfahrwasser bei Niedrigwasser mit Blickrichtung West und sieht eine ausgedehnte und einheitliche Oberfläche des Meeresbodens. Der Boden ist hier sehr fest. Bei Wasserbedeckung kann man mit dem Segelschiff wieder weite Schläge kreuzen, falls der Wind mal ungünstig steht. Ob man sich mit seinem Schiff dicht an den Tonnen hält oder hier kreuzt, spielt keine Rolle, da die Bodenoberfläche einheitlich ist.

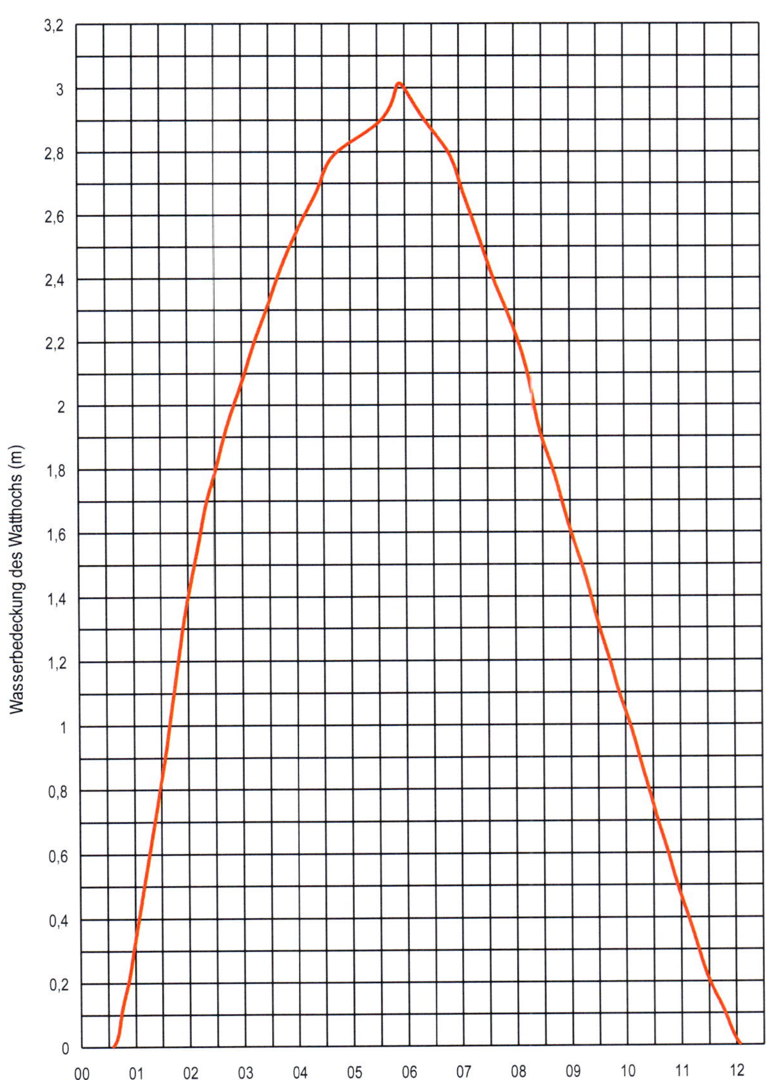

Abbildung 113: Tidekurve am Watthoch Osterems WFW

Strömungsverhalten am Watthoch zur Springzeit: Die beginnende Flut am Watthoch Osterems WFW ist zur Springzeit kurz nach Niedrigwasser schon im Kommen. Das Wasser steigt dann sehr schnell mit fast 2 cm pro Minute dem Watthoch entgegen. Diese gewaltige Fließgeschwindigkeit ändert sich kaum bis zum Hochwasser. Zur Springzeit steigt das Wasser bei Hochwasser am Watthoch auf etwa 3,0 m, um dann mit der nächsten Ebbe schnell wieder abzulaufen Zu beachten ist, dass zur Zeit der Messungen am Watthoch das Wasser durch Windeinfluss etwa 0,20 m höher als normal angestiegen ist. Zur Nipptide konnten wegen ungünstiger Wetterlagen keine Messungen durchgeführt werden.

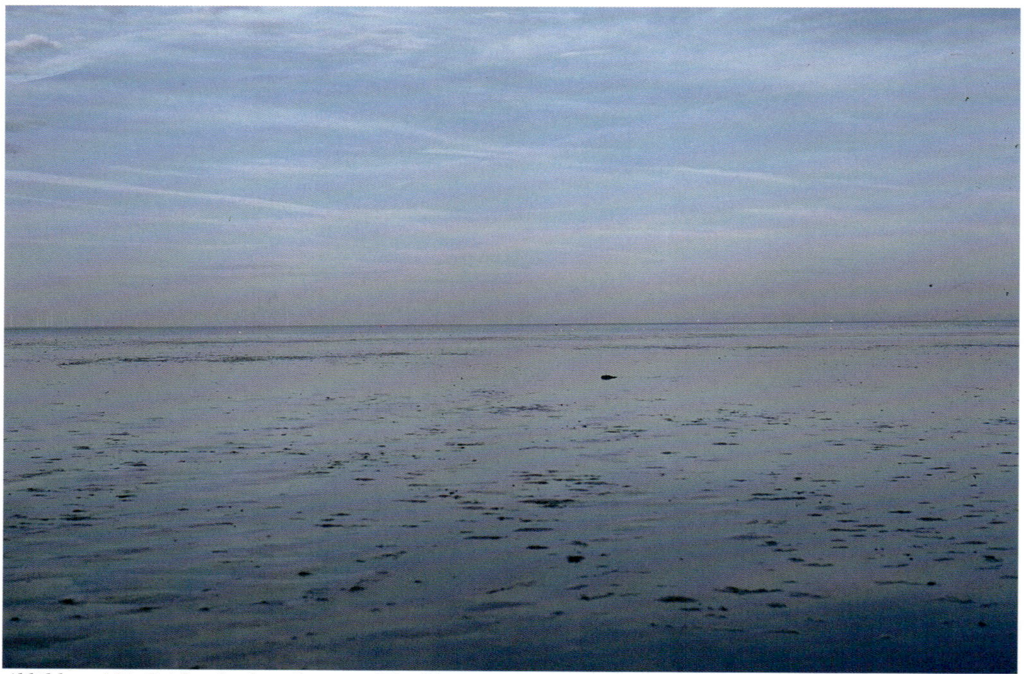

Abbildung 114: Prielverlauf am Osterems Wattfahrwasser bei NW Blickrichtung West

7.15 Borkumer WFW

Das Watthoch Borkumer WFW ist südöstlich von Borkum zu verorten und liegt in der Ruhezone I. Dieses Watthoch ist also nur in einem Zeitfenster von drei Stunden vor bis drei Stunden nach Hochwasser zu befahren. Hinzu kommen in östlicher Richtung dicht am Fahrwasser gelegene Vogelschutz- und Robbenschutzgebiete. Es ist ein Watt, dessen Wasserstände ein Befahren nur um die Hochwasserzeit gestatten. In Abbildung 115 findet sich das Watthoch bei Punkt 15.

Das Fahrwasser am Watthoch ist durch Doppelpricken gekennzeichnet. Die Tidekurve am Watthoch konnte nicht erstellt werden, da ein Trockenfallen im Schutzgebiet mit der Ruhezone I nicht erlaubt ist.

Bei einem Pegelstand für Norderney bei Flut von 470cm ist die höchste Stelle des Watthochs gerade mit Wasser bedeckt. Bei einem Pegelstand für Norderney von 570 cm kommt ein Schiff mit einem Tiefgang von einem Meter gerade über das Watthoch. In Abbildung 116 sind die Pegelstände für das Watthoch aufgezeigt.

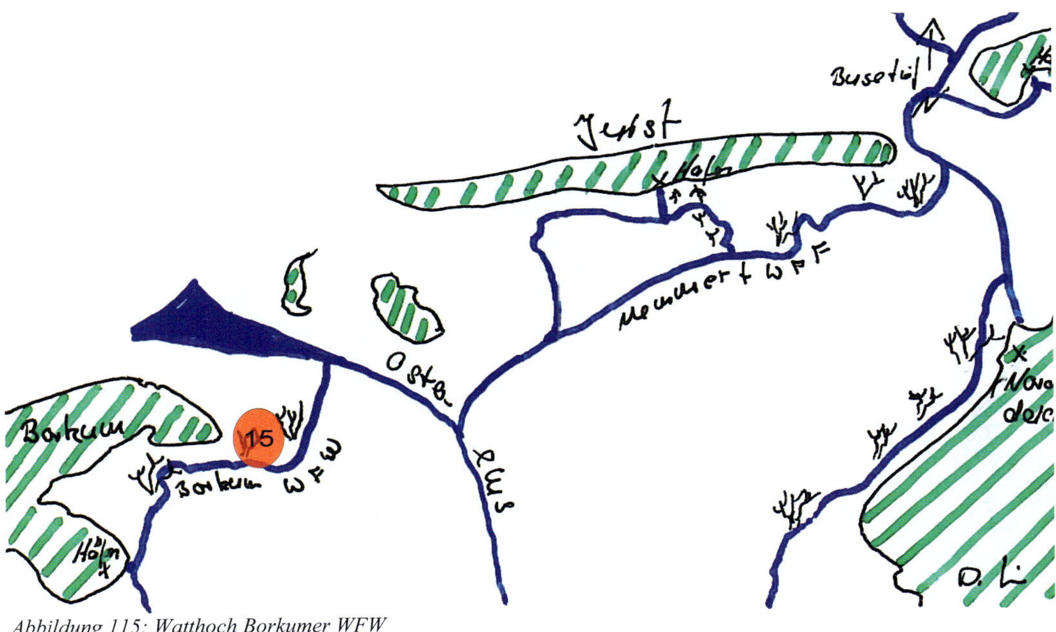

Abbildung 115: Watthoch Borkumer WFW

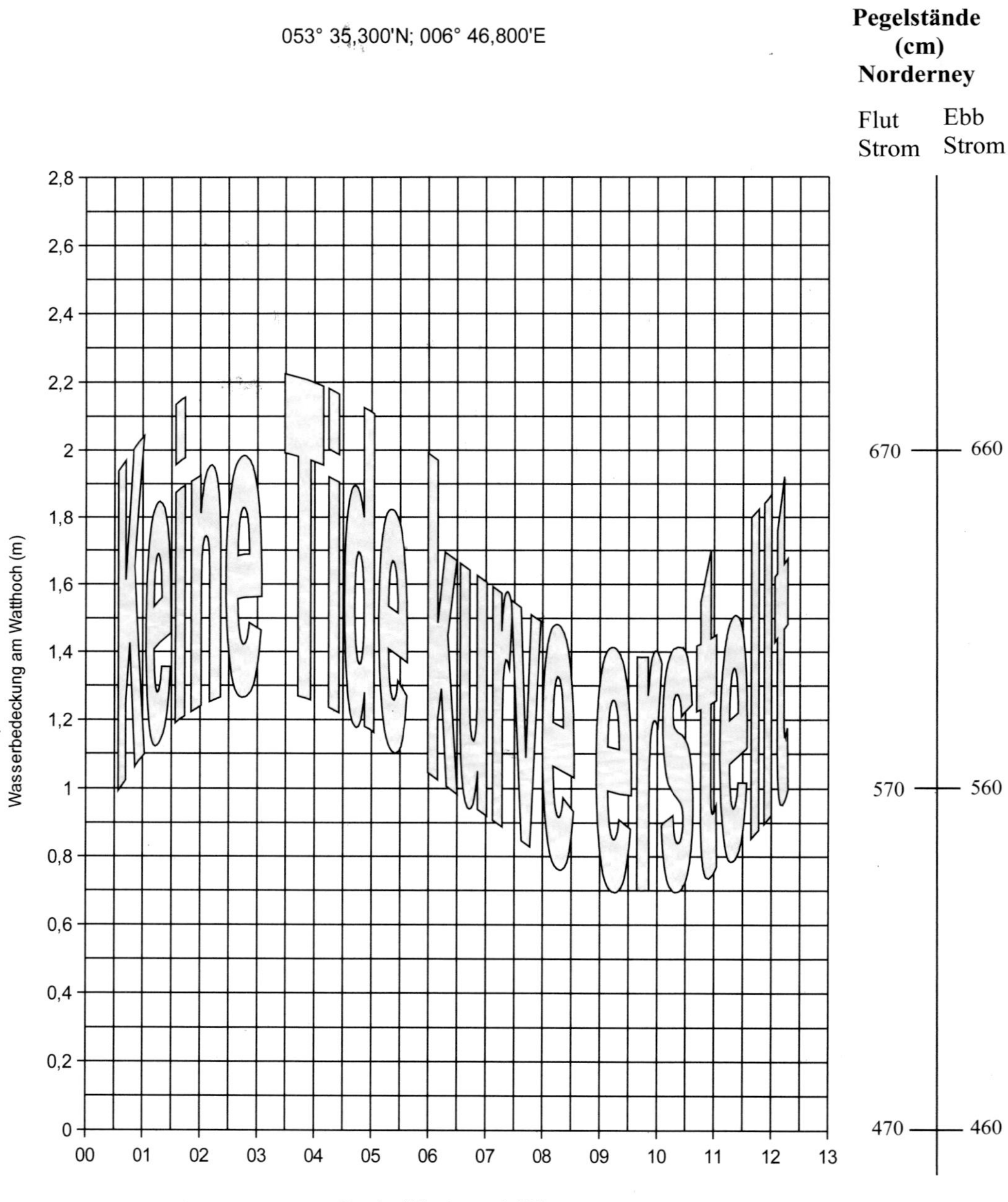

Abbildung 116: Pegel am Watthoch Borkumer WFW

8. Besondere Reiseerlebnisse im Watt

8.1 Erfahrungsbericht Nachtfahrt vom Hafen Wangerooge zum Ankerplatz bei Spiekeroog

Eine Nachtfahrt im Wattenmeer ist ein ganz besonderes Erlebnis. Die Reise sollte gut geplant werden und die Bedingungen möglichst günstig sein. Es ist ein diesiger Septemberabend, doch der Wind kommt aus Ost, Stärke Bft 2. Das hat zur Folge, dass sich im Ostfriesischen Wattenmeer keine großen Wellen bilden. Die See ist spiegelglatt. Gegen 19 Uhr heißt es „Leinen los" im Hafen von Wangerooge. Nachdem ich die Ansteuerung von Wangerooge Hafen passiere, muss ich zunächst die Ansteuerungstonne zum Fahrwasser *Alte Harle* weiter im Westen ansteuern und dem Prickenweg folgen. Das Echolot zeigt mir einen beständig weniger wasserführenden Priel. Spätestens vor dem Watthoch wird es nicht weitergehen. Da der Strom im zweiten Drittel der Tide ziemlich stark schiebt, entschließe ich mich, im tiefen Wasser vor Anker zu gehen. Würde die PiDo bei stark auflaufenden Strom auf Grund kommen, würde sie nicht mehr freikommen, denn der Strom schiebt uns immer weiter dem Watthoch entgegen, es sei denn der Anker wird jetzt fallengelassen. Diese Form der Grundberührung ist mir persönlich die Unangenehmste. Zum einen schiebt der Strom das Schiff unkontrolliert, zum anderen kann man nicht mehr reagieren, wenn es nötig ist. Möglicherweise würde ein anderes Fahrzeug mit weniger Tiefgang durch uns behindert, welches dieses Wattfahrwasser früher als wir passieren könnte. Es käme dann zu scheinbar nicht enden wollenden Minuten, bis das Schiff uns passiert haben wird.

Daher versuche ich, in solchen Situationen zu vermeiden, unkontrolliert auf Grund zu kommen, was zugegebenermaßen nicht immer gelingt. Hier klappt es, und die PiDo liegt vor dem Beginn des Prickenweges, gekennzeichnet durch 3 Pricken, vor Anker mit 2,20 Meter Wasser unter dem Kiel.

Nach einer halben Stunde und nachdem mir das Echolot einen halben Meter mehr Wasser unter dem Kiel angezeigt hat, geht es schon weiter. Mit 2,70 Metern Wasser unter dem Kiel gehen wir Anker auf, die Dämmerung setzt ein. Die Pricken sind immer noch gut zu erkennen. Auf Breite φ 53°45' N verlassen wir die Alte Harle in westlicher Richtung, um über die Swinnplate nach Spiekeroog zu gelangen. Ab jetzt geht es quer über das Watt, mit Kurs über Grund 270°. Dieser Kurs ist deswegen sehr wichtig, weil er zwischen einem VSG und einem RSG hindurchführt, ohne Gefahr zu laufen, dort unbefugt hineinzugeraten. Ein Abgleich mit dem GPS sollte regelmäßig durchgeführt werden, um Abweichungen vom Kurs durch eventuell quer setzende Strömung zu korrigieren. Ich bringe mein Schiff immer wieder auf Breite φ053°045,000' N. Auch sollte man bedenken, dass die Swinnplate in ihrer Gesamtheit der Schutzzone I angehört. Wie ich unter 3.2, Schutzzonen des Wattenmeeres, erwähnt habe, dürfen wir diese Zone erst ab der dritten Stunde vor Hochwasser befahren und müssen spätestens nach der 3. Stunde nach Hochwasser die Zone I verlassen haben. Sonst kann es Ärger geben.

Inzwischen ist es stockdunkel und am Heck erhellen die Leuchtalgen *Noctiluca scillentans* das Schraubenwasser. Spätestens jetzt wird einem die Schönheit des Wattenmeers bewusst. Hier auf der Swinnplate braucht man keine Pricken mit dem Scheinwerfer zu suchen, und im seltensten Fall kreuzt ein Fahrzeug den Kurs. Letztendlich sind nur der Kurs und die Wassertiefe entscheidend. Und bei letzterem wird es manchmal eng im Wattenmeer. Kurz vor dem Watthoch haben wir nur noch 30 cm Wasser unter dem Kiel und schon bald die ersten Grundberührungen. Hier am Watthoch schiebt das auflaufende Wasser nicht mehr so stark. Das Schiff liegt fest, ein Weiterfahren ist im Augenblick nicht möglich. Daher ist es das Beste, die Maschine auszukuppeln und auf das Wasser zu warten. Langsam schwimmt die PiDo wieder auf, der Motor läuft schon und es kann weiter gehen, Richtung West. Auch Bordhündin Ayla ist mir eine gute Hilfe. Gegen 21:30 Uhr bellt sie auf Backbordseite in die Nacht. Hier muss ich kurz erwähnen, dass sie - warum auch immer - gelbe Tonnen so bemerkenswert findet, dass sie diese ständig anbellen muss, ja fast außer sich ist. Und tatsächlich, auf Positionen 53°45' N und 007°44' E taucht die erste der beiden Schutzgebietstonnen im Scheinwerferlicht auf.

Bald darauf wird es noch einmal richtig spannend. Wieder ist der Scheinwerfer im Einsatz. Es gilt, die Ansteuerung von Spiekeroog zu finden. Zehn Minuten später wird das Scheinwerferlicht erst an der grünen, dann an der roten Tonne reflektiert. Der weitere Verlauf zum Hafen von Spiekeroog ist gut an den Reflektorstreifen der Pricken zu erkennen. Kurz vor Ankunft befindet sich auf Steuerbordseite die Möglichkeit, außerhalb des Hafens vor Anker zu gehen und bei Ebbe trockenzufallen. Das Zeitfenster ist relativ klein, denn hier steht bei Flut nicht viel Wasser. Unsere PiDo mit ihrem Tiefgang von 1 Meter kann frühestens zwei Stunden vor Hochwasser dort ankern.

Daher sollte man sich unbedingt vergegenwärtigen, welche Tidenverhältnisse herrschen, bevor man hier für längere Zeit ankert. Wer bei Springzeit und Wind aus West dort hoch ankert und trockenfällt, sollte tunlichst diesen Platz verlassen, wenn der Wind auf Ost dreht und vielleicht sogar die Mitt- bzw. Nippzeit einsetzt. Denn dann kann es durchaus passieren, dass ein Fahrzeug über Wochen festsitzt. Es wird ihm an Wasser fehlen bis der Wind wieder dreht. Unter Umständen muss sogar auf die Springzeit gewartet werden.

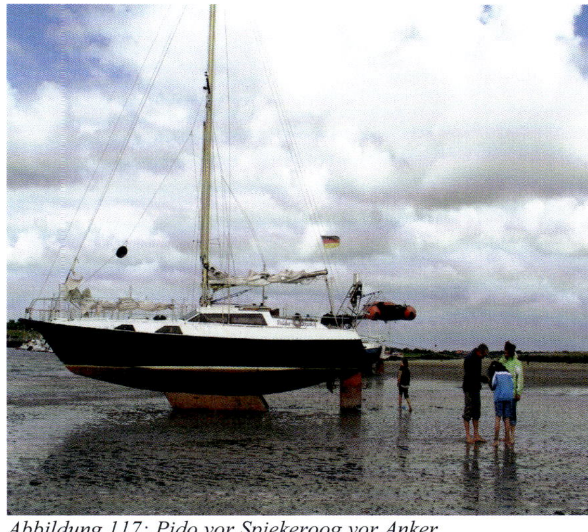

Abbildung 117: Pido vor Spiekeroog vor Anker

Wann immer ich dort vor Anker gehe, fahre ich bei Westwinden mit dem Bug relativ nah an den Steuerbord-"Tonnenstrich", lasse dort den Anker fallen, der in dem weichen Boden gut greift. Langsam versetze ich das Schiff um ein bis zwei Schiffslängen nach achtern, um möglichst weit weg vom Fahrwasser zu sein. Die Achterleine ist schon klar, die ich mit dem Dinghi zum Ufer bringe. Dort besteht die Möglichkeit, einen der Holzpfähle zu nutzen, die irgendwann einmal ein Wattstrieker dort eingesetzt hat. Oder ich verwende den Heckanker, den ich später in den Sand grabe. Dann noch an Bord die Achterleine durchgesetzt, sodass das Schiff in etwa 90° zum Fahrwasser steht (siehe Abbildung 118). Somit bietet man anderen Wattstriekern, die vielleicht noch eintreffen werden, auch noch Ankerplätze (Abbildung 117). Das Ankerlicht und der Ankerball sind an diesem Ort besonders wichtig, da man sich relativ nah am Fahrwasser befindet, welches von Fähren und anderen Fahrzeugen stark frequentiert wird. Wenn das Wasser abläuft, liegt man hier auf festem Untergrund. Wer sein Dinghi später am Ufer festmacht, kann jederzeit von und an Bord gehen. Zu den sanitären Anlagen sind es nur ca. 10 Gehminuten.

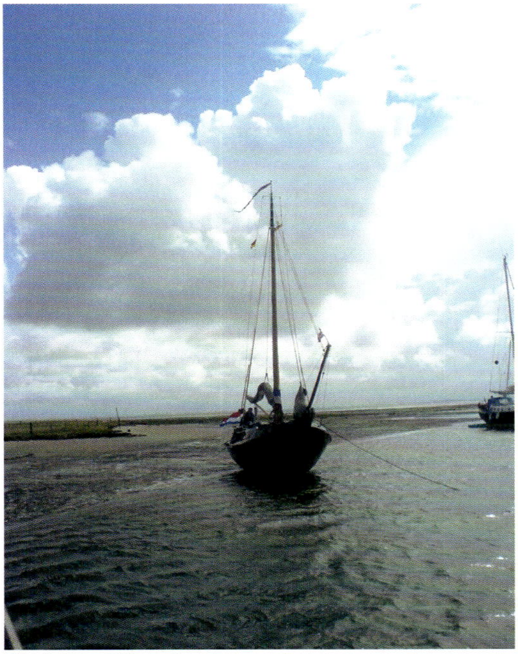

Abbildung 118: Ankerplatz vor Spiekeroog

8.2 Erlebnisberichte aus Sicht von Sportbootfahren (Auszüge aus meiner Diplomarbeit)

Verkehrssituationen, die falsch eingeschätzt werden und damit gefährliche Annäherungen nach sich ziehen, sind im Wattenmeer keine Seltenheit. Nachfolgende Beispiele möchten größeres Bewusstsein für diese Problematik wecken.

8.2.1 Überholmanöver mit Folgen

Vorfall: Segelfahrzeug, das unter Maschine fährt, läuft aus den Hafen Harlesiel vor einer Fähre aus.

Ortsbeschreibung: Harlesiel liegt an der Ostfriesischen Küste vor Wangerooge und wird regelmäßig von Fahrgastschiffen und Versorgern der Insel angesteuert. Die schmale Hafenzufahrt ist nach Westen über einen 1,7 sm langen Leitdamm geschützt. Etwa 0,3 sm vor der Hafeneinfahrt befindet sich ein weitere Leitdamm auf östlicher Seite.

Fallbeschreibung: Nachdem ein Skipper mit seinem Schiff bei guter Sicht und mäßigem Wind die Schleuse von Harlesiel verlassen hat, steuert er sein Schiff der Hafenausfahrt entgegen. Zu diesem Zeitpunkt ist kein größeres Fahrzeug im Hafen oder in der Hafenzufahrt in Bewegung. Als der Skipper eine Fähre, die zunächst noch fest an ihrem Liegeplatz ist, fast querab hat, sieht er, dass diese plötzlich Fahrt zurück macht, um im Wendebecken zu drehen. Der Führer des Kleinfahrzeuges entscheidet sich, schnell von der Fähre wegzukommen, indem er die Geschwindigkeit erhöht, um vor der Fähre in den Leitdamm einzusteuern. Kurze Zeit später kommt die Fähre von hinten auf. Das Sportboot kann, bedingt durch die oben beschriebenen Leitdämme, nur unwesentlich nach Steuerbord ausweichen. Die Fähre setzt zum Überholen an und erhöht die Fahrt. Dabei gerät das Sportboot in den Sog der Fähre und wird immer schneller mitgezogen. Da das Sportboot mittlerweile seine Rumpfgeschwindigkeit überschritten hat, füllt sich die Plicht von hinten mit Seewasser. Ein Reduzieren der Geschwindigkeit oder Aufstoppen führt dazu, dass das Sportboot immer näher an die Fähre gerät. Erst am Ende des östlichen Leitdamms kann das Sportboot nach Steuerbord ausweichen, um aus der Gefahrensituation herauszukommen. Das Wasser in der Plicht läuft über die Lenzeleitungen wieder ab. Der Schreck war laut Auskunft des Skippers groß. Auf der Brücke des Fähre hatte man die Situation beobachtet.[29]

29 Mündlicher Erfahrungsbericht eines Skippers 17.7.2013

Rechtslage:

Welches Recht? SeeSchStO

Wer sind die Akteure? Fahrgastfähre und Segelsportboot

Welche Regeln/ Paragraphen: Regel 8f 9 der KVR§ 3 Absatz 1 und 2 (Grundregeln für das Verhalten im Verkehr), §21 Absatz 1 und 2 (Grundsätze), §23 Absatz 1-4 (Überholen)

Welche Verpflichtungen?

Aus Sicht der Kleinfahrzeuge: Behinderungsverbot, das Fahrgastschiff nicht behindern, da es auf das tiefe Wasser angewiesen ist.

Aus Sicht der Fähre: Geschwindigkeitsreduzierung, sicherer Passierabstand

Welche Maßnahmen?

Aus Sicht der Kleinfahrzeuge: Hätte nicht vor der Fähre in das Fahrwasser einlaufen sollen.

Aus Sicht der Fähre: Hätte Fahrt reduzieren müssen, bis Engstelle passiert ist.

8.2.2 Überholmanöver mit Folgen im Leitdamm nach Harlesiel

Vorfall: Segelfahrzeug, das unter Maschine fährt, läuft vor einer Fähre in den Leitdamm ein.

Ort: Hafenausfahrt Harlesiel

Fallbeschreibung: Ein Segelfahrzeug läuft bei starkem Ostwind unter Maschine in den Leitdamm Richtung Harlesiel ein. Der Wind ist so stark, dass der Rudergänger kräftig vorhalten muss, damit das Sportboot nicht auf den westlichen Leitdamm auffährt. Somit ist der Bug beständig in spitzem Winkel zum Fahrwasser gerichtet. Ein Fahrgastschiff, das den Hafen von Wangerooge verlassen hat, kommt schnell auf und steuert ebenfalls in den Leitdamm ein. Es kommt zu einem knappen Überholmanöver der Fähre, wobei das Sportboot in den Sog des Fahrzeuges gerät und schnell mitgezogen wird. Durch den Leitdamm eingeengt, kann der Führer des Kleinfahrzeuges nicht handeln, was dazu führt, dass das Sportboot an das Heck der Fähre angesogen wird, sich an dessen Scheuerleiste verkeilt und über einen längeren Zeitraum so verbleibt. Durch diesen Zusammenstoß entstehen größere Schäden auf der Backbordseite des Kleinfahrzeuges. An der Fähre können keine sichtbaren Schäden festgestellt werden. Nach starken Protesten und einer Beschwerde bei der Reederei wird der Schaden am Sportboot schließlich von der Reederei übernommen.[30]

Rechtslage:

Welches Recht?	SeeSchStO
Wer sind die Akteure?	Fähre und Segelsportboot
Welche Regeln/ Paragraphen:	§ 3 Absatz 1 und 2 (Grundregeln für das Verhalten im Verkehr), §21 Absatz 1 und 2 (Grundsätze), §23 Absatz 1-4 (Überholen)
Welche Verpflichtungen?	
<u>Aus Sicht des Kleinfahrzeuges:</u>	Behinderungsverbot. Das Fahrgastschiff nicht behindern, da es auf das tiefe Wasser angewiesen ist.
<u>Aus Sicht der Fähre:</u>	Eingeschränkte Geschwindigkeitsreduzierung bei Starkwind, sicherer Passierabstand.
Welche Maßnahmen?	
<u>Aus Sicht des Kleinfahrzeuges:</u>	Hätte nicht vor der Fähre in das Fahrwasser einlaufen sollen.
<u>Aus Sicht der Fähre:</u>	Hätte Fahrt reduzieren müssen, bis Engstelle passiert ist.

8.2.3 Segelfahrzeug kreuzt Prickenweg und rammt Sportboot

Vorfall: Segelfahrzeug läuft unter Autopilot segelnd im Wattenmeer und kreuzt dabei das Harlesieler Wattfahrwasser (WFW). Dabei rammt es mit dem Steven ein Motorboot.
Ort: Harlesieler WFW.

Ortsbeschreibung: Das Harlesieler WFW ist ein durch Backbord-Pricken gekennzeichnetes Wattfahrwasser. Es verbindet die Otzumer Balje mit der Harle über das Watthoch *Hohe Bank* und ist dadurch gekennzeichnet, dass das Watthoch, je nach Schiffstyp, nur in einem kleinen Zeitfenster befahren werden kann. Das WFW beginnt bei TonneOB_{28}/AH_2[31]. Dabei verläuft das WFW zunächst nach Osten, kurz nach dem Watthoch dreht es nach Norden über Nordosten und

30 Mündlicher Bericht vom Eigner des Segelfahrzeuges, 22.06.2013
31 Stand 2013

mündet als untergeordnetes Fahrwasser bei Tonne OB_{30}[32]in die Harle ein.

Fallbeschreibung: Ein Segelfahrzeug, das quer über das Wattenmeer segelt, nähert sich einem Wattfahrwasser, auf dem ein maschinenbetriebenes Kleinfahrzeug dem Fahrwasserverlauf folgt. Das Ruder des Segelfahrzeuges wird über einen Autopiloten gesteuert, der Rudergänger ist unter Deck. Auf dem maschinenbetriebenen Kleinfahrzeug wird erkannt, dass es zu einer Kollision kommen kann. Beide Fahrzeuge halten ihren Kurs, und es kommt im Fahrwasser zur Kollision, indem das Segelfahrzeug seinen Steven mittschiffs ins Motorboot rammt. An beiden Fahrzeugen entsteht beträchtlicher Schaden[33].

Rechtslage:

Welches Recht? KVR, SeeSchStO

Wer sind die Akteure? Motorboot und Segelsportboot

Welche Regeln/ Paragraphen:

Regel 18 (Verantwortlichkeiten der Fahrzeuge untereinander) außerhalb des Fahrwassers. § 3 Absatz 1 und 2 (Grundregeln für das Verhalten im Verkehr), §21 Absatz 1 und 2 (Grundsätze), §25 (Vorfahrt im Fahrwasser).

Welche Verpflichtungen?

Aus Sicht des Segelfahrzeuges: SeeSchStrO überschreibt KVR im Fahrwasser. Segelfahrzeug ist wartepflichtig. Kursänderung.

Aus Sicht des maschinenbetriebenen Kleinfahrzeuges: Hat Vorfahrt vor Fahrzeugen, die das Fahrwasser queren. Bei Kollisionsgefahr den Wartepflichtigen auf dessen Fehlverhalten aufmerksam machen. Manöver des letzten Augenblicks.

Welche Maßnahmen?

Aus Sicht des Segelfahrzeuges: Segelfahrzeug hätte eine Kursänderung machen müssen, da es wartepflichtig gegenüber dem maschinenbetriebenen Kleinfahrzeug ist.

Aus Sicht des maschinenbetriebenen Kleinfahrzeuges: Ist vorfahrtsberechtigt. Hätte auf die Gefahr aufmerksam machen und nach §3 alles Mögliche versuchen müssen, um die Kollision zu vermeiden.

---

32 Stand 2013

33 Mündlicher Bericht des Schiffsführers des gerammten Kleinfahrzeuges, 19.5.2013

8.3. Erlebnisberichte aus Sicht der Berufsschifffahrt *(Auszüge aus meiner Diplomarbeit)*

8.3.1 Fähre *Langeoog II* wird im Baltrumer WFW durch Ankerlieger behindert

Vorfall: Die Fähre MS *Langeoog II* muss eine Fahrt zu den Seehundbänken abbrechen, da mehrere Kleinfahrzeuge im Baltrumer WFW ankern und die Durchfahrt versperren.

Ort: Baltrumer WFW

Ortsbeschreibung: Das Baltrumer WFW ist ein durch Backbord-Pricken gekennzeichnetes Wattfahrwasser. Es verbindet die Accumer Ee mit der Baltrumer Balje über das Watthoch Steinplate. Das Watthoch ist dadurch gekennzeichnet, dass es, je nach Schiffstyp, nur in einem kleinen Zeitfenster befahren werden kann. Es beginnt bei Tonne B_{16}. Dabei verläuft das WFW zunächst nach Osten. Kurz nach dem Watthoch dreht es nach Nordosten und mündet als untergeordnetes Fahrwasser bei Tonne A_9/B_{26} in die Accumer Ee ein.

Fallbeschreibung: Die *Langeoog II* läuft um Hochwasser aus Bensersiel mit Fahrgästen aus, um die Seehundbänke östlich von Norderney aufzusuchen. Hierzu muss das Fahrzug das Watthoch im Baltrumer WFW passieren. Die *Langeoog II* steuert aus der Accumer Ee in das Baltrumer WFW ein, die Schiffsführung sieht mit dem Fernglas, dass im Wattfahrwasser auffällig viele Kleinfahrzeuge liegen, die sich nicht fortbewegen. Beim Näherkommen stellte die Schiffsführung fest, dass "mehrere" Kleinfahrzeuge mitten im Fahrwasser ankern. Zwei weitere Kleinfahrzeuge haben an Pricken festgemacht. Eine sichere Durchfahrt für das Fahrgastschiff ist nicht möglich und so muss die Fahrt zu den Seehundbänken abgebrochen werden. Die *Langeoog II* kehrt nach Bensersiel zurück und muss die Fahrtkosten erstatten. Die Schiffsführungen der Kleinfahrzeuge, die im WFW die sichere Durchfahrt des Fahrgastschiffes verhindert haben, wurden nicht zur Rechenschaft gezogen[34].

Rechtslage:

Welches Recht? SeeSchStO, KVR

Wer sind die Akteure? MS *Langeoog II* und mehrere Kleinfahrzeuge

Welche Regeln/ Paragraphen?: § 3 Absatz 1(Grundregeln für das Verhalten im Verkehr), §21

34 Mündliche Beschreibung durch einen Kapitän der *Langeoog II, an Bord, 15.10.2013*

Absatz 2 (Grundsätze), §25 Absatz 2, §32 Absatz 1 (Ankerverbot im Fahrwasser), § 33 Absatz 1 und 2, Regel 9 Buchstabe b (Behinderungsverbot) und Buchstabe g (Ankern im engen Fahrwasser)[35].

Welche Verpflichtungen?

Aus Sicht der MS *Langeoog II* : Kleinfahrzeuge dürfen die Durchfahrt eines Fahrzeuges nicht behindern, das nur innerhalb eines solchen Fahrwasser sicher fahren kann.

- Welche Verpflichtungen?

Aus Sicht der Kleinfahrzeuge: Das Ankern im Fahrwasser und das Festmachen an festen Schifffahrtszeichen ist verboten.

- Welche Maßnahmen?

Aus Sicht der MS *Langeoog II* :

Nach Regel 34 d muss ein Schallsignal auf das Fehlverhalten aufmerksam machen. Nach § 61 Absatz 1 Nr. 9 und 14 handelt es sich um Ordnungswidrigkeiten, die anzuzeigen sind.

Aus Sicht der Kleinfahrzeuge: Sofort Anker auf gehen und das Fahrwasser freimachen.

8.3.2 Segelfahrzeuge kreuzen wahllos im Fahrwasser und nehmen der Fähre *Langeoog II* die Vorfahrt

Vorfall: Die Fähre MS *Langeoog II* fährt im Fahrwasser und wird von mehreren Segelfahrzeugen behindert.

Ort: Accumer Ee

Ortsbeschreibung: Die Accumer Ee ist ein durch Backbord- und Steuerbord-Tonnen gekennzeichnetes Wattfahrwasser. Es läuft zwischen den Inseln Baltrum und Langeoog und führt nach Bensersiel, wo es in östlicher Richtung in das Neuharlingersieler WFW übergeht.

Fallbeschreibung: Die *Langeoog II* wird in der Hochsaison als unterstützendes Fahrzeug für den Personenverkehr nach Langeoog eingesetzt und passiert gerade die Tonne A_{18} in Richtung Langeoog. Von der Schiffsführung werden an Steuerbord mehrere kleine Segelfahrzeuge beobachtet, die aus nordöstlicher Richtung kommend auf das sie querende Fahrwasser zusteuern.

35 Vgl. Seeschifffahrtsstraßen-Ordnung und KVR

Vor der Engstelle des Tonnenpaares A_{18} und A_{21} gibt die Schiffsführung der *Langeoog II* ein Schallsignal (• • • • •). Trotz des Schallsignals scheinen die Segelfahrzeuge ihre Fahrt fortzusetzen. Nur durch ein Aufstoppmanöver der *Langeoog II* kann eine Kollision vermieden werden. Die Schiffsführungen der Segelfahrzeuge haben nicht reagiert[36].

Rechtslage:

Welches Recht? SeeSchStO, KVR

Wer sind die Akteure? MS *Langeoog II* und mehrere Kleinfahrzeuge

Welche Regeln/ Paragraphen?: § 3 Absatz 1 und 2 (Grundregeln für das Verhalten im Verkehr), §21 Absatz 1 und 2 (Grundsätze), §25 Absatz 2 und 3, Regel 9 Buchstabe b[37].

Welche Verpflichtungen?

Aus Sicht der MS *Langeoog II* : "Im Fahrwasser haben dem Fahrwasserverlauf folgende Fahrzeuge unabhängig davon, ob sie nur innerhalb des Fahrwassers sicher fahren können, Vorfahrt gegenüber Fahrzeugen, die [...]das Fahrwasser queren."[38]

- Welche Verpflichtungen?

Aus Sicht der Segelfahrzeuge:

Kleinfahrzeuge dürfen die Durchfahrt eines Fahrzeuges nicht behindern, das nur innerhalb eines solchen Fahrwassers sicher fahren kann.

- Welche Maßnahmen?

Aus Sicht der MS *Langeoog II* : Nach Regel 34 d muss ein Schallsignal auf das Fehlverhalten aufmerksam machen. Durch das Nichtreagieren der Segelfahrzeuge auf das Schallsignal ist der Vertrauensgrundsatz gestört. Manöver des letzten Augenblicks verhindert eine Kollision.

Aus Sicht der Segelfahrzeuge: Segelfahrzeuge hätten warten müssen, bis die Fähre sie passiert hat. Erst wenn kein weiterer Verkehr im Fahrwasser behindert oder gefährdet wird, hätten sie das Fahrwasser kreuzen dürfen.

---

36 Mündliche Beschreibung durch einen Kapitän der *Langeoog II, an Bord, 25.10.2013*

37 Vgl. Seeschifffahrtsstraßen-Ordnung und Verordnung zu den Internationalen Regeln von 1972 zur Verhütung von Zusammenstößen auf See

38 Vgl. Seeschifffahrtsstraßen-Ordnung § 25 Absatz 2 Nr.2

9. Auszüge aus Gesetzestexten (ohne Gewähr)

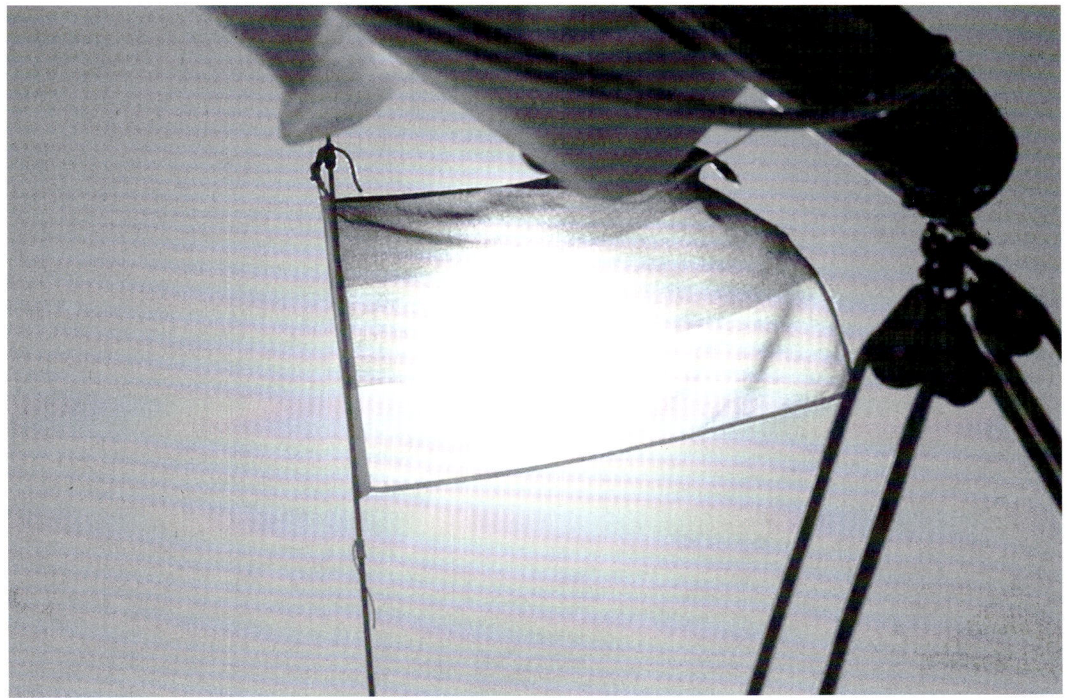

Abbildung 119: Flagge im Sonnenlicht

9.1. Kollisionsverhütungsregel (KVR)

Die vollständige KVR findet man u.a. im Bruns und im Internet unter Elwis

Teil A: Allgemeines

Abschnitt I: Verhalten von Fahrzeugen bei allen Sichtverhältnissen (Regel 4 bis 10)

Regel 1: Anwendung

a. Diese Regeln gelten für alle Fahrzeuge auf Hoher See und auf den mit dieser zusammenhängenden, von Seeschiffen befahrbaren Gewässern.

[...]

Regel 2: Verantwortlichkeit

a. Diese Regeln befreien ein Fahrzeug, dessen Eigentümer, Kapitän oder Besatzung nicht von den Folgen, die durch unzureichende Einhaltung dieser Regeln oder unzureichende sonstige Vorsichtsmaßnahmen entstehen, welche allgemeine seemännische Praxis oder besondere Umstände des Falles erfordern.

b. Bei der Auslegung und Befolgung dieser Regeln sind stets alle Gefahren der Schifffahrt und des Zusammenstoßes sowie alle besonderen Umstände einschließlich Behinderungen der betroffenen Fahrzeuge gebührend zu berücksichtigen, die zum Abwenden unmittelbarer Gefahr ein Abweichen von diesen Regeln erfordern.

Regel 3: Allgemeine Begriffsbestimmungen

Soweit sich aus dem Zusammenhang nicht etwas anderes ergibt, gilt für diese Regeln folgendes:

a. Der Ausdruck „Fahrzeug“ bezeichnet alle Wasserfahrzeuge einschließlich nicht Wasser verdrängender Fahrzeuge, Bodeneffektfahrzeuge und Wasserflugzeuge, die als Beförderungsmittel auf dem Wasser verwendet werden oder verwendet werden können.

b. Der Ausdruck „Maschinenfahrzeug“ bezeichnet ein Fahrzeug mit Maschinenantrieb.

c. Der Ausdruck „Segelfahrzeug“ bezeichnet ein Fahrzeug unter Segel, dessen Maschinenantrieb, falls vorhanden, nicht benutzt wird.

d. Der Ausdruck „fischendes Fahrzeug“ bezeichnet ein Fahrzeug, das mit Netzen, Leinen, Schleppnetzen oder anderen Fanggeräten fischt, welche die Manövrierfähigkeit einschränken, jedoch nicht ein Fahrzeug, das mit Schleppangeln oder anderen Fanggeräten fischt, welche die Manövrierfähigkeit nicht einschränken.

e. Der Ausdruck „Wasserflugzeug“ bezeichnet ein zum Manövrieren auf dem Wasser eingerichtetes Luftfahrzeug.

f. Der Ausdruck „manövrierunfähiges Fahrzeug“ bezeichnet ein Fahrzeug, das wegen außergewöhnlicher Umstände nicht so manövrieren kann, wie es diese Regeln vorschreiben, und daher einem anderen Fahrzeug nicht ausweichen kann.

g. Der Ausdruck „manövrierbehindertes Fahrzeug“ bezeichnet ein Fahrzeug, das durch die Art seines Einsatzes behindert ist, so zu manövrieren, wie es diese Regeln vorschreiben, und daher einem anderen Fahrzeug nicht ausweichen kann. Der Ausdruck „manövrierbehinderte Fahrzeuge“ umfasst, ohne darauf beschränkt zu sein:

  i. Ein Fahrzeug, das ein Seezeichen, Unterwasserkabel oder eine Rohrleitung auslegt, versorgt oder aufnimmt;

  ii. ein Fahrzeug, das baggert, Forschungs- oder Vermessungsarbeiten oder Unterwasserarbeiten ausführt;

  iii ein Fahrzeug in Fahrt, das Versorgungsmanöver ausführt oder mit der Übergabe von Personen, Ausrüstung oder Ladung beschäftigt ist;

  iv. ein Fahrzeug, auf dem Luftfahrzeuge starten oder landen;

  v. ein Fahrzeug beim Minenräumen;

  vi. ein Fahrzeug während eines Schleppvorgangs, bei dem das schleppende Fahrzeug und sein

Anhang erheblich behindert sind, vom Kurs abzuweichen.

h. Der Ausdruck „Tiefgang behindertes Fahrzeug“ bezeichnet ein Maschinenfahrzeug, das durch seinen Tiefgang im Verhältnis zu der vorhandenen Tiefe und Breite des befahrbaren Gewässers erheblich behindert ist, von seinem zu verfolgenden Kurs abzuweichen.

i. Der Ausdruck „in Fahrt“ bedeutet, dass ein Fahrzeug weder vor Anker liegt noch an Land festgemacht ist noch auf Grund sitzt.

j. Die Ausdrücke „Länge“ und „Breite“ eines Fahrzeugs bedeuten die Länge über alles und die größte Breite.

k. Fahrzeuge gelten nur dann als einander in Sicht befindlich, wenn jedes vom anderen optisch wahrgenommen werden kann.

l. Der Ausdruck „verminderte Sicht“ bezeichnet jeden Zustand, bei dem die Sicht durch Nebel, dickes Wetter, Schneefall, heftige Regengüsse, Sandstürme oder ähnliche Ursachen eingeschränkt ist.

[...]

Teil B: Ausweich- und Fahrregeln

Regel 5: Ausguck

Jedes Fahrzeug muss jederzeit durch Sehen und Hören sowie durch jedes andere verfügbare Mittel, das den gegebenen Umständen und Bedingungen entspricht, gehörigen Ausguck halten, der einen vollständigen Überblick über die Lage und die Möglichkeit der Gefahr eines Zusammenstoßes gibt.

Regel 6: Sichere Geschwindigkeit

Jedes Fahrzeug muss jederzeit mit einer sicheren Geschwindigkeit fahren, so dass es geeignete und wirksame Maßnahmen treffen kann, um einen Zusammenstoß zu vermeiden, und innerhalb einer Entfernung zum Stehen gebracht werden kann, die den gegebenen Umständen und Bedingungen entspricht. Zur Bestimmung der sicheren Geschwindigkeit müssen unter anderem folgende Umstände berücksichtigt werden:

a. Von allen Fahrzeugen:

i. die Sichtverhältnisse;

ii. die Verkehrsdichte einschließlich Ansammlungen von Fischerei- oder sonstigen Fahrzeugen;

iii. Die Manövrierfähigkeit des Fahrzeugs unter besonderer Berücksichtigung der Stoppstrecken und der Dreheigenschaften unter den gegebenen Bedingungen;

iv. bei Nacht eine Hintergrundhelligkeit, z. B. durch Lichter an Land oder eine Rückstrahlung der eigenen Lichter;

v. die Wind-, Seegangs- und Strömungsverhältnisse sowie die Nähe von Schifffahrtsgefahren;

vi. der Tiefgang im Verhältnis zur vorhandenen Wassertiefe.

b. Zusätzlich von Fahrzeugen mit betriebsfähigem Radar:
   i. die Eigenschaften, die Wirksamkeit und die Leistungsgrenzen der Radaranlagen;
   ii. jede Einschränkung, die sich aus dem eingeschalteten Entfernungsbereich des Radars ergibt;
   iii. Der Einfluss von Seegang, Wetter und anderen Störquellen auf die Radaranzeige;
   iv. die Möglichkeit, dass kleine Fahrzeuge, Eis und andere schwimmende Gegenstände durch Radar nicht innerhalb einer ausreichenden Entfernung geortet werden;
   v. die Anzahl, die Lage und die Bewegung der vom Radar georteten Fahrzeuge;
   vi. die genauere Feststellung der Sichtweite, die der Gebrauch des Radars durch Entfernungsmessung in der Nähe von Fahrzeugen oder anderen Gegenständen ermöglicht.

Regel 7: Möglichkeit der Gefahr eines Zusammenstoßes

a. Jedes Fahrzeug muss mit allen verfügbaren Mitteln entsprechend den gegebenen Umständen und Bedingungen feststellen, ob die Möglichkeit der Gefahr eines Zusammenstoßes besteht. Im Zweifelsfall ist diese Möglichkeit anzunehmen.

b. Um eine frühzeitige Warnung vor der Möglichkeit der Gefahr eines Zusammenstoßes zu erhalten, muss eine vorhandene und betriebsfähige Radaranlage gehörig gebraucht werden, und zwar einschließlich der Anwendung der großen Entfernungsbereiche, des Plottens oder eines gleichwertig systematischen Verfahrens zur Überwachung georteter Objekte.

c. Folgerungen aus unzulänglichen Informationen, insbesondere aus unzulänglichen Radarinformationen, müssen unterbleiben.

d. Bei der Feststellung, ob die Möglichkeit der Gefahr eines Zusammenstoßes besteht, muss unter anderem folgendes berücksichtigt werden:
   i. Eine solche Möglichkeit ist anzunehmen, wenn die Kompasspeilung eines sich nähernden Fahrzeugs sich nicht merklich ändert;
   ii. eine solche Möglichkeit kann manchmal auch bestehen, wenn die Peilung sich merklich ändert, insbesondere bei der Annäherung an ein sehr großes Fahrzeug, an einen Schleppzug oder an ein Fahrzeug nahebei.

Regel 8: Manöver zur Vermeidung von Zusammenstößen

a. Jedes Manöver zur Vermeidung eines Zusammenstoßes muss in Übereinstimmung mit den Regeln dieses Teiles erfolgen und, wenn es die Umstände zulassen, entschlossen, rechtzeitig und so ausgeführt werden, wie gute Seemannschaft es erfordert.

b. Jede Änderung des Kurses und/oder der Geschwindigkeit zur Vermeidung eines Zusammenstoßes muss, wenn es die Umstände zulassen, so groß sein, dass ein anderes Fahrzeug optisch oder durch Radar sie schnell erkennen kann; aufeinander folgende kleine Änderungen des Kurses und/oder der Geschwindigkeit sollen vermieden werden.

c. Ist genügend Seeraum vorhanden, so kann eine Kursänderung allein die wirksamste Maßnahme zum Meiden des Nahbereichs sein, vorausgesetzt, dass sie rechtzeitig vorgenommen wird, durchgreifend ist und nicht in einen anderen Nahbereich führt.

d. Ein Manöver zur Vermeidung eines Zusammenstoßes mit einem anderen Fahrzeug muss zu einem sicheren Passierabstand führen. Die Wirksamkeit des Manövers muss sorgfältig überprüft werden, bis das andere Fahrzeug endgültig vorbei und klar ist.

e. Um einen Zusammenstoß zu vermeiden oder mehr Zeit zur Beurteilung der Lage zu gewinnen, muss ein Fahrzeug erforderlichenfalls seine Fahrt mindern oder durch Stoppen oder Rückwärtsgehen jegliche Fahrt wegnehmen.

f. i. Ein Fahrzeug, das auf Grund einer dieser Regeln verpflichtet ist, die Durchfahrt oder die sichere Durchfahrt eines anderen Fahrzeugs nicht zu behindern, muss, wenn es die Umstände erfordern, frühzeitig Maßnahmen ergreifen, um genügend Raum für die sichere Durchfahrt des anderen Fahrzeugs zu lassen.

ii. Ein Fahrzeug, das verpflichtet ist, die Durchfahrt oder die sichere Durchfahrt eines anderen Fahrzeugs nicht zu behindern, ist von dieser Verpflichtung nicht befreit, wenn es sich dem anderen Fahrzeug so nähert, dass die Möglichkeit der Gefahr eines Zusammenstoßes besteht, und muss, wenn es Maßnahmen ergreift, in vollem Umfang die Maßnahmen berücksichtigen, die nach den Regeln dieses Teiles vorgeschrieben sind.

iii. Ein Fahrzeug, dessen Durchfahrt nicht behindert werden darf, bleibt in vollem Umfang verpflichtet, die Regeln dieses Teiles einzuhalten, wenn die beiden Fahrzeuge sich einander so nähern, dass die Möglichkeit der Gefahr eines Zusammenstoßes besteht.

Regel 9: Enge Fahrwasser

a. Ein Fahrzeug, das der Richtung eines engen Fahrwassers oder einer Fahrrinne folgt, muss sich so nahe am äußeren Rand des Fahrwassers oder der Fahrrinne an seiner Steuerbordseite halten, wie dies ohne Gefahr möglich ist.

b. Ein Fahrzeug von weniger als 20 Meter Länge oder ein Segelfahrzeug darf nicht die Durchfahrt eines Fahrzeugs behindern, das nur innerhalb eines engen Fahrwassers oder einer Fahrrinne sicher fahren kann.

c. Ein fischendes Fahrzeug darf nicht die Durchfahrt eines anderen Fahrzeugs behindern, das innerhalb eines engen Fahrwassers oder einer Fahrrinne fährt.

d. Ein Fahrzeug darf ein enges Fahrwasser oder eine Fahrrinne nicht queren, wenn dadurch die Durchfahrt eines Fahrzeugs behindert wird, das nur innerhalb eines solchen Fahrwassers oder einer solchen Fahrrinne sicher fahren kann. Das letztere Fahrzeug darf das in Regel 34 Buchstabe d vorgeschriebene Schallsignal geben, wenn es über die Absichten des querenden Fahrzeugs im Zweifel ist.

i. Kann in einem engen Fahrwasser oder in einer Fahrrinne nur dann sicher überholt werden, wenn das zu überholende Fahrzeug mitwirkt, so muss das überholende Fahrzeug seine Absicht durch das entsprechende Signal nach Regel 34 Buchstabe c Ziffer i anzeigen. Ist das zu überholende Fahrzeug einverstanden, so muss es das entsprechende Signal nach Regel 34 Buchstabe c Ziffer ii geben und Maßnahmen für ein sicheres Passieren treffen. Im Zweifelsfall darf es die in Regel 34 Buchstabe d vorgeschriebenen Signale geben.

ii. Diese Regel befreit das überholende Fahrzeug nicht von seiner Verpflichtung nach Regel 13.

f. Ein Fahrzeug, das sich einer Krümmung oder einem Abschnitt eines engen Fahrwassers oder einer Fahrrinne nähert, wo andere Fahrzeuge durch ein dazwischen liegendes Sichthindernis verdeckt sein können, muss mit besonderer Aufmerksamkeit und Vorsicht fahren und das entsprechende Signal nach Regel 34 Buchstabe e geben.

g. Jedes Fahrzeug muss, wenn es die Umstände zulassen, das Ankern in einem engen Fahrwasser vermeiden.

Abschnitt II: Verhalten von Fahrzeugen, die einander in Sicht haben (Regel 11 bis 18)

Regel 11: Anwendung

Die Regeln dieses Abschnitts gelten für Fahrzeuge, die einander in Sicht haben.

Regel 12: Segelfahrzeuge

a. Wenn zwei Segelfahrzeuge sich einander so nähern, dass die Möglichkeit der Gefahr eines Zusammenstoßes besteht, muss das eine dem anderen wie folgt ausweichen:

   i. Wenn sie den Wind nicht von derselben Seite haben, muss das Fahrzeug, das den Wind von Backbord hat, dem anderen ausweichen;

   ii. wenn sie den Wind von derselben Seite haben, muss das luvwärtige Fahrzeug dem leewärtigen ausweichen;

   iii. Wenn ein Fahrzeug mit Wind von Backbord ein Fahrzeug in Luv sichtet und nicht mit Sicherheit feststellen kann, ob das andere Fahrzeug den Wind von Backbord oder von Steuerbord hat, muss es dem anderen ausweichen.

b. Im Sinne dieser Regel ist die Luvseite diejenige Seite, die dem gesetzten Großsegel gegenüber liegt, auf Rahseglern diejenige Seite, die dem größten gesetzten Schratsegel gegenüber liegt.

Regel 13: Überholen

a. Ungeachtet der Regeln des Teiles B Abschnitte I und II muss jedes Fahrzeug beim Überholen dem anderen ausweichen.

b. Ein Fahrzeug gilt als überholendes Fahrzeug, wenn es sich einem anderen aus einer Richtung von mehr als 22,5 Grad achterlicher als querab nähert und daher gegenüber dem zu überholenden Fahrzeug so steht, dass es bei Nacht nur dessen Hecklicht, aber keines der Seitenlichter sehen könnte.

c. Kann ein Fahrzeug nicht sicher erkennen, ob es ein anderes überholt, so muss es dies annehmen und entsprechend handeln.

d. Durch eine spätere Änderung der Peilung wird das überholende Fahrzeug weder zu einem kreuzenden im Sinne dieser Regeln noch wird es von der Verpflichtung entbunden, dem anderen Fahrzeug auszuweichen, bis es dieses klar passiert hat.

Regel 14: Entgegengesetzte Kurse

a. Wenn zwei Maschinenfahrzeuge auf entgegengesetzten oder fast entgegengesetzten Kursen sich einander so nähern, dass die Möglichkeit der Gefahr eines Zusammenstoßes besteht, muss jedes seinen Kurs nach Steuerbord so ändern, dass sie einander an Backbordseite passieren.

b. Eine solche Lage muss angenommen werden, wenn ein Fahrzeug das andere recht voraus oder fast recht voraus sieht, bei Nacht die Toplichter des anderen in Linie oder fast in Linie und/oder beide Seitenlichter sieht und am Tage das andere Fahrzeug dementsprechend ausmacht.

c. Kann ein Fahrzeug nicht sicher erkennen, ob eine solche Lage besteht, so muss es von dieser ausgehen und entsprechend handeln.

Regel 15: Kreuzende Kurse

Wenn die Kurse zweier Maschinenfahrzeuge einander so kreuzen, dass die Möglichkeit der Gefahr eines Zusammenstoßes besteht, muss dasjenige ausweichen, welches das andere an seiner Steuerbordseite hat; wenn die Umstände es zulassen, muss es vermeiden, den Bug des anderen Fahrzeugs zu kreuzen.

Regel 16:Maßnahmen des Ausweichpflichtigen

Jedes ausweichpflichtige Fahrzeug muss möglichst frühzeitig und durchgreifend handeln, um sich gut klar zu halten.

Regel 17: Maßnahmen des Kurshalters

a. i. Muss von zwei Fahrzeugen eines ausweichen, so muss das andere Kurs und Geschwindigkeit beibehalten (Kurshalter).

ii. Der Kurshalter darf jedoch zur Abwendung eines Zusammenstoßes selbst manövrieren, sobald klar wird, dass der Ausweichpflichtige nicht angemessen nach diesen Regeln handelt. **(Manöver des vorletzten Augenblickes.)**

b. Ist der Kurshalter dem Ausweichpflichtigen aus irgendeinem Grund so nahe gekommen, dass ein Zusammenstoß durch Manöver des letzteren allein nicht vermieden werden kann, so muss der Kurshalter so manövrieren, wie es zur Vermeidung eines Zusammenstoßes am dienlichsten ist. **(Manöver des letzten Augenblickes.)**

c. Ein Maschinenfahrzeug, das bei kreuzenden Kursen nach Buchstabe a Ziffer ii manövriert, um einen Zusammenstoß mit einem anderen Maschinenfahrzeug zu vermeiden, darf seinen Kurs, sofern die Umstände es zulassen, gegenüber einem Fahrzeug an seiner Backbordseite nicht nach Backbord ändern.

d. Diese Regel befreit das ausweichpflichtige Fahrzeug nicht von seiner Ausweichpflicht.

Regel 18: Verantwortlichkeiten der Fahrzeuge untereinander

Sofern in den Regeln 9, 10 und 13 nicht etwas anderes bestimmt ist, gilt folgendes: a. Ein Maschinenfahrzeug in Fahrt muss ausweichen

i. einem manövrierunfähigen Fahrzeug;

ii. einem manövrierbehinderten Fahrzeug;

iii. Einem fischenden Fahrzeug;

iv. einem Segelfahrzeug.

b. Ein Segelfahrzeug in Fahrt muss ausweichen

i. einem manövrierunfähigen Fahrzeug;

ii. einem manövrierbehinderten Fahrzeug;

iii. Einem fischenden Fahrzeug.

c. Ein fischendes Fahrzeug in Fahrt muss, soweit möglich, ausweichen

i. einem manövrierunfähigen Fahrzeug;

ii. einem manövrierbehinderten Fahrzeug.

i. Jedes Fahrzeug, mit Ausnahme eines manövrierunfähigen oder manövrierbehinderten muss, sofern die Umstände es zulassen, vermeiden, die sichere Durchfahrt eines Tiefgang behinderten Fahrzeugs zu behindern, das Signale nach Regel 28 zeigt.

ii. Ein Tiefgang behindertes Fahrzeug muss unter Berücksichtigung seines besonderen Zustands mit besonderer Vorsicht navigieren.

e. Ein Wasserflugzeug auf dem Wasser muss sich in der Regel von allen Fahrzeugen gut klar halten und vermeiden, deren Manöver zu behindern. Sobald jedoch die Möglichkeit der Gefahr eines Zusammenstoßes besteht, muss es die Regeln dieses Teiles befolgen.

i. Ein Bodeneffektfahrzeug muss sich bei Start, Landung und oberflächennahem Flug von allen Fahrzeugen gut klar halten und vermeiden, deren Manöver zu behindern;

ii. ein Bodeneffektfahrzeug, das auf der Wasseroberfläche betrieben wird, muss die Regeln dieses Teiles für Maschinenfahrzeuge erfüllen.

Abschnitt III: Verhalten von Fahrzeugen bei verminderter Sicht (Regel 19)

Regel 19: Verhalten von Fahrzeugen bei verminderter Sicht

a. Diese Regel gilt für Fahrzeuge, die einander nicht in Sicht haben, wenn sie innerhalb oder in der Nähe eines Gebiets mit verminderter Sicht fahren.

b. Jedes Fahrzeug muss mit sicherer Geschwindigkeit fahren, die den gegebenen Umständen und Bedingungen der verminderten Sicht angepasst ist. Ein Maschinenfahrzeug muss seine Maschinen für ein sofortiges Manöver bereit halten.

c. Jedes Fahrzeug muss bei der Befolgung der Regeln des Abschnitts I die gegebenen Umstände und Bedingungen der verminderten Sicht gehörig berücksichtigen.

d. Ein Fahrzeug, das ein anderes Fahrzeug lediglich mit Radar ortet, muss ermitteln, ob sich eine Nahbereichslage entwickelt und/oder die Möglichkeit der Gefahr eines Zusammenstoßes besteht. Ist dies der Fall, so muss es frühzeitig Gegenmaßnahmen treffen; ändert es deshalb seinen Kurs, so muss es nach Möglichkeit folgendes vermeiden:

i. eine Kursänderung nach Backbord gegenüber einem Fahrzeug vorlicher als querab, außer beim Überholen;

ii. eine Kursänderung auf ein Fahrzeug zu, das querab oder achterlicher als querab ist.

e. Außer nach einer Feststellung, dass keine Möglichkeit oder Gefahr eines Zusammenstoßes besteht, muss jedes Fahrzeug, das anscheinend vorlicher als querab das Nebelsignal eines anderen Fahrzeugs hört oder das eine Nahbereichslage mit einem anderen Fahrzeug vorlicher als querab nicht vermeiden kann, seine Fahrt auf das für die Erhaltung der Steuerfähigkeit geringstmögliche Maß verringern. Erforderlichenfalls muss es jegliche Fahrt wegnehmen und in jedem Fall mit äußerster Vorsicht manövrieren, bis die Gefahr eines Zusammenstoßes vorüber ist.

Teil C: Lichter und Signalkörper

Regel 22: Tragweite der Lichter

Die in diesen Regeln vorgeschriebenen Lichter müssen die in Abschnitt 8 der Anlage I angegebenen Lichtstärken haben, so dass folgende Mindesttragweiten erreicht werden:

[...]

b. Auf Fahrzeugen von 12 und mehr, jedoch weniger als 50 Meter Länge - Toplicht, 5 Seemeilen; auf Fahrzeugen von weniger als 20 Meter Länge, 3 Seemeilen;

-Seitenlicht, 2 Seemeilen;

-Hecklicht, 2 Seemeilen;

-Schlepplicht, 2 Seemeilen;

-weißes, rotes, grünes oder gelbes Rundumlicht, 2 Seemeilen.

c. Auf Fahrzeugen von weniger als 12 Meter Länge - Toplicht, 2 Seemeilen;

-Seitenlicht, 1 Seemeile;

-Hecklicht, 2 Seemeilen;

-Schlepplicht, 2 Seemeilen;

-weißes, rotes, grünes oder gelbes Rundumlicht, 2 Seemeilen.

[...]

Regel 23: Maschinenfahrzeuge in Fahrt

a. Ein Maschinenfahrzeug in Fahrt muss führen

i. ein Toplicht vorn;

ii. ein zweites Toplicht achterlicher und höher als das vordere; ein Fahrzeug von weniger als 50 Meter Länge kann ein solches Licht führen, ist jedoch nicht dazu verpflichtet;

iii. Seitenlichter;

iv. ein Hecklicht.

[...]

d. i. Ein Maschinenfahrzeug von weniger als 12 Meter Länge darf an Stelle der unter Buchstabe a vorgeschriebenen Lichter ein weißes Rundumlicht und Seitenlichter führen;

ii. ein Maschinenfahrzeug von weniger als 7 Meter Länge, dessen Höchstgeschwindigkeit 7 Knoten nicht übersteigt, darf an Stelle der unter Buchstabe a vorgeschriebenen Lichter ein weißes Rundumlicht und muss, wenn möglich, außerdem Seitenlichter führen;

iii. Das Topplicht oder das weiße Rundumlicht auf einem Maschinenfahrzeug von weniger als 12 Meter Länge darf außerhalb der Längsachse des Fahrzeugs geführt werden, wenn die Anbringung über die Längsachse nicht möglich ist, vorausgesetzt, dass die Seitenlichter in einer Zweifarbenlaterne über der Längsachse des Fahrzeugs geführt oder so nahe wie möglich in derselben Längsachse wie das Toplicht oder das weiße Rundumlicht angebracht werden.

Regel 25: Segelfahrzeuge in Fahrt und Fahrzeuge unter Ruder

a. Ein Segelfahrzeug in Fahrt muss führen

i. Seitenlichter;

ii. ein Hecklicht.

b. Auf einem Segelfahrzeug von weniger als 20 Meter Länge dürfen die unter Buchstabe a vorgeschriebenen Lichter in einer Dreifarbenlaterne vereinigt werden, die an oder nahe der Mastspitze dort angebracht ist, wo sie am besten gesehen werden kann.

c. Ein Segelfahrzeug in Fahrt darf zusätzlich zu den unter Buchstabe a vorgeschriebenen Lichtern an oder nahe der Mastspitze zwei Rundumlichter senkrecht übereinander dort führen, wo sie am besten gesehen werden können, und zwar das obere rot und das untere grün; diese Lichter dürfen jedoch nicht zusammen mit der Dreifarbenlaterne nach Buchstabe b geführt werden.

d.i. Ein Segelfahrzeug von weniger als 7 Meter Länge muss, wenn möglich, die unter Buchstabe a oder b vorgeschriebenen Lichter führen; andernfalls muss eine elektrische Lampe oder eine angezündete Laterne mit einem weißen Licht gebrauchsfertig zur Hand gehalten und rechtzeitig gezeigt werden, um einen Zusammenstoß zu verhüten.

ii. Ein Fahrzeug unter Ruder darf die in dieser Regel für Segelfahrzeuge vorgeschriebenen Lichter führen; andernfalls muss eine elektrische Lampe oder eine angezündete Laterne mit einem weißen Licht gebrauchsfertig zur Hand gehalten und rechtzeitig gezeigt werden, um einen Zusammenstoß zu verhüten.

e. Ein Fahrzeug unter Segel, das gleichzeitig mit Maschinenkraft fährt, muss im Vorschiff einen Kegel – Spitze unten – dort führen, wo er am besten gesehen werden kann.

Regel 27: Manövrierunfähige oder manövrierbehinderte Fahrzeuge

a. Ein manövrierunfähiges Fahrzeug muss führen

i. zwei rote Rundumlichter senkrecht übereinander dort, wo sie am besten gesehen werden können;

ii. zwei Bälle oder ähnliche Signalkörper senkrecht übereinander dort, wo sie am besten gesehen werden können;

iii. Bei Fahrt durchs Wasser zusätzlich zu den unter diesem Buchstaben vorgeschriebenen Lichtern Seitenlichter und ein Hecklicht.

b. Ein manövrierbehindertes Fahrzeug, ausgenommen ein Fahrzeug beim Minenräumen, muss führen

   i. drei Rundumlichter senkrecht übereinander dort, wo sie am besten gesehen werden können. Das obere und das untere Licht müssen rot, das mittlere muss weiß sein;

   ii. drei Signalkörper senkrecht übereinander dort, wo sie am besten gesehen werden können. Der obere und der untere Signalkörper müssen Bälle, der mittlere muss ein Rhombus sein;

   iii. Bei Fahrt durchs Wasser zusätzlich zu den unter Ziffer i vorgeschriebenen Lichtern ein Toplicht oder mehrere Toplichter sowie Seitenlichter und ein Hecklicht;

   iv. vor Anker zusätzlich zu den unter den Ziffern i und ii vorgeschriebenen Lichtern oder Signalkörpern das Licht, die Lichter oder den Signalkörper nach Regel 30.

c. Ein schleppendes Maschinenfahrzeug muss während eines Schleppvorgangs, bei dem das schleppende Fahrzeug und sein Anhang erheblich behindert sind, vom Kurs abzuweichen, zusätzlich zu den in Regel 24 Buchstabe a vorgeschriebenen Lichtern oder Signalkörpern die unter Buchstabe b Ziffer i und ii dieser Regel vorgeschriebenen Lichter oder Signalkörper führen.

d. Ein manövrierbehindertes Fahrzeug, das baggert oder Unterwasserarbeiten ausführt, muss die unter Buchstabe b Ziffern i, ii und iii vorgeschriebenen Lichter oder Signalkörper führen, bei Behinderung außerdem

   i. zwei rote Rundumlichter oder zwei Bälle senkrecht übereinander, um die Seite anzuzeigen, an der die Behinderung besteht;

   ii. zwei grüne Rundumlichter oder zwei Rhomben senkrecht übereinander, um die Passierseite für ein anderes Fahrzeug anzuzeigen;

   iii. Vor Anker an Stelle der Lichter oder des Signalkörpers nach Regel 30 die unter diesem Buchstaben vorgeschriebenen Lichter oder Signalkörper.

e. Macht die Größe eines Fahrzeugs bei Taucherarbeiten es unmöglich, alle unter Buchstabe d vorgeschriebenen Lichter und Signalkörper zu führen, so sind zu führen

   i. drei Rundumlichter, senkrecht übereinander dort, wo sie am besten gesehen werden können. Das obere und das untere Licht müssen rot, das mittlere muss weiß sein;

   ii. die Flagge „A" des Internationalen Signalbuchs als Tafel von mindestens 1 Meter Höhe. Ihre Rundumsichtbarkeit muss sichergestellt sein.

f. Ein Fahrzeug beim Minenräumen muss zusätzlich zu den in Regel 23 vorgeschriebenen Lichtern für Maschinenfahrzeuge oder zu den Lichtern oder dem Signalkörper nach Regel 30 für ein Fahrzeug vor Anker drei grüne Rundumlichter oder drei Bälle führen. Eines dieser Lichter oder einer dieser

Signalkörper muss nahe dem Vormasttopp und eines oder einer an jedem Ende der vorderen Rah geführt werden. Diese Lichter oder Signalkörper zeigen an, dass es für andere Fahrzeuge gefährlich ist, sich dem Minenräumfahrzeug auf weniger als 1.000 Meter zu nähern.

g. Fahrzeuge von weniger als 12 Meter Länge, mit Ausnahme solcher Fahrzeuge, die Taucherarbeiten durchführen, brauchen die in dieser Regel vorgeschriebenen Lichter und Signalkörper nicht zu führen.

h. Die in dieser Regel vorgeschriebenen Signale sind keine Notsignale, durch die Hilfeleistung verlangt wird. Solche Signale sind in Anlage IV aufgeführt.

Regel 30 - Fahrzeuge vor Anker und auf Grund

a. Ein Fahrzeug vor Anker muss dort, wo sie am besten gesehen werden können, führen

i. im vorderen Teil ein weißes Rundumlicht oder einen Ball;

ii. an oder nahe dem Heck ein weißes Rundumlicht niedriger als das Licht nach Ziffer i.

b. Ein Fahrzeug vor Anker von weniger als 50 Meter Länge darf an Stelle der unter Buchstabe a vorgeschriebenen Lichter ein weißes Rundumlicht dort führen, wo es am besten gesehen werden kann.

c. Ein Fahrzeug vor Anker darf auch die vorhandenen Deckslichter oder gleichwertige Lichter zur Beleuchtung der Decks einschalten; ist das Fahrzeug 100 und mehr Meter lang, so ist es dazu verpflichtet.

d. Ein Fahrzeug auf Grund muss die unter Buchstabe a oder b vorgeschriebenen Lichter führen und zusätzlich dort, wo sie am besten gesehen werden können,

i. zwei rote Rundumlichter senkrecht übereinander;

ii. drei Bälle senkrecht übereinander.

e. Ein Fahrzeug von weniger als 7 Meter Länge vor Anker, das sich nicht in einem engen Fahrwasser, einer Fahrrinne oder auf einer Reede oder in der Nähe davon oder dort befindet, wo andere Fahrzeuge in der Regel fahren, braucht nicht die unter den Buchstaben a und b vorgeschriebenen Lichter oder den dort vorgeschriebenen Signalkörper zu führen.

f. Ein Fahrzeug von weniger als 12 Meter Länge auf Grund braucht nicht die unter Buchstabe d Ziffern i und ii vorgeschriebenen Lichter oder Signalkörper zu führen.

Regel 32: Begriffsbestimmungen

a. Der Ausdruck „Pfeife“ bezeichnet eine Schallsignalanlage, mit der die vorgeschriebenen Töne gegeben werden können und die den Anforderungen der Anlage III entspricht.

b. Der Ausdruck „kurzer Ton“ bezeichnet einen Ton von etwa einer Sekunde Dauer.

c. Der Ausdruck „langer Ton“ bezeichnet einen Ton von vier bis sechs Sekunden Dauer.

Regel 33: Ausrüstung für Schallsignale

a. Ein Fahrzeug von 12 und mehr Meter Länge muss mit einer Pfeife, ein Fahrzeug von 20 und mehr Meter

Länge zusätzlich zur Pfeife mit einer Glocke und ein Fahrzeug von 100 und mehr Meter Länge zusätzlich mit einem Gong versehen sein, der nach Ton und Klang nicht mit der Glocke verwechselt werden kann.

Die Pfeife, die Glocke und der Gong müssen den Anforderungen der Anlage III entsprechen. Die Glocke oder der Gong oder beide dürfen durch eine andere Einrichtung mit entsprechenden Schalleigenschaften ersetzt werden, sofern die Abgabe der vorgeschriebenen Signale auch von Hand jederzeit möglich ist.

b. Ein Fahrzeug von weniger als 12 Meter Länge braucht keine Schallsignalanlagen nach Buchstabe a mitzuführen, muss dann aber mit einem anderen Gerät zur Abgabe eines kräftigen Schallsignals versehen sein.

Regel 34: Manöver- und Warnsignale

a. Haben Fahrzeuge einander in Sicht, so muss ein Maschinenfahrzeug in Fahrt beim Manövrieren nach diesen Regeln das Manöver durch folgende Pfeifensignale anzeigen:

ein kurzer Ton mit der Bedeutung „Ich ändere meinen Kurs nach Steuerbord“; zwei kurze Töne mit der Bedeutung „Ich ändere meinen Kurs nach Backbord“; drei kurze Töne mit der Bedeutung „Ich arbeite rückwärts“.

b. Ein Fahrzeug darf die unter Buchstabe a vorgeschriebenen Pfeifensignale durch Lichtsignale ergänzen, die während der Dauer des Manövers, soweit erforderlich, wiederholt werden.

i. Diese Lichtsignale haben folgende Bedeutung: ein Blitz: „Ich ändere meinen Kurs nach Steuerbord“; zwei Blitze: „Ich ändere meinen Kurs nach Backbord“; drei Blitze: „Ich arbeite rückwärts“.

ii. die Dauer eines Blitzes muss etwa eine Sekunde betragen, die Pause zwischen den Blitzen etwa eine Sekunde und die Pause zwischen aufeinander folgenden Signalen mindestens zehn Sekunden;

iii. Das für dieses Signal verwendete Licht muss, wenn es geführt wird, ein weißes Rundumlicht sein, das mindestens 5 Seemeilen sichtbar ist und den Bestimmungen der Anlage I entspricht.

c. Haben Fahrzeuge in einem engen Fahrwasser oder einer Fahrrinne einander in Sicht, so gilt folgendes:

i. Ein überholendes Fahrzeug muss nach Regel 9 Buchstabe e Ziffer i seine Absicht durch folgende Pfeifensignale anzeigen:

zwei lange Töne und ein kurzer Ton mit der Bedeutung „Ich beabsichtige, Sie an Ihrer Steuerbordseite zu überholen“;

zwei lange und zwei kurze Töne mit der Bedeutung „Ich beabsichtige, Sie an Ihrer Backbordseite zu überholen“.

ii. Das zu überholende Fahrzeug muss, wenn es nach Regel 9 Buchstabe e Ziffer i handelt, seine Zustimmung durch folgendes Pfeifensignal anzeigen:

ein langer, ein kurzer, ein langer, ein kurzer Ton.

d. Wenn Fahrzeuge in Sicht sich einander nähern und eines aus irgendeinem Grund die Absicht oder die Maßnahmen des anderen nicht versteht oder zweifelt, ob das andere zur Vermeidung eines Zusammenstoßes ausreichend manövriert, muss es dies sofort durch mindestens fünf kurze, rasch aufeinander folgende Pfeifentöne anzeigen. Dieses Signal darf durch ein Lichtsignal von mindestens fünf kurzen, rasch aufeinander folgenden Blitzen ergänzt werden.

e. Ein Fahrzeug, das sich einer Krümmung oder einem Abschnitt eines Fahrwassers oder einer Fahrrinne nähert, wo andere Fahrzeuge durch ein Sichthindernis verdeckt sein können, muss einen langen Ton geben. Jedes sich nähernde Fahrzeug, das dieses Signal jenseits der Krümmung oder des Sichthindernisses hört, muss es mit einem langen Ton beantworten.

f. Sind auf einem Fahrzeug Pfeifen in einem Abstand von mehr als 100 Meter angebracht, so darf nur eine Pfeife zur Abgabe von Manöver- oder Warnsignalen verwendet werden.

Regel 35: Schallsignale bei verminderter Sicht

Innerhalb oder in der Nähe eines Gebiets mit verminderter Sicht müssen am Tag oder bei Nacht folgende Signale gegeben werden:

a. Ein Maschinenfahrzeug, das Fahrt durchs Wasser macht, muss mindestens alle 2 Minuten einen langen Ton geben.

b. Ein Maschinenfahrzeug in Fahrt, das seine Maschine gestoppt hat und keine Fahrt durchs Wasser macht, muss mindestens alle 2 Minuten zwei aufeinander folgende lange Töne mit einem Zwischenraum von etwa 2 Sekunden geben.

c. Ein manövrierunfähiges Fahrzeug, ein manövrierbehindertes Fahrzeug, ein Tiefgang behindertes;Fahrzeug, ein Segelfahrzeug, ein fischendes Fahrzeug und ein Fahrzeug, das ein anderes Fahrzeug schleppt oder schiebt, muss an Stelle der unter Buchstabe a oder b vorgeschriebenen Signale mindestens alle 2 Minuten drei aufeinander folgende Töne – lang, kurz, kurz – geben.

d. Ein fischendes Fahrzeug vor Anker und ein manövrierbehindertes Fahrzeug, das bei der Ausführung seiner Arbeiten vor Anker liegt, müssen an Stelle der unter Buchstabe g vorgeschriebenen Signale das unter Buchstabe c vorgeschriebene Signal geben.

e. Ein geschlepptes Fahrzeug oder das letzte Fahrzeug eines Schleppzugs muss, wenn bemannt, mindestens alle 2 Minuten vier aufeinander folgende Töne – lang, kurz, kurz, kurz – geben. Dieses Signal muss möglichst unmittelbar nach dem Signal des schleppenden Fahrzeugs gegeben werden.

f. Sind ein schiebendes und ein geschobenes Fahrzeug miteinander zu einer zusammengesetzten Einheit starr verbunden, so gelten sie als ein Maschinenfahrzeug und müssen die unter Buchstabe a oder b vorgeschriebenen Signale geben.

g. Ein Fahrzeug vor Anker muss mindestens jede Minute etwa 5 Sekunden lang die Glocke rasch läuten. Ein Fahrzeug von 100 und mehr Meter Länge muss die Glocke auf dem Vorschiff läuten und unmittelbar danach auf dem Achterschiff etwa 5 Sekunden lang den Gong rasch schlagen. Ein Fahrzeug vor Anker darf außerdem drei aufeinander folgende Töne – kurz, lang, kurz – geben, um einem sich nähernden Fahrzeug seinen Standort anzuzeigen und es vor einem möglichen Zusammenstoß zu warnen.

h. Ein Fahrzeug auf Grund muss das Glockensignal und, soweit vorgeschrieben, das Gongsignal nach Buchstabe g geben, sowie zusätzlich unmittelbar vor und nach dem raschen Glockenläuten drei scharf voneinander getrennte Glockenschläge. Ein Fahrzeug auf Grund darf zusätzlich ein geeignetes Pfeifensignal geben.

i. Ein Fahrzeug mit einer Länge von 12 und mehr, aber weniger als 20 Meter muss die unter den Buchstaben g und h vorgeschriebenen Glockensignale nicht geben. Es muss dann allerdings mindestens alle 2 Minuten ein anderes kräftiges Schallsignal geben.

j. Ein Fahrzeug von weniger als 12 Meter Länge braucht die oben erwähnten Signale nicht zu geben, muss dann aber mindestens alle 2 Minuten ein anderes kräftiges Schallsignal geben.

k. Ein Lotsenfahrzeug im Lotsdienst darf zusätzlich zu den unter Buchstabe a, b oder g vorgeschriebenen Signalen ein Erkennungssignal von vier kurzen Tönen geben.

Regel 36: Aufmerksamkeitssignale

Ist es erforderlich, die Aufmerksamkeit eines anderen Fahrzeugs zu erregen, so darf ein Fahrzeug Licht- oder Schallsignale geben, die nicht mit anderen Signalen nach diesen Regeln verwechselt werden können; es darf auch seinen Scheinwerfer auf die Gefahr richten, wenn es dadurch andere Fahrzeuge nicht verwirrt. Jedes Licht, das die Aufmerksamkeit eines anderen Fahrzeugs erregen soll, muss so beschaffen sein, dass es nicht mit einem Schifffahrtszeichen verwechselt werden kann. Für die Zwecke dieser Regel ist die Verwendung von hoher Lichtstärke bei unterbrochenen Lichtern oder Drehlichtern, zum Beispiel Lichter mit umlaufender Blendscharte, zu vermeiden.

Letzte Aktualisierung: 13.06.2018 13:33:21

9.2. Seeschifffahrtsstraßenordnung (SeeSchStrO)

Die vollständige SeeSchStrO findet man u.a. im Bruhns und im Internet Elwis.

§ 2 Begriffsbestimmungen

(1) Für diese Verordnung gelten die Begriffsbestimmungen der Regeln 3, 21 und 32 der Kollisionsverhütungsregeln; im übrigen sind im Sinne dieser Verordnung:

1. Fahrwasser die Teile der Wasserflächen, die durch die Sichtzeichen B. 11 und B. 13 der Anlage I begrenzt oder gekennzeichnet sind oder die, so weit dies nicht der Fall ist, auf den Binnenwasserstraßen für die durchgehende Schifffahrt bestimmt sind; die Fahrwasser gelten als enge Fahrwasser im Sinne der Kollisionsverhütungsregeln; Fahrwasser (§ 2 Absatz 1 Nummer 1 SeeSchStrO)
2. Steuerbordseiten der Fahrwasser die Seiten, die bei den von See einlaufenden Fahrzeugen an Steuerbord liegen. Verbindet ein Fahrwasser zwei Meeresteile oder zwei durch Gründe voneinander getrennte Wasserflächen, so gilt als Steuerbordseite eines Fahrwassers die Seite, die von den Fahrzeugen an Steuerbord gelassen wird, wenn sie aus westlicher Richtung kommen, das heißt von Nord (einschließlich) über West bis Süd (ausschließlich). Ist ein solches Fahrwasser stark gekrümmt, so ist die am weitesten nördlich liegende Einfahrt für das gesamte zusammenhängende Fahrwasser maßgebend;

[...]

§ 3 Grundregeln für das Verhalten im Verkehr

(1) Jeder Verkehrsteilnehmer hat sich so zu verhalten, dass die Sicherheit und Leichtigkeit des Verkehrs gewährleistet und dass kein Anderer geschädigt, gefährdet oder mehr, als nach den Umständen unvermeidbar, behindert oder belästigt wird. Er hat insbesondere die Vorsichtsmaßregeln zu beachten, die Seemannsbrauch oder besondere Umstände des Falles erfordern. Der Führer eines mit einer UKW-Sprechfunkanlage ausgerüsteten Fahrzeugs ist verpflichtet, bei der Befolgung der Vorschriften über das Verhalten im Verkehr die von einer Verkehrszentrale aus in deutscher, auf Anforderung in englischer Sprache gegebenen Verkehrsinformationen und -unterstützungen abzuhören und unverzüglich entsprechend den Bedingungen der jeweiligen Ver-

kehrssituation zu berücksichtigen.

(2) Zur Abwehr einer unmittelbar drohenden Gefahr müssen unter Berücksichtigung der besonderen Umstände auch dann alle erforderlichen Maßnahmen ergriffen werden, wenn diese ein Abweichen von den Vorschriften dieser Verordnung notwendig machen.

(3) Wer infolge körperlicher oder geistiger Mängel oder des Genusses alkoholischer Getränke oder anderer berauschender Mittel in der sicheren Führung eines Fahrzeuges oder in der sicheren Ausübung einer anderen Tätigkeit des Brücken-, Decks- oder Maschinendienstes behindert ist, darf ein Fahrzeug nicht führen oder als Mitglied der Schiffsbesatzung eine andere Tätigkeit des Brücken-, Decks- oder Maschinendienstes nicht ausüben.(...)

(4) Wer 0,25 mg/l oder mehr Alkohol in der Atemluft oder 0,5 Promille oder mehr Alkohol im Blut oder eine Alkoholmenge im Körper hat, die zu einer solchen Atem- oder Blutalkoholkonzentration führt, darf ein Fahrzeug nicht führen oder als Mitglied der Schiffsbesatzung eine andere Tätigkeit des Brücken-, Decks- oder Maschinendienstes nicht ausüben. [...]

§ 6 Sichtzeichen und Schallsignale der Fahrzeuge

(1) So weit die folgenden Vorschriften nicht etwas Besonderes vorschreiben, haben Fahrzeuge zusätzlich zu den in den Kollisionsverhütungsregeln vorgeschriebenen Sichtzeichen und Schallsignalen solche nur nach Maßgabe der Anlage II für die dort vorgesehenen Zwecke zu führen, zu zeigen oder zu geben. Die in dem Internationalen Signalbuch enthaltenen Sichtzeichen und Schallsignale dürfen nur für die dort vorgesehenen Zwecke verwendet werden. Es dürfen keine Sichtzeichen geführt oder gezeigt sowie Schallsignale gegeben werden, die mit den vorgeschriebenen oder vorgesehenen verwechselt werden können. Die Vorschriften der Allgemeinen Zollordnung und Regel 1 Buchstaben c und e der Kollisionsverhütungsregeln bleiben unberührt.

(2) aufgehoben

(3) Für die Ausrüstung zum Geben der nach dieser Verordnung vorgeschriebenen Schallsignale gilt Regel 33 der Kollisionsverhütungsregeln entsprechend. Die Wirksamkeit und Betriebssicherheit dieser Schallsignalanlagen müssen jederzeit gewährleistet sein. Wird die Wirksamkeit oder Betriebssicherheit erkennbar beeinträchtigt, haben der Fahrzeugführer und der Eigentümer unverzüglich für die sachgemäße Instandsetzung zu sorgen.

(4) Produkte aus anderen Mitgliedstaaten der Europäischen Union, die den in dieser Verordnung geregelten technischen Anforderungen nicht entsprechen, werden einschließlich der im Herstellerland durchgeführten Prüfungen, Zulassungen und Überwachungen als gleichwertig behandelt, wenn mit ihnen das geforderte Schutzniveau – Sicherheit, Gesundheit und Gebrauchstauglichkeit – gleichermaßen dauerhaft erreicht wird.

SeeSchStrO, Anlagen: Anlage II - II.2

Nr. 1 - Achtungssignal

Das Schallsignal ist in allen Fällen zu geben, in denen die Verkehrslage ein Achtungssignal erfordert, insbesondere beim Einlaufen in andere Fahrwasser und Häfen, beim Auslaufen aus ihnen sowie aus Schleusen und beim Verlassen von Liege- und Ankerplätzen und auf dem Nord-Ostsee-Kanal bei der Annäherung an schwimmende Geräte und an Stellen, die durch ein Sichtzeichen A.4 (Anlage I) gekennzeichnet sind sowie beim Ablegen von der Bunkerstation Projensdorf, wenn das Fahrzeug westwärts fahren will.
Ein Maschinenfahrzeug, das Schießscheiben schleppt, hat das Schallsignal zu geben, wenn sich bei Nacht ein Fahrzeug in Gefahr drohender Weise nähert.

1.1 Auf allen Seeschifffahrtsstraßen mit Ausnahme auf dem Nord-Ostsee-Kanal:

ein langer Ton—

[...]

Nr. 2 - Gefahr- und Warnsignale

2.1 Allgemeine Gefahr- und Warnsignale

Gefährdet ein Fahrzeug ein anderes Fahrzeug oder wird es durch dieses selbst gefährdet, hat es, soweit möglich rechtzeitig, das Schallsignal zu geben:
ein langer Ton, vier kurze Töne — • • • •
ein langer Ton, vier kurze Töne — • • • •

[...]

§ 9 Verwendung von Positionslaternen und Schallsignalanlagen

(1) Fahrzeuge, die zur Führung der Bundesflagge berechtigt sind, dürfen zur Führung der nach dieser Verordnung vorgeschriebenen Lichter und zur Abgabe der nach dieser Verordnung vorgeschriebenen Schallsignale nur solche Positionslaternen und Schallsignalanlagen verwenden, deren Baumuster von einer benannten Stelle im Sinne des Artikels 9 in Verbindung mit Artikel 10 der Richtlinie 96/98/EG des Rates über Schiffsausrüstung vom 20. Dezember 1996 (Abl. EG Nr. L 46 Seite 25) zur Verwendung auf Seeschifffahrtsstraßen zugelassen ist. § 5 in Verbindung mit Anlage 1 Abschnitt A.I der Schiffssicherheitsverordnung vom 18. September 1998 (BGBl. I Seite 3013, 3023), zuletzt geändert durch Artikel 2 der Verordnung vom 24. Juni 1999 (BGBl. I Seite 1462), gilt entsprechend.

(2) Abweichend von Nummer 11 der Anlage I der Kollisionsverhütungsregeln müssen Positionslaternen elektrisch betrieben sein. Auf Fahrzeugen unter Ruder oder Segel von weniger als 20 Metern Länge, auf denen keine ausreichende Stromquelle vorhanden ist, auf unbemannten Fahrzeugen, auf bemannten Binnenschiffen ohne eigene Antriebsanlage sowie für die Reservebeleuchtung von Binnenschiffen nach Anhang III § 6.06 der Binnenschiffsuntersuchungsordnung dürfen nicht elektrische Positionslaternen verwendet werden.

(3) Abweichend von Nummer 2 Buchstabe a Ziffer i der Anlage I der Kollisionsverhütungsregeln braucht das Toplicht auch dann nur in einer Mindesthöhe von 6 Metern geführt zu werden,

wenn das Fahrzeug breiter als 6 Meter ist. Abweichend von Nummer 2 Buchstabe i der Anlage I der Kollisionsverhütungsregeln muss bei Zollfahrzeugen, Fahrzeugen der Wasserschutzpolizeien und der Bundespolizei der Abstand zwischen den senkrecht übereinander zu führenden Lichtern mindestens 1 Meter betragen.

(4) [...]

§ 10 Kleine Fahrzeuge

(1) aufgehoben

(2) Abweichend von Regel 25 Buchstabe d der Kollisionsverhütungsregeln haben Fahrzeuge unter Segel von weniger als 12 Metern Länge und Fahrzeuge unter Ruder, wenn sie die nach Regel 25 Buchstabe a oder b der Kollisionsverhütungsregeln vorgeschriebenen Lichter nicht führen können, mindestens ein weißes Rundumlicht im Sinne von Regel 21 Buchstabe e der Kollisionsverhütungsregeln zu führen.

(3) Fahrzeuge im Sinne des Absatzes 2, auf denen die hiernach vorgeschriebenen Lichter, und Maschinenfahrzeuge von weniger als 7 Metern Länge, auf denen die nach Regel 23 Buchstaben a und c der Kollisionsverhütungsregeln vorgeschriebenen Lichter nicht geführt werden können, dürfen in der Zeit, in der die Lichterführung vorgeschrieben ist, nicht fahren, es sei denn, dass ein Notstand vorliegt. Für diesen Fall ist eine elektrische Leuchte oder eine Laterne mit einem weißen Licht ständig gebrauchsfertig mitzuführen und rechtzeitig zu zeigen, um einen Zusammenstoß zu verhüten.

(4) Auf den nach § 60 Absatz 1 als Anker- und Liegestellen bekannt gemachten Wasserflächen brauchen Fahrzeuge von weniger als 12 Metern Länge nicht die nach Regel 30 Buchstabe a, b oder c der Kollisionsverhütungsregeln vorgeschriebenen Sichtzeichen zu führen; Regel 30 Buchstabe e der Kollisionsverhütungsregeln bleibt unberührt.

(5) Abweichend von Regel 26 Buchstabe c der Kollisionsverhütungsregeln brauchen offene Fischerboote nur ein weißes Rundumlicht im Sinne von Regel 21 Buchstabe e der Kollisionsverhütungsregeln zu führen. Regel 26 Buchstabe b der Kollisionsverhütungsregeln bleibt unberührt. Anker- und Liegestellen für kleine Fahrzeuge (§ 10 Absatz 4 SeeSchStrO)

Anker- und Liegestellen, auf denen Fahrzeuge von weniger als 12,00 m Länge nicht die in Regel 30 Buchstabe a, b oder c der KVR vorgeschriebenen Sichtzeichen zu führen brauchen:

Nordsee

4 Bekanntmachung der WSD Nordwest

4.1 Weser

4.1.1 zwischen km 56,8 und km 57,1

4.1.2 bei km 63

4.1.3 zwischen km 39,65 und km 40,0 (Westufer)

6 Bekanntmachung der WSD Nord

6.1 Ankerstellen Nordsee

6.1.1 Lister Tief, nördlich des Hafens List

6.1.2 Blidsel Bucht

6.1.3 Südlich des Yachthafens Munkmarsch

6.1.4 Vortrapptief, nördlich des Hafens Hörnum

6.1.5 Amrum-Hafen, zwischen Steenodde und Wittdün

6.1.6 Föhrer-Ley, südlich des Hafens Wyk

6.1.7 Dagebüller Fahrwasser, nördlich des Hafens Dagebüll

[...]

§ 21 Grundsätze

(1) Die Fahrregeln dieses Abschnittes sowie des Siebenten Abschnittes gelten unabhängig von den Sichtverhältnissen. Abweichend von den Regeln 11 und 19 der Kollisionsverhütungsregeln gelten die Regel 13 Buchstabe a und c und Regel 14 Buchstabe a und c der Kollisionsverhütungsregeln im Fahrwasser auch dann, wenn die Fahrzeuge einander nicht in Sicht, aber mittels Radar geortet haben.

(2) Beim Begegnen, Überholen und Vorbeifahren an Fahrzeugen und Anlagen ist ein sicherer Passierabstand nach Regel 8 Buchstabe d der Kollisionsverhütungsregeln einzuhalten.

(3) Im Fahrwasser müssen die Buganker klar zum sofortigen Fallen sein. Dies gilt nicht für Fahrzeuge von weniger als 20 Metern Länge.

§ 22 Ausnahmen vom Rechtsfahrgebot

(1) Abweichend vom Gebot, im Fahrwasser gemäß Regel 9 Buchstabe a der Kollisionsverhütungsregeln so weit wie möglich rechts zu fahren, darf innerhalb von nach § 60 Absatz 1 bekannt gemachten Fahrwasserabschnitten von allen oder von einzelnen Fahrzeuggruppen links gefahren werden. Nach § 60 Absatz 1 bekannt gemachte Fahrzeuggruppen haben die einmal gewählte linke Fahrwasserseite beizubehalten.

(2) Außerhalb des Fahrwassers ist so zu fahren, dass klar erkennbar ist, dass das Fahrwasser nicht benutzt wird.

(3) Auf nach § 60 Absatz 1 bekannt gemachten Wasserflächen außerhalb des Fahrwassers haben sich alle bekannt gemachten Fahrzeuggruppen an der in ihrer Fahrtrichtung rechts vom Fahrwasser liegenden Seite zu halten.

Rechtsfahrgebot außerhalb des Fahrwassers (§ 22 Absatz 3 SeeSchStrO) Wasserflächen außerhalb des Fahrwassers, auf denen sich Fahrzeuge in der in ihrer Fahrtrichtung rechts vom Fahrwasser liegenden Seite zu halten haben: **Nordsee**

6 Bekanntmachung der WSD Nordwest

6.1 Weser

Die Strecke von Bremerhaven – Geestemündung bis Vegesack. Dies gilt nicht für Fahrzeuge unter

12 m Länge.

§ 25 Vorfahrt der Schifffahrt im Fahrwasser

(1) Die in den nachfolgenden Absätzen enthaltenen Regelungen gelten für Fahrzeuge im Fahrwasser abweichend von der Regel 9 Buchstabe b bis d und den Regeln 15 und 18 Buchstabe a bis c der Kollisionsverhütungsregeln.

(2) Im Fahrwasser haben dem Fahrwasserverlauf folgende Fahrzeuge unabhängig davon, ob sie nur innerhalb des Fahrwassers sicher fahren können, Vorfahrt gegenüber Fahrzeugen, die

1. in das Fahrwasser einlaufen,
2. das Fahrwasser queren,
3. im Fahrwasser drehen,
4. ihre Anker- oder Liegeplätze verlassen.

(3) Sofern Segelfahrzeuge nicht deutlich der Richtung eines Fahrwassers folgen, haben sie sich untereinander nach den Kollisionsverhütungsregeln zu verhalten, wenn sie dadurch vorfahrtberechtigte Fahrzeuge nicht gefährden oder behindern.

(4) Fahrzeuge im Fahrwasser haben unabhängig davon, ob sie dem Fahrwasserverlauf folgen, Vorfahrt vor Fahrzeugen, die in dieses Fahrwasser aus einem abzweigenden oder einmündenden Fahrwasser einlaufen.

(5) Nähern sich Fahrzeuge einer Engstelle, die nicht mit Sicherheit hinreichenden Raum für die gleichzeitige Durchfahrt gewährt, oder einer durch das Sichtzeichen A.2 der Anlage I gekennzeichneten Stelle des Fahrwassers von beiden Seiten, so hat Vorfahrt

1. in Tidegewässern und in tidefreien Gewässern mit Strömung das mit dem Strom fahrende Fahrzeug, bei Stromstillstand das Fahrzeug, das vorher gegen den Strom gefahren ist,
2. in tidefreien Gewässern ohne Strömung das Fahrzeug, das grundsätzlich die Steuerbordseite des Fahrwassers zu benutzen hat. Das wartepflichtige Fahrzeug muss außerhalb der Engstelle so lange warten, bis das andere Fahrzeug vorbeigefahren ist.

(6) Ein Fahrzeug, das die Vorfahrt zu gewähren hat, muss rechtzeitig durch sein Fahrverhalten erkennen lassen, dass es warten wird. Es darf nur weiterfahren, wenn es übersehen kann, dass die Schifffahrt nicht beeinträchtigt wird.

§ 26 Fahrgeschwindigkeit

(1) Jedes Fahrzeug, Wassermotorrad und Segelsurfbrett muss unter Beachtung von Regel 6 der Kollisionsverhütungsregeln mit einer sicheren Geschwindigkeit fahren. Fahrzeuge und Wassermotorräder haben ihre Geschwindigkeit rechtzeitig so weit zu vermindern, wie es erforderlich ist, um Gefährdungen durch Sog oder Wellenschlag zu vermeiden, insbesondere beim Vorbeifahren an

1. Häfen, Schleusen und Sperrwerken,
2. festliegenden Fähren,
3. manövrierunfähigen und festgekommenen Fahrzeugen sowie an manövrierbehinderten Fahrzeu-

gen nach Regel 3 Buchstabe g der Kollisionsverhütungsregeln,

4. schwimmenden Geräten und schwimmenden Anlagen,
5. außergewöhnlichen Schwimmkörpern, die geschleppt werden sowie
6. an Stellen, die durch die Sichtzeichen über Geschwindigkeitsbeschränkung oder durch die Flagge „A“ des Internationalen Signalbuches gekennzeichnet sind.

(2) Wird der Verkehr durch Sichtzeichen und bei verminderter Sicht zusätzlich durch Schallsignale geregelt, so ist die Geschwindigkeit so einzurichten, dass bei einer kurzfristigen Änderung des gezeigten Sichtzeichens oder des gegebenen Schallsignals das Fahrzeug sofort aufgestoppt werden kann. Wird an einer Anlage zur Regelung des Verkehrs durch Lichter kein Sichtzeichen gezeigt, so ist aufzustoppen, bis weitere Anweisung erfolgt.

(3) Innerhalb von Strecken, deren Grenzen nach § 60 Absatz 1 bekannt gemacht sind, darf die bekannt gemachte Höchstgeschwindigkeit durch das Wasser, auf dem Nord-Ostsee-Kanal über Grund, nicht überschritten werden.

(4) Fahrzeuge und Wassermotorräder dürfen vor Stellen mit erkennbarem Badebetrieb außerhalb des Fahrwassers in einem Abstand von weniger als 500 Metern von der jeweiligen Wasserlinie des Ufers eine Höchstgeschwindigkeit durch das Wasser von 8 Kilometern (4,3 Seemeilen) in der Stunde nicht überschreiten.

[...]

Anlage I Schifffahrtszeichen B. Warnzeichen und Hinweiszeichen

Nr. B.13 - Bezeichnung von abzweigenden oder einmündenden Fahrwassern

a. Steuerbordseite des durchgehenden Fahrwassers/Backbordseite des abzweigenden oder einmündenden Fahrwassers

Farbe: grün mit einem waagerechten roten Band Form: Spitztonne, Leuchttonne oder Stange

Beschriftung (wenn vorhanden): Unter der fortlaufenden ungeraden Nummer der Lateralbezeichnung des durchgehenden Fahrwassers, durch waagerechten Strich getrennt, der

Name ggf. abgekürzt und die erste Nummer des abzweigenden oder die letzte Nummer des einmündenden Fahrwassers. Topzeichen: grüner Kegel, Spitze oben oder Besen abwärts.

Feuer (wenn vorhanden):

Farbe: grün

Kennung: Fl (2+1)/Blz. (2+1)

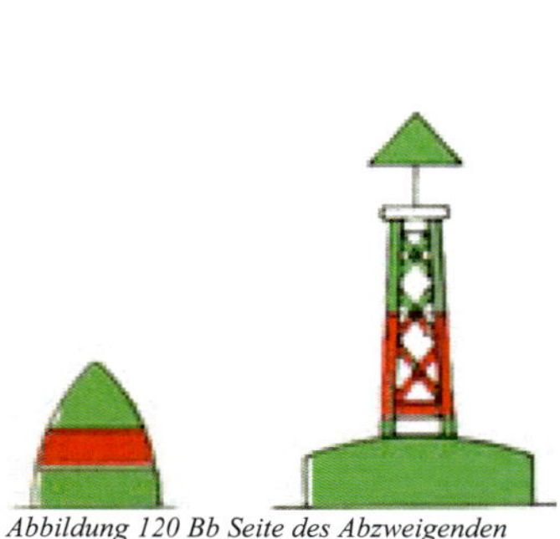

Abbildung 120 Bb Seite des Abzweigenden Fahrwassers

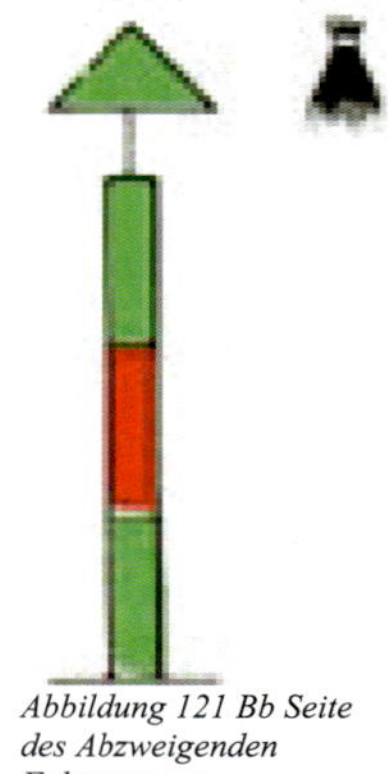

Abbildung 121 Bb Seite des Abzweigenden Fahrwassers

b. Backbordseite des durchgehenden Fahrwassers/Steuerbordseite des abzweigenden oder einmündenden Fahrwassers

Farbe: rot mit einem waagerechten grünen Band Form: Stumpftonne, Leuchttonne, Spierentonne oder Stange Beschriftung (wenn vorhanden): Unter der fortlaufenden geraden Nummer der Lateralbezeichnung des durchgehenden Fahrwassers, durch waagerechten Strich getrennt, der Name ggf. abgekürzt und die erste Nummer des abzweigenden oder die letzte Nummer des einmündenden Fahrwassers.

Toppzeichen: roter Zylinder oder Besen aufwärts Feuer (wenn vorhanden):

Farbe: rot

Kennung: Fl (2+1)/Blz. (2+1)

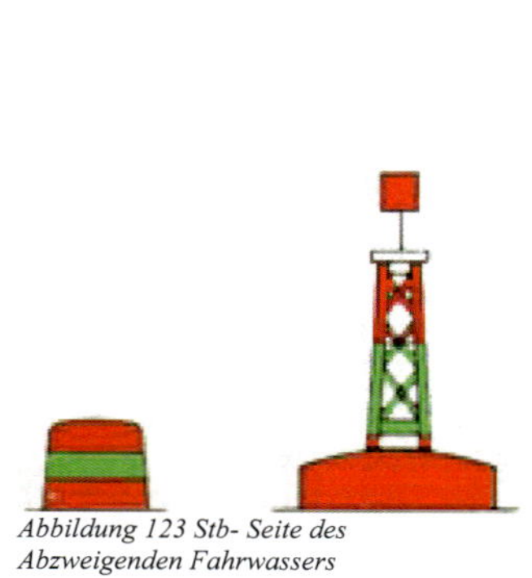

Abbildung 123 Stb- Seite des Abzweigenden Fahrwassers

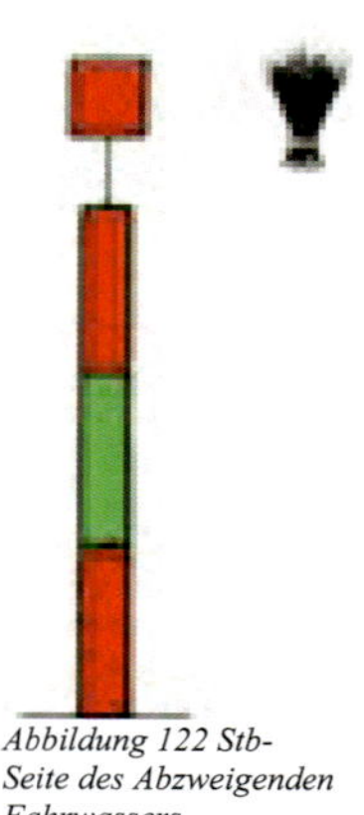

Abbildung 122 Stb- Seite des Abzweigenden Fahrwassers

Die Positionen Steuerbordseite des durchgehenden Fahrwassers/Steuerbordseite des abzweigenden oder einmündenden Fahrwassers und Backbordseite des durchgehenden Fahrwassers/Backbordseite des abzweigenden oder einmündenden Fahrwassers können mit lateralen Zeichen (Zeichen B.11) bezeichnet werden. Sie erhalten dann eine Beschriftung wie vorstehend beschrieben sowie ein Topzeichen.

§ 29 Einlaufen in Schleusen und Auslaufen

(1) Schleusen dürfen nur von Fahrzeugen durchfahren werden, für die die Abmessungen der Schleusen mit Sicherheit ausreichen. Solange die Einfahrt in eine Schleuse nicht freigegeben ist, muss in ausreichender Entfernung vor der Schleuse angehalten werden. Dabei darf ein Fahrzeug vorübergehend an Festmachedalben, jedoch nicht an Leitwerken und Abweisedalben festmachen.

(2) Die Fahrzeuge haben in der Reihenfolge ihrer Ankunft vor der Schleuse einzulaufen. Am Nord-Ostsee-Kanal bestimmt sich die Reihenfolge des Einlaufens in die Schleusen in Brunsbüttel und Kiel-Holtenau durch die Reihenfolge der Ankunft an der Grenze der Zufahrt.

(3) Vor dem Einlaufen in die Schleuse sind rechtzeitig alle Maßnahmen zu treffen, die sicherstellen, dass das Fahrzeug auch bei Ausfall der Antriebsanlage sofort aufgestoppt werden kann.

(4) Innerhalb der Schleusen ist verboten

1.zu ankern oder Anker, Ketten oder Trossen schleifen zu lassen,

2.ohne Erlaubnis der Schleusenaufsicht umzuschlagen.

(5) Die Fahrzeuge dürfen erst nach dem vollständigen Öffnen der Schleusentore auslaufen. Die Schleusenkammer ist unverzüglich zu verlassen. Bei dem Ablegen sind die Leinen so zu bedienen, dass das Fahrzeug bei Aufnahme einer falschen Fahrtrichtung sofort aufgestoppt werden kann. Die Fahrzeuge haben aus der Schleuse in der Reihenfolge ihres Einlaufens auszulaufen, es sei denn, die beteiligten Fahrzeugführer vereinbaren eine andere Reihenfolge.[39]

9.3 Verordnung über das Befahren der Bundeswasserstraßen in Nationalparken im Bereich der Nordsee (NPNordSBefV)

NPNordSBefV

Ausfertigungsdatum: 12.02.1992

Vollzitat:

"Verordnung über das Befahren der Bundeswasserstraßen in Nationalparken im Bereich der Nordsee in der Fassung der Bekanntmachung vom 15. Februar 1995 (BGBl. I S. 211), die durch Artikel 1 der Verordnung vom 3. September 1997 (BGBl. I S. 2216) geändert worden ist"

Stand: Neugefasst durch Bek. v. 15.2.1995 I 211,

39 Aktuellste Überarbeitung: 20.12.2019

geändert durch Art. 1 V v. 3.9.1997 I 2216

Fußnote

(+++ Textnachweis ab: 15.3.1992 +++)

V aufgeh. durch § 8 Halbsatz 2 d. V mWv 1.4.1996; die Geltung der V ist gem. § 8 Halbsatz 2 idF d. Art. 1 Nr. 6 V v. 15.2.1995 I 209 bis 31.3.1999 u. gem. § 8 idF d. Art. 1 Nr. 2 V v. 3.9.1997 I 2216 über den 31.3.1999 hinaus verlängert worden.

§ 1 Zum Schutz der Tierwelt

(1) Zum Schutz der Tierwelt wird das Befahren der Bundeswasserstraßen mit Wasserfahrzeugen, Sportfahrzeugen und Wassersportgeräten in den Nationalparken

1. "Schleswig-Holsteinisches Wattenmeer" (Nationalparkgesetz vom 22. Juli 1985, Gesetz- und Verordnungsblatt für Schleswig-Holstein S. 202),
2. "Hamburgisches Wattenmeer" (Gesetz über den Nationalpark Hamburgisches Wattenmeer vom 9. April 1990, Hamburgisches Gesetz- und Verordnungsblatt Teil I S. 63) und
3. "Niedersächsisches Wattenmeer" (Verordnung über den Nationalpark "Niedersächsisches Wattenmeer" vom 13. Dezember 1985, Niedersächsisches Gesetz- und Verordnungsblatt S. 533)

nach dieser Verordnung geregelt.

(2) Die Grenzen der Nationalparke auf den Bundeswasserstraßen und die jeweiligen Zonen I mit den Seehundschutzgebieten, den Brut- und Mausergebieten der Vögel sowie den Schutzzeiten und die durch diese Gebiete führenden Fahrwasser im Sinne des § 2 Abs. 1 Nr. 1 der Seeschifffahrtsstraßen-Ordnung in der Fassung der Bekanntmachung vom 15. April 1987 (BGBl. I S. 1266) in der jeweils geltenden Fassung bestimmen sich nach der Darstellung in den amtlichen Seekarten des Bundesamtes für Seeschifffahrt und Hydrographie in der jeweils geltenden Fassung. Die amtlichen Seekarten können bei den Wasser- und Schifffahrtsämtern des Bundes im Küstenbereich während der Dienstzeiten eingesehen und von den Vertriebs- und Auslieferungsstellen des Bundesamtes für Seeschifffahrt und Hydrographie, 20359 Hamburg, Bernhard-Nocht-Straße 78, bezogen werden.

§ 2 Verhalten der Verkehrsteilnehmer

Die Verkehrsteilnehmer haben sich auf den Bundeswasserstraßen in den Nationalparken so zu verhalten, daß die Tierwelt nicht geschädigt, gefährdet oder mehr, als nach den Umständen unvermeidbar, gestört wird.

§ 3 Verbote und Beschränkungen in Fahrwassern

(1) Es ist untersagt, die Bundeswasserstraßen in den Nationalparken mit Luftkissenfahrzeugen zu

befahren.

(2) Fahrzeuge im Sinne des § 1 Abs. 1, die durch Maschinenkraft angetrieben werden, dürfen auf den

Bundeswasserstraßen in Nationalparken im Bereich der Nordsee eine Geschwindigkeit von 12 kn *) durch das Wasser nicht überschreiten, soweit in dieser Verordnung nichts anderes bestimmt ist. Die Seeschifffahrtsstraßen- Ordnung bleibt unberührt.

(3) Fahrzeuge im Sinne des § 1 Abs. 1, die durch Maschinenkraft angetrieben werden, dürfen auf den

durch Sichtzeichen begrenzten oder gekennzeichneten Fahrwassern im Sinne des § 2 Abs. 1 Nr. 1 der

Seeschifffahrtsstraßen-Ordnung außerhalb der jeweiligen Zonen I eine Geschwindigkeit von 16 kn durch das Wasser nicht überschreiten.

(4) Für Fahrgastschiffe, die vor Erlass der Verordnung vom 15. Februar 1995 (BGBl. I S. 209) seit mindestens sechs Monaten in der Watten- oder Helgolandfahrt eingesetzt worden sind, gelten die Geschwindigkeitsregelungen nach den Absätzen 2 und 3 für das Befahren der in Absatz 3 bezeichneten Fahrwasser nicht. Eine Geschwindigkeit von 24 kn durch das Wasser darf von diesen Fahrzeugen jedoch nicht überschritten werden.

-----

*) kn = Knoten, 1 Knoten = 1,852 km/h.

§ 4 Verbote und Beschränkungen außerhalb von Fahrwassern und Zone I

(1) Es ist untersagt, die Bundeswasserstraßen in den jeweiligen Zonen I der Nationalparke außerhalb der Fahrwasser im Sinne des § 2 Abs. 1 Nr. 1 der Seeschifffahrtsstraßen-Ordnung in der Zeit von drei Stunden nach bis drei Stunden vor Tidehochwasser zu befahren, soweit in dieser Verordnung nicht etwas anderes bestimmt ist.

(2) Es ist untersagt, die auf Bundeswasserstraßen in den jeweiligen Zonen I der Nationalparke liegenden Seehundschutzgebiete sowie Brut- und Mausergebiete der Vögel während bestimmter, in den amtlichen Seekarten (§ 1 Abs. 2) enthaltener Schutzzeiten zu befahren; ausgenommen sind Fahrwasser im Sinne des § 2 Abs. 1 Nr. 1 der Seeschifffahrtsstraßen-Ordnung.

(3) Auf den Bundeswasserstraßen in den jeweiligen Zonen I der Nationalparke außerhalb der Fahrwasser im Sinne des § 2 Abs. 1 Nr. 1 der Seeschifffahrtsstraßen-Ordnung dürfen durch Maschinenkraft angetriebene Wasserfahrzeuge und Sportfahrzeuge eine Geschwindigkeit von 8 kn durch das Wasser nicht überschreiten. Es ist untersagt, die in Satz 1 bezeichneten Bundeswasserstraßen mit motorisierten Wasserskiern, Wassermotorrädern oder sonstigen motorisierten Wassersportgeräten zu befahren oder auf ihnen Wasserskisport zu betreiben.

§ 5 Befreiungen von Verboten

(1) Die jeweils örtlich zuständige Wasser- und Schifffahrtsdirektion des Bundes kann Befreiungen von den

Verboten nach § 4 Abs. 1 oder 3 Satz 2 gewähren, wenn

1. die Einhaltung der Verbote zu einer nicht beabsichtigten Härte führen würde oder
2. überwiegende Gründe des Wohls der Allgemeinheit die Befreiung erfordern.

(2) Eine Befreiung nach Absatz 1 Nr. 1 darf nur gewährt werden, wenn dies mit dem Schutzzweck der Verordnung vereinbar ist. Sie kann mit Nebenbestimmungen im Sinne des § 36 des Verwaltungsverfahrensgesetzes vom 25. Mai 1976 (BGBl. I S. 1253), das zuletzt durch Artikel 7 § 3 des Gesetzes vom 12. September 1990 (BGBl. I S. 2002) geändert worden ist, versehen werden.

(3) Von dem Befahrensverbot nach § 4 Abs. 1 können Fahrer von Seekajaks auf Antrag befreit werden. Absatz 2 Satz 2 ist anzuwenden. Der Antrag ist unter Angabe der Fahrtroute und der Gründe für eine Befreiung mindestens drei Wochen vor Fahrtantritt bei der in Absatz 1 genannten Dienststelle des Bundes zu stellen.

§ 6 Ausnahmereglungen

(1) Das Befahrensverbot nach § 4 Abs. 1 gilt nicht für

1. Wasserfahrzeuge des Bundes und der Länder bei Durchführung notwendiger Dienstfahrten sowie Wasserfahrzeuge, die im dienstlichen Auftrag des Bundes oder der Länder fahren,
2. Wasserfahrzeuge zur Überwachung und Reparatur von Rohrleitungen und Kabeln nach rechtzeitiger Anmeldung bei der örtlich zuständigen Strom- und Schifffahrtspolizeibehörde,
3. Seenot-Rettungsfahrzeuge im Einsatz,
4. Forschungsfahrzeuge, die im Auftrag des Bundes oder der Länder Forschungsfahrten in den jeweiligen Zonen I der Nationalparke durchführen,
5. Wasserfahrzeuge bei der rechtmäßigen Ausübung der gewerbsmäßigen Fischerei,
6. Wasserfahrzeuge, die Versorgungsfahrten zu den vorgelagerten Inseln durchführen, sowie
7. Wasserfahrzeuge, die sich in Seenot oder sonst unmittelbar drohender Gefahr befinden.

(2) Das Befahrensverbot nach § 4 Abs. 2 gilt nicht für Wasserfahrzeuge nach Absatz 1 Nr. 1 bis 5 und 7.

(3) Die Geschwindigkeitsbeschränkungen des § 3 Abs. 2 bis 4 sowie des § 4 Abs. 3 Satz 1 gelten nicht für Wasserfahrzeuge nach Absatz 1 Nr. 1, 3 und 7.

§ 7 Ordnungswidrigkeiten

(1) Ordnungswidrig im Sinne des § 50 Abs. 1 Nr. 2 des Bundeswasserstraßengesetzes handelt, wer als Fahrzeugführer oder sonst für Kurs und Geschwindigkeit Verantwortlicher vorsätzlich oder fahrlässig

1. entgegen § 3 Abs. 1 eine Bundeswasserstraße mit einem Luftkissenfahrzeug befährt,

2. entgegen § 3 Abs. 2 Satz 1, Abs. 3 oder 4 Satz 2 oder § 4 Abs. 3 Satz 1 die zulässige Höchstgeschwindigkeit überschreitet,

3. entgegen § 4 Abs. 1 oder 2 erster Halbsatz eine dort bezeichnete Bundeswasserstraße oder ein dortbezeichnetes Gebiet auf einer Bundeswasserstraße befährt oder

4. einer vollziehbaren Auflage nach § 5 Abs. 2 Satz 2, auch in Verbindung mit Abs. 3 Satz 2, zuwiderhandelt.

(2) Ordnungswidrig im Sinne des § 50 Abs. 1 Nr. 2 des Bundeswasserstraßengesetzes handelt, wer vorsätzlich oder fahrlässig entgegen § 4 Abs. 3 Satz 2 eine in § 4 Abs. 3 Satz 1 bezeichnete Bundeswasserstraße mit einem motorisierten Wassersportgerät befährt oder auf ihr Wasserskisport betreibt.

§ 8 Inkrafttreten der Verordnung

Diese Verordnung tritt am 15. März 1992 in Kraft.

10 Nachtrag

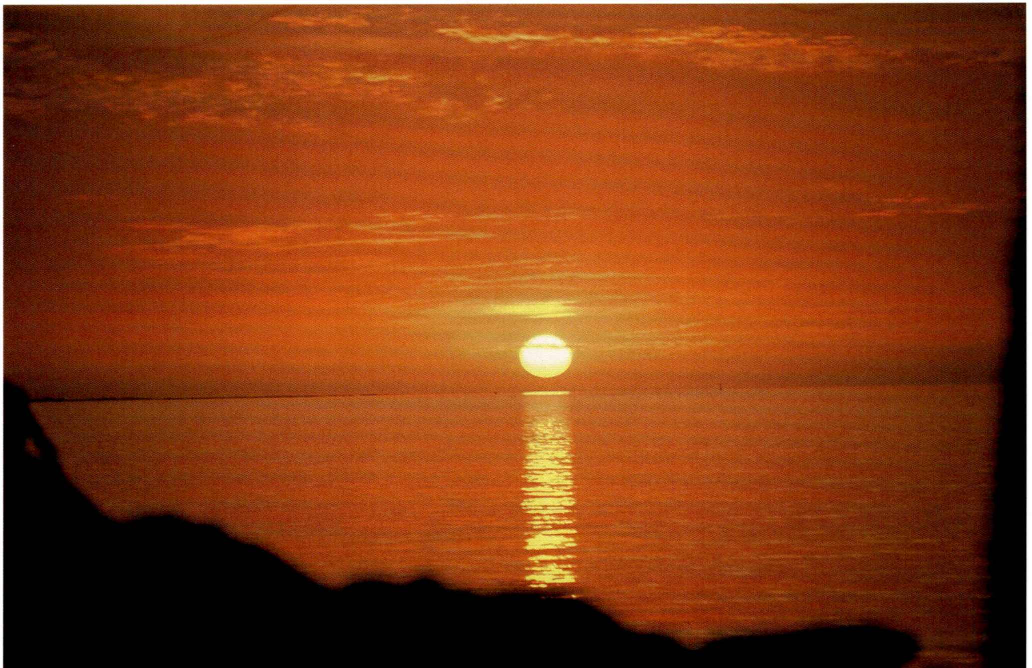

Abbildung 124: Impression von der Küste

Ich möchte mit einem Auszug aus dem Vorwort eines Buch abschließen. Es handelt sich um das Buch *Wattstrieker* von Heinrich Habbo Herlyn aus dem Jahr 1983:

"Schiffahrt im Watt gibt es wie seit eh und je, doch es ist nicht mehr die uralte Wattfahrt mit Segelfrachtern. Die schönen, so charakteristisch friesischen Schiffe, die letzten echten Tjalken, sind vor rund einem halben Jahrhundert sang- und klanglos „achteraus gesegelt". Unrentabel waren sie geworden, seit größere Wattschiffe in Fahrt gekommen waren, Motorschiffe ohne Segeltakelage, die mit Rohöl, hergestellt aus dem aus der Tiefe der Erde hervorgeholten „Düvelspick", unabhängig vom Segelwind, ihren Kurs fahren [...] So wurden denn die Tjalken, eine nach der anderen, abgetakelt, umgebaut, durch ein eingefügtes Mittelstück ohne Seitenschwerter mit einem größeren Laderaum und dann im Achterende mit einem Motor ausgestattet. Ihre althergebrachten, auf Erfahrungen beruhenden Maße und Formen, die schön waren, erprobt und ausgeglichen, gingen dabei zum Teufel, fielen all dem zum Opfer, das als moderne Technik gepriesen und als erforderliche Kalkulation empfohlen wurde.

Für all solche Veränderungen hatte man die so klug klingende Bezeichnung Fortschritt. Es war aber nichts anderes als ein verzweifeltes, kostspieliges und am Ende doch erfolgloses Ringen ums Überleben.

Schließlich wurden die letzten Wattschiffe der alten Art, deren Skipper sich auf den Wind, den „Atem Gottes“ verlassen hatten, erbarmungslos kondemt (i.S.v. untergehen) – die neue Wattfahrt begann.

Nicht nur die formschönen Segelschiffe der altüberkommenden und bewährten Bauart verschwanden aus dem Watt, auch die Menschen, die auf ihnen und mit ihnen lebten, die Wattfahrer vom „alten Block“, Salzwassermänner bester Art, Seefahrer eines bewährten Typus; sie sind mit auf den Achterauskurs gegangen. Ein wahrer Jammer aber ist es, daß all dies sang- und klanglos geschah, kaum bemerkt von den Menschen hinter den Seedeichen, klaglos, stumm hingenommen auch von den Waterkantmenschen in den Sielhafendörfern und auf den Düneneilanden. Wer ein wenig nachdenkt über dies Geschehen, neigt dazu, einen unwiederbringlichen Verlust schmerzhaft zu verspüren.“[40].

Im Wesentlichen trifft dieses Vorwort den Kern der Wattfahrt. Nur vollständig verschwunden sind die Wattstrieker nicht, wie es Herr Herlyn befürchtete. Sie sind noch immer da, nur in einem anderen Gewand mit alten und neuen Schiffen. Und vielleicht erlebt so mancher Wattstrieker des 21. Jahrhunderts das Wattenmeer wie es einst unsere Vorfahren gelebt haben. Dann kann man hoffen, dass die alten Wattstrieker nicht "so sang- und klanglos" verschwunden sind, wie es Herr Herlyn voraussagte, sondern in uns weiter leben.

40 Herlyn 1983

Anhang Gesamttabellen

Anlage A_1

Formblatt zum Mitschreiben eines Wetterberichtes bei DP07-Seefunk

Wetterbericht vom: ____________________ Landeszeit: ________________________ Station: DP07

Starkwind- & Sturmwarnung:

____

____

Wetter und Warnlage der nächsten 12 Stunden:

____

____

Wetterlage:____

____

____

____

____

____

Vorhersagen bis: ____________________ **Aussichten bis:** __________________________

Deutsche Bucht ....

SW- Nordsee ....
Ijsselmeer ....
Fischer ....
Belte & Sund ....

Vorhersagen für die Nordsee bis:_______________

(Sendezeiten nur um 09:45, 12:45, 19:45)

1. Ostfriesische Küste ....
2. Elbmündung ....
3. Helgoland ....
4. Nordfriesische Küste ....
5. Elbe von Cux bis HH ....

Trend für die Nordsee, gültig bis:

(Sendezeiten nur um 09:45, 16:45, 1945)

______________________ ....

______________________ ....

______________________ ....

Ausgewählte Stationsmeldungen:

(Sendezeiten nur um 07:45 und Windmeldungen um 09:45)

Station	Wind	Wetter	°C	hPa
1Den Helder				
2 Norderney				
3 Cuxhafen				
4 Hamburg Hafen				
5 Helgoland				
6 List/Sylt				
7 Kegnaeas				
8 Kiel Holtenau				
9 Leuchtturm Kiel				
10 Fehmarn				
11 Warnemünde				
12 Arkona				
13 Greifswalder Oie				
14 Bornholm				

Wasserstände: HW um____________cm vom mHW

Darstellung zur Großraumwetterlage:

Anlage A_2

Formblatt zum Mitschreiben der Lagemeldungen

Zeit:	Kanal:
Sicht:	
Hochwasser (letzte/nächste):	
Niedrigwasser (letzte/nächste):	
Wind:	
Windwarnung:	
Nautische Warnnachrichten:	

Tabelle 11: Vorlage für Lagemeldungen

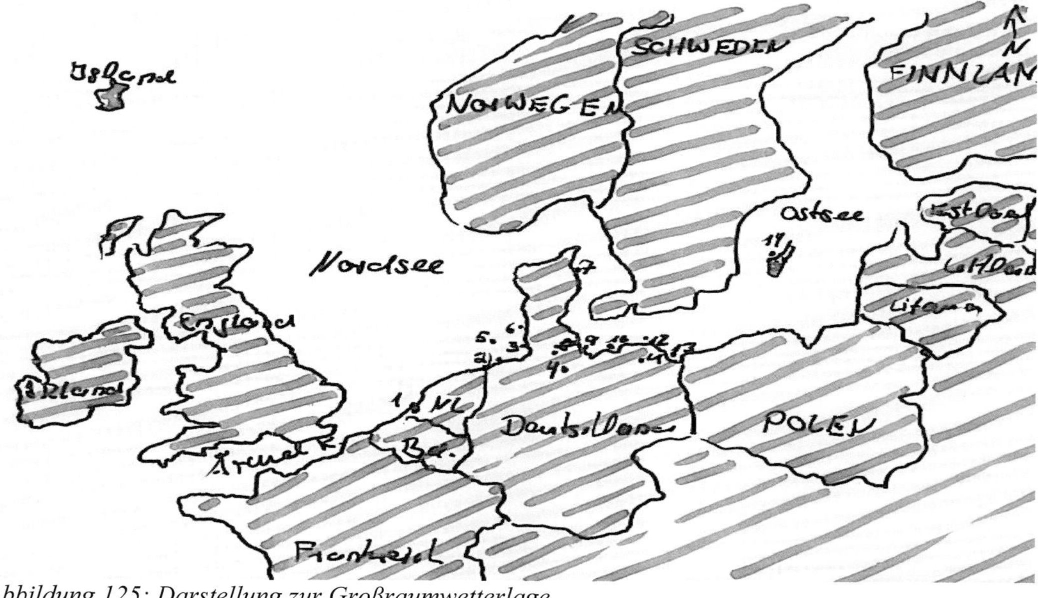

Abbildung 125: Darstellung zur Großraumwetterlage

Anlage B

Formblatt zum Prüfen der Kapazität und der Energiebilanz

Batterie- Prüfung

	Datum	PC	GPS	Echolot		Kompass		Logge		Hecklicht	Zweifarbenlaterne	Toplicht	Funkgerät	Laufzeit: von... bis...		Kapazität (AH)
				mit Beleuchtung	ohne Beleuchtung	mit Beleuchtung	ohne Beleuchtung	mit Beleuchtung	ohne Beleuchtung					von	bis	
Strom (A)		4,74	0,75	0,06	0,04	0,06	0,04	0,12	0,08	0,8	2,1	2,1	5,5 bei 25 Watt 1,3 bei 1 Watt			
Batt. No. I (Funke)																
Batt. No. II																

Batterie Prüfung 6 h nach Ladezeitende:	Batt. Spannung:	Ladezustand	Datum:	Batt. I (Volt)	Batt. II (Volt)	Batt. III (Volt)	Bemerkungen
	12,8 V	100%					
	12,6 V	75%					
	12,4 V	50%					

Batterie Prüfung 6 h nach Ladezeitende:	Batt. Spannung:	Ladezustand	Datum:	Batt. I (Volt)	Batt. II (Volt)	Batt. III (Volt)	Bemerkungen
	12,8 V	100%					
	12,6 V	75%					
	12,4 V	50%					

Batterie Prüfung 6 h nach Ladezeitende:	Batt. Spannung:	Ladezustand	Datum:	Batt. I (Volt)	Batt. II (Volt)	Batt. III (Volt)	Bemerkungen
	12,8 V	100%					
	12,6 V	75%					
	12,4 V	50%					

Tabelle 12: Batterie Prüfung und Last Check

Literaturverzeichnis

Bootsausbau: Hans Donat,, Ausbau von Bootsrümpfen, ,,Buch,,Delius Klasing,
Bruhns 2008: ,Prof. H. Weber, Bruhns Schiffahrtsrecht, 2008,,Benutzertyp1,, MAP Handelsgesellschaft mbH,
Busse 1997: Busse,Seewald,, Revierführer Nordsee, 1997,,Buch,,DSV- Verlag,
Elwis: ,Wasser und Schifffahrtsverwaltung des Bundes, Elwis.de, 2010,,WWW-Dokument,,,
Engelhardt 1981: Prof. Dr. Berndt Heydemann,Deutscher Naturschutzring e.V., Wattenmeer-Bedeutung Gefährdung Schutz, ,,Broschüre,,Wacholtz Druck,
Gezeitenkalender: ,BSH, Gezeitenkalender, ,,Broschüre,,Bundesamt für Seeschifffahrt und Hydrographie,
Herlyn 1983: Heinrich Habbo Herlyn,, Wattstrieker, 1983,,Buch,,Ostendorp Verlag,
Jedicke 1991: L. und E. Jedicke,, Das Watt neu entdecken, ,,Buch,,Landbuch-Verlag GmbH,
Klassische Navigation II: M. Tomaschek,, Klassische Navigation II, 2008,,Unveröffentlicht,Hochschule Leer,,
Nordsee-Handbuch: ,Bundesamt für Seeschifffahrt und Hydrographie, Nordsee-Handbuch Südöstlicher Teil, 2009,Nordsee-Handbuch Südöstlicher Teil,Buch,,,
Reichholf 1990: Janke, Kremer, Reichholf,Gunter Steinbach, Meere und Küsten, 1990,,Buch,,Mosaik Verlag GmbH,
Reise 1981: Karsten Reise,, Ökologische Experimente zur Dynamik und Vielfalt der Bodenfauna in den Nordsee-Watten, 1981,Deutsche Zoologische Gesellschaft
Schult 1991: Schult, Joachim,, Notfälle an Bord, was tun?, 1991,,Buch,,Delius Klasing Verlag,
Seeschifffahrtsstraßen-Ordnung: Wasser- und Schifffahrtsverwaltung des Bundes,, , ,,WWW-Dokument,,,
Verordnung zu den Internationalen Regeln von 1972 zur Verhütung von Zusammenstößen auf See: Wasser- und Schifffahrtsverwaltung des Bundes,, , ,,WWW-Dokument,,,

Linkverzeichnis

X1:Elwis.de: Seeschifffahrtsstraßen-Ordnung (SeeSchStrO) Wasser- und Schifffahrtsverwaltung des Bundes. Stand: 20.12.2012 10:47:59

X2: Elwis.de: Kollisionsverhütungsregel (KVR) Wasser- und Schifffahrtsverwaltung des Bundes. Stand: 13.06.2012 10:02:55

Deutsche Wetterdienst (DWD)URL: http://www.w3.org/TR/xhtml1/DTD/xhtml1-transitional.dtd

Deutschlandradio: URL: www.dradio.de/seewetter/

Seewetter Info: URL: www.seewetter-info.de

BSH: https://www.bsh.de/DE/DATEN/Wasserstand_Nordsee/wasserstand_nordsee_node.html

oder über spezifische Lesezeichen für die einzelnen Orte bzw. Pegel, z. B. https://tableau.bsh.de/views/Wasserstand_Nordsee_Pegelseite/Wasserstand_Kurve Pegel=Hamburg für Hamburg St. Pauli.

Abkürzungsverzeichnis

Abb	Abbildung
AIS	Automatisches Identifikationssystem
Akku	Akkumulator
B	Breite des Schiffes auf Wasserlinie
Bb	Backbord
Bft	Beaufort
Blz	Blitz
BSH	Bundesamt für Seeschifffahrt und Hydrographie
°C	Grad Celsius
cos	Kosinus
cm	Zentimeter
Crew	Catch rain, enter wind
Cux	Cuxhaven
DP07	Delta Papa 07
DLF	Deutschlandradio
E	Ost
ELWIS	Elektronisches Wasserstraßen-Informationssystem
EW	Neigungswinkel beim Lagesegeln
F	Focksegel
Fl	flash
FüG	Fahrt über Grund
GPS	Global Position System
Gr	Großsegel
HH	Hansestadt Hamburg
hPa	Hektopascale
HW	Hochwasser
HWL	Hochwasserlinie
IMO	International Maritime Organisation
KHz	Kiloherz
Kn	Knoten (= 1,852 km/h)
Kpt.	Kapitän
KüG	Kurs über Grund

KW	Kurze Welle
KVR	Kollisionsverhütungsregeln
LW	Lange Welle
m	Meter
mm	Millimeter
min	Minute
mHW	mittleres Hochwasser
MTH	mittlerer Tidenhub
MW	Mittelwelle
N	Nord
NDR	Norddeutscher Rundfunk
NE	Nordost
NPV	Nationalparkverwaltung Niedersächsisches Wattenmeer
NW	Nordwest
Nw	Niedrigwasser
NWL	Niedrigwasserlinie
PiDo	Pistoor-Dorudon
RSG	Robbenschutzgebiet
S	Süd
SeeSchStrO	Seeschifffahrtsstraßen-Ordnung
sin	Sinus
sm	Seemeile
SRÜ	Seerechtsübereinkommen der Vereinten Nationen
Stb	Steuerbord
Std	Stunde
StF	Sturmfock
SE	Südost
SW	Südwest
T	Tiefgang des Schiffes
ü.G.	über Grund
UNESCO	United Nations Educational, Scientific and Cultural Organization
UTC	Universal Time Coordinate
VSG	Vogelschutzgebiet
W	West
WFW	Wattfahrwasser
WSD	Wasser- und Schifffahrtsdirektion

Abbildungsverzeichnis

Tabellenverzeichnis

Verfasser: Detlef Hinz

Diplom- Biologe, Diplom Wirtschaftsingenieur für Seeverkehr

Mein Dank gilt meiner Lebensgefährtin Simone für ihre tatkräftige Unterstützung bei der Bearbeitung dieser Neuauflage und unserer Hündin Kira für ihre Geduld.

Das Werk, einschließlich aller seiner Teile, ist urheberrechtlich geschützt. Jede Verwendung außerhalb der engen Grenzen des Urheberrechtsgesetzes ist ohne Zustimmung des Verlags unzulässig und strafbar. Das gilt insbesondere für die Vervielfältigungen, Übersetzungen, Mikroverfilmungen und die Einspeicherung und Verarbeitung in elektronischen Systemen.

Hinweis

Das vorliegende Buch wurde sorgfältig erarbeitet. Dennoch erfolgen alle Angaben ohne Gewähr. Weder Autor noch Verlag können für eventuelle Nachteile oder Schäden, die aus dem im Buch vorgestellten Informationen resultieren, eine Haftung übernehmen.

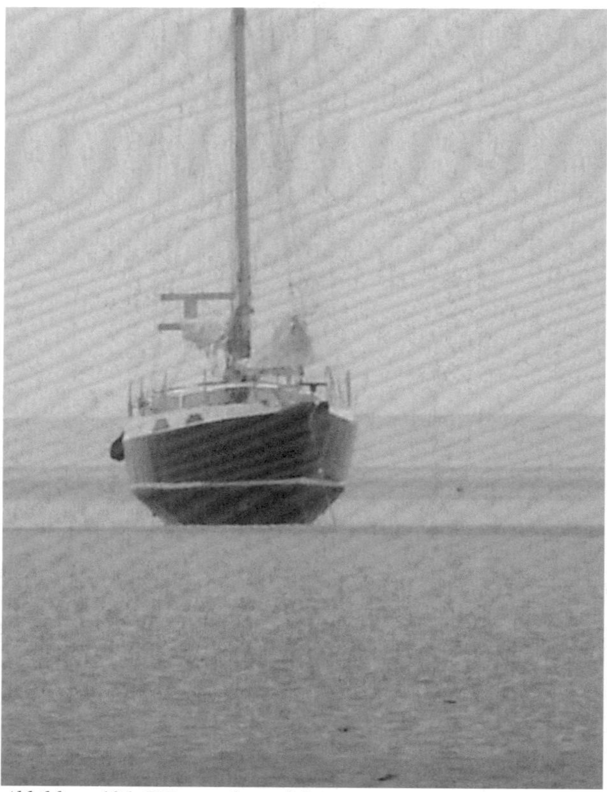

Abbildung 126: PiDo trockengefallen